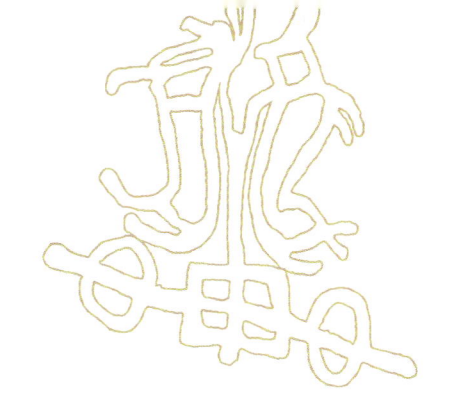

无问西东

锡林郭勒考古所见的文化交流与互动

王晓琨 著

中国社会科学出版社

图书在版编目（CIP）数据

无问西东：锡林郭勒考古所见的文化交流与互动 / 王晓琨著. —北京：中国社会科学出版社，2022.6（2022.12 重印）

ISBN 978-7-5227-0441-8

Ⅰ. ①无…　Ⅱ. ①王…　Ⅲ. ①文物—考古发现—文化交流—锡林郭勒盟　Ⅳ. ①K872.262

中国版本图书馆 CIP 数据核字（2022）第 115681 号

出 版 人	赵剑英	
责任编辑	马　明　王海东	
责任校对	许　惠	
责任印制	王　超	

出　　版	中国社会科学出版社	
社　　址	北京鼓楼西大街甲 158 号	
邮　　编	100720	
网　　址	http://www.csspw.cn	
发 行 部	010-84083685	
门 市 部	010-84029450	
经　　销	新华书店及其他书店	
印刷装订	北京君升印刷有限公司	
版　　次	2022 年 6 月第 1 版	
印　　次	2022 年 12 月第 2 次印刷	
开　　本	710×1000　1/16	
印　　张	14.75	
字　　数	256 千字	
定　　价	128.00 元	

凡购买中国社会科学出版社图书，如有质量问题请与本社营销中心联系调换
电话：010-84083683
版权所有　侵权必究

前言

锡林郭勒是我国三大草原之一，草场资源丰富，风光壮美，自古就是人类理想的繁衍生息之地，因而文物古迹丰富。锡林郭勒地理位置优越，地处欧亚草原的东南边缘，农牧交错地带、边地半月形文化带和中国北方长城文化带上，因此也是重要的文化交流的通道。境内的金斯太洞穴、乃仁陶力盖遗址、巴彦淖尔遗址、伊和淖尔墓群等考古发现表明，自旧石器时代中期开始，锡林郭勒就一直是多方向文化交流的重要平台，存在着锡林郭勒—山地阿尔泰地区—贝加尔湖—阴山山地—西辽河流域等多条文化通道，这些通道对文化交流起到了重要的桥梁和纽带作用。

一般说来，人类的发展与进步，在很大程度上取决于不同地域及人群的交往。欧亚草原是游牧人的故乡，乘马的草原人"至如风，去如收电"，流动性强，故即便相隔遥远，东西之间的文化依然联系紧密、交往频繁。考古资料显示，这种交往和交流不是突发的、转瞬即逝的现象，而是一个漫长的、不间断的积累过程，在游牧人兴起之前的史前时期就广泛存在。

锡林郭勒地处欧亚草原的东南部，东段跨大兴安岭南缘，与西拉木伦河流域即西辽河文化区相邻；南段与燕山北麓山地和阴山山地东端的内蒙古中南部接连；西北部紧靠蒙古国南部的戈壁、草原。锡林郭勒紧邻以燕山南北长城地带为核心的北方地区[①]，是中国北方农牧交错的边缘地带。在古代文化交流和文化传播过程中，锡林郭勒发挥了重要的草原交通的作用。在《历史研究》中，汤因比认为草原和海洋在促进交通运

---

① 苏秉琦：《中国文明起源新探》，辽宁人民出版社2009年版，第29—33页。

图1 锡林郭勒的牧马人
资料来源：舒泥拍摄。

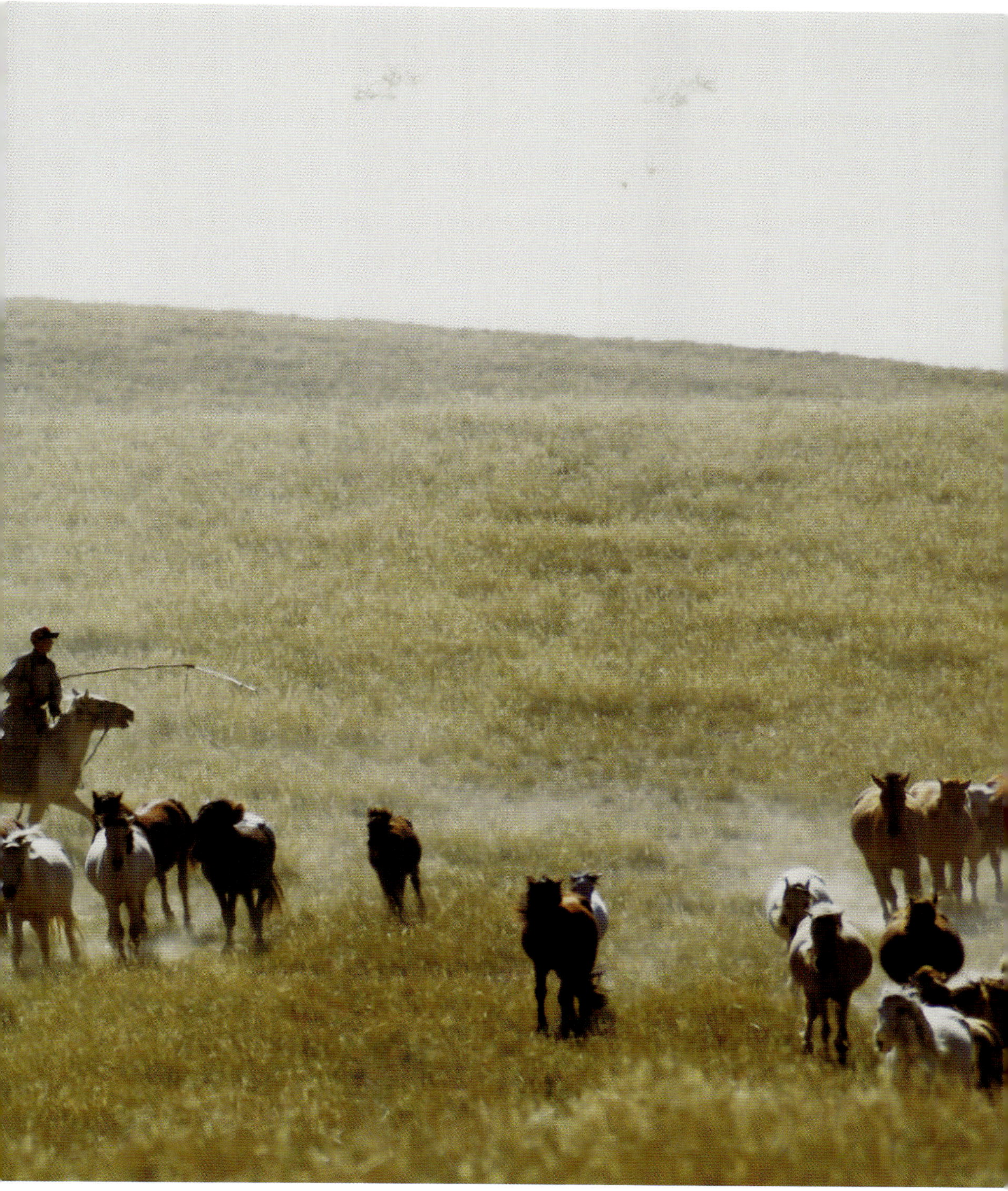

输方面具有相同的含义①。与海洋一样，草原不但是传播语言的工具，还为运输提供了极大的便利。草原的"大片无水海洋"已成为不同民族相互交流的天然媒介。草原人"善驰走"②，"轻疾悍亟"，这使其在文化互动中发挥积极作用。林沄先生认为，欧亚草原在中国历史上起过两个重大作用。一个是起了中国中原地区和西方交流的大通道作用，特别是在海路交通发达以前，起到了主要通道的作用；另一个是孕育出一批和大河流域农业居民完全不同的游牧民族。③锡林郭勒高原的考古发现表明，从旧石器时代中期开始，这里一直是欧亚草原文化交流的重要舞台，是沟通东西、交流南北的重要通道。

---

① ［英］汤因比：《历史研究》上册，曹未风等译，上海人民出版社1964年版，第234—235页。1972年版《历史研究》缩略本对于草原和海洋及交通的作用是这样表述的："草原的表面与海洋的表面有一个共同点，就是人类只能以朝圣者或暂居者的身份才能接近它们。除了海岛和绿洲，它们那广袤的空间未能赋予人类任何可供其歇息、落脚和定居的场所。二者都为旅行和运输明显提供了更多的便利条件，这是地球上那些有利于人类社会永久居住的地区所不及的。""在草原上逐水草为生的牧民和在海洋里搜寻鱼群的船民之间，确实存在着相似之处。在去大洋彼岸交换产品的商船队和到草原那一边交换产品的骆驼商队之间也具有类似特点。"［英］汤因比：《历史研究》(修订插图本)，刘北成、郭小凌译，上海人民出版社2000年版，第113页。

② （汉）班固：《汉书》卷五二《韩安国传》，中华书局1962年版标点本，第2401页。又（汉）桓宽《盐铁论·世务》："匈奴贪狼，因时而动，乘可而发，飙举电至。"（唐）房玄龄：《晋书》卷一一三《苻坚载记上》，中华书局1974年版标点本，第3899页。

③ 林沄：《序》，杨建华《春秋战国时期中国北方文化带的形成》，文物出版社2004年版。

目/录

一 锡林郭勒的地理环境 ··· 001
　（一）锡林郭勒的地形、地貌 ··· 001
　（二）锡林郭勒的气候 ··· 008
　（三）锡林郭勒的动植物群落 ··· 009
　（四）动物地理区划上反映的锡林郭勒通道 ··· 012
　（五）小结 ··· 014

二 旧石器时代的文化交流与互动 ··· 016
　（一）金斯太洞穴遗址简况 ··· 018
　（二）金斯太洞穴的古环境背景 ··· 020
　（三）金斯太洞穴中的莫斯特文化因素 ··· 022
　（四）金斯太洞穴文化发展特点 ··· 027
　（五）人类化石反映的中西文化交流 ··· 028
　（六）小结 ··· 031

三 新石器时代的文化交流与互动 ··· 033
　（一）锡林郭勒1万年来的环境演变 ··· 033
　（二）锡林郭勒旧新石器过渡阶段的发现 ··· 036
　（三）裕民文化在锡林郭勒的发现 ··· 038
　（四）兴隆洼文化在锡林郭勒的发现 ··· 046
　（五）红山文化在锡林郭勒的发现 ··· 048
　（六）龙山时代在锡林郭勒的发现 ··· 050

（七）传播路线及特点 ··· 052
　　（八）小米反映的东西文化交流 ······························· 052
　　（九）小结 ··· 055

四　青铜时代的文化交流与互动 ·· 057
　　（一）朱开沟文化在锡林郭勒的发现 ····························· 058
　　（二）小麦传播线路反映的文化交流 ····························· 060
　　（三）夏家店上层文化因素在锡林郭勒的发现 ····················· 062
　　（四）小结 ··· 063

五　岩画所见的文化交流及年代 ·· 065
　　（一）人面像、同心圆岩画的年代 ······························· 069
　　（二）动物岩画的年代 ··· 070
　　（三）车辆岩画的年代 ··· 075
　　（四）岩画的创造者 ··· 080

六　伊和淖尔墓群所见北魏时期的文化交流与互动 ······················· 084
　　（一）锡林郭勒北魏遗存的考古发现 ····························· 084
　　（二）伊和淖尔北魏墓群的考古发现 ····························· 099
　　（三）伊和淖尔墓群丧葬习俗等所见的文化交流 ··················· 109
　　（四）玻璃器所见的中西文化交流 ······························· 125
　　（五）金属器制作技术所见的中西文化交流 ······················· 132
　　（六）人物银碗所见的中西文化交流 ····························· 142
　　（七）人物铺首所见的文化交流 ································· 169

七　结语 ··· 196
　　（一）锡林郭勒的"中间人"地位 ································· 196
　　（二）锡林郭勒考古反映的文化交流模式 ························· 197
　　（三）锡林郭勒与草原丝绸之路 ································· 198

参考文献 ··· 201

后　记 ··· 222

一

锡林郭勒的地理环境

（一）锡林郭勒的地形、地貌

锡林郭勒（蒙古语，意为高原上的河流），位于内蒙古高原的东部，面积超过20万平方千米，东界是大兴安岭南段山脉西麓，南接阴山山地北麓，西至集宁—二连浩特铁路。锡林郭勒高原最初形成于2.3亿年前古生代末期的海西运动，至300万年前形成广大的蒙古高原面。至中更新世晚期至晚更新世，蒙古高原进一步上升，气候转为干燥，风力作用加强，许多河流枯竭成为干谷，湖泊萎缩，形成许多盐碱湖泡和洼地。全新世以来，高原处于缓慢上升阶段，逐渐形成现在的地形、地貌（图1-1）。

锡林郭勒地势自东向西、由北向南降低，海拔800—1200米，外缘有低山丘陵隆起，北面是由古生代变质岩、花岗岩组成的巴隆巴格龙丘陵，东南有大兴安岭西北麓山前丘陵，南面有阴山后山丘陵与低山。高原面开阔，由于长期的流水切割，呈波状起伏，第三系湖相砂岩、砂页岩、泥岩组成的宽缓岗地、平坦台地与众多大小不等的盆地、甘谷、河床和低洼地交错相间。

东北部乌珠穆沁盆地（图1-2），是一个北东向的断裂式沉降带，河网较密，水源丰富。由乌拉盖河、吉林河和锡林河等河流塑造的冲积—洪积平原，土地与水草资源丰富，湖沼和湿地较多，沿河草场是良好的夏秋营地。西部地区气候干旱，地形平坦，沼泽零星分布，地表水系不明显，少数季节性的洪水沟成为夏秋供水的主要水源，地下水较贫乏，构成缺水草场。

图 1-1　辽阔的锡林郭勒草原
资料来源：本章图片 1—10 舒泥供图。

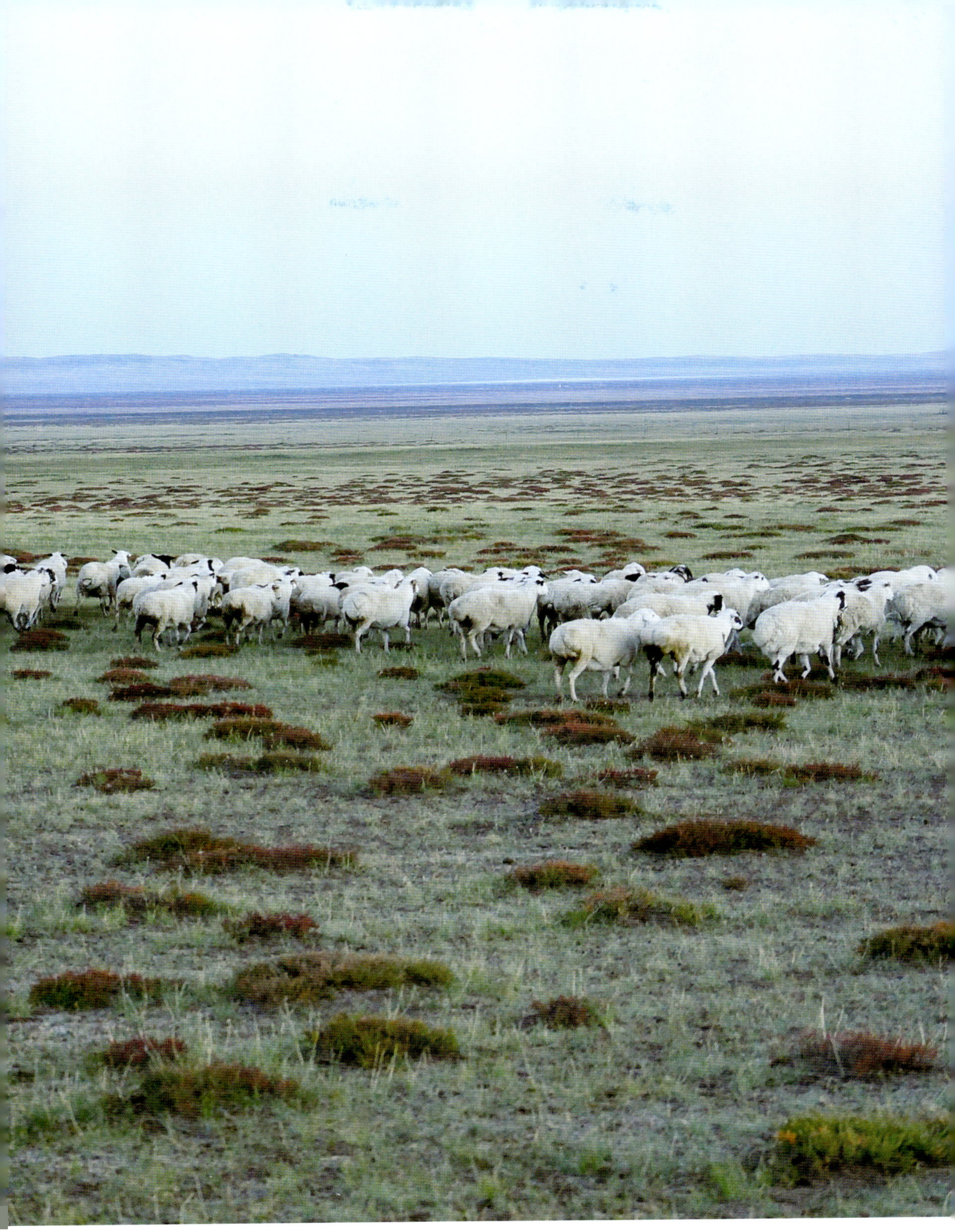

图1-2　乌珠穆沁盆地

西南部是发育在第四纪湖相沉积物及冲积物上的浑善达克沙地（图1-3），是一系列北西—南东向延伸的垄岗沙带，沙丘比高15—20米，绝大部分为半固定、固定沙丘。由于降水量稍多，地下水也较丰富，在规模不等的丘间低地中，常汇水形成为短小水流，或集水成为湖泊与湿地。

中北部是阿巴嘎熔岩台地（图1-4），有许多锥形火山丘，比高50—160米，由于流水顺玄武岩裂隙的侵蚀，熔岩台地多呈长条状或者方山形态，常与谷地、台间洼地相间分布。台间洼地水文地质条件良好，有丰富的地下水源，台地顶部，土层浅薄贫瘠，但草质优良，是理想的打草场和冬季雪后放牧地。

锡林郭勒的东南端与大兴安岭南段的苏克斜鲁山相接。苏克斜鲁山是一个中等山地，由森林草原植被占据。山体高而窄，呈东北—西南走向，全长600千米，宽70—150千米，海拔1000—1600米，相对高度100—500米，北部低、西南部高，在克什克腾境内达1800米以上，最高点大光顶山高2067米。东斜面群山重叠，山体连脉，山势陡峻，由中山带、低山丘陵至浅丘漫岗过渡到西辽河平原。山地的主脊，即中山带

一 锡林郭勒的地理环境 | 005

图 1-3 浑善达克沙地景观

图 1-4 阿巴嘎熔岩台地

图1-5 锡林河

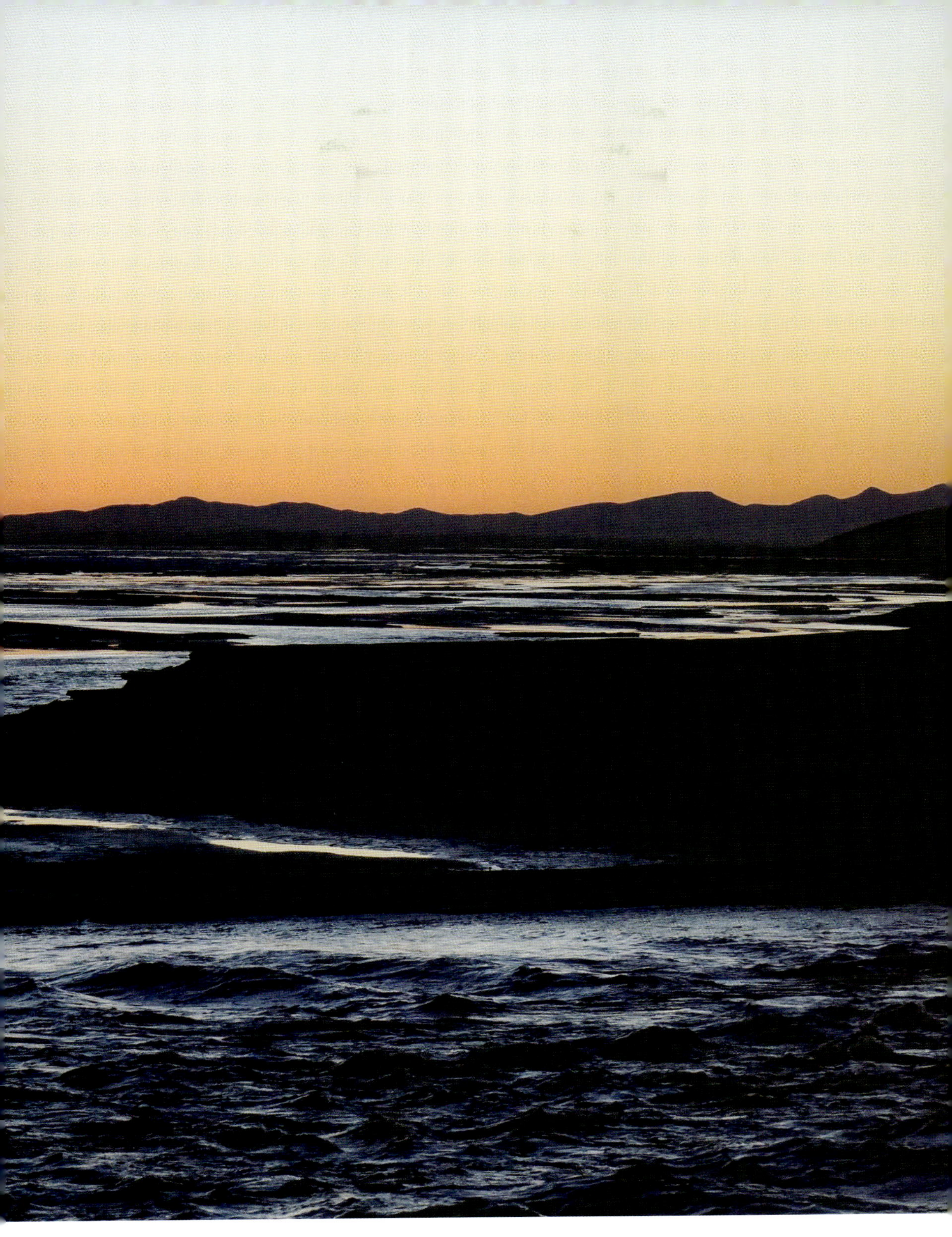

与锡林郭勒接连。大兴安岭南段，水网发育，河流较多，分水岭多在西北部，东南部集水面广，河流深切达600米。流入锡林郭勒高原的均属内陆河流，如流经锡林浩特的锡林河（图1-5），径流量小而短促，尾部大多集聚为湖泊或沼泽湿地。汇入西辽河的有乌尔吉木伦河、西拉木伦河左岸的一些支流。注入嫩江水系的有洮儿河、归流河、蛟流河和霍林河等。

锡林郭勒的西南缘与阴山山地北坡东段接壤，这里是阴山山地向锡林郭勒高原的过渡地带，呈现东西绵延，地势由南向北倾斜，剥蚀低山丘陵与盆地交错，滩坡结合，海拔1200—1500米，比高20—120米，是良好的山地草场。卓资—察哈尔右翼中旗一线以东，地势低，海拔1500米左右，山岭走向凌乱，山坡缓伏，峰顶齐平，农牧业均可以发展。发源于阴山山地的河流，由南向北横切丘陵，构成了丘陵、丘间宽谷滩地或者盆地相间，滩坡结合的地貌特征。发源于阴山山地、流经锡林郭勒境内的主要河流，除了流经多伦、正蓝旗的闪电河、滦河水系外，基本上都是内流水系，并多属季节性河流。滩川地水、热、土条件较好，土地利用系数最高，是锡林郭勒重要的产粮区。

（二）锡林郭勒的气候

大兴安岭—阴山山地一线，是锡林郭勒高原的东部界限所在，更是重要的气候分界线，东北—西南走向的大兴安岭，中部东西横亘的阴山山地，从东北向西南长达2600公里，都是海拔1000米以上的中等山地，这些山地连贯起来斜贯区内中间，构成一条弧形的地貌脊梁的同时，阻挡了锡林郭勒的季风环流，致使其西北部不能受到湿润季风的影响，形成农牧业过渡地带和内外流域的分界线，成为我国北方的一条重要的自然界线。另外，由于山地阻截了夏季东南季风输入的较多水汽，加之锡林郭勒地形辽阔、平坦，又使其气候、水文、土壤和植被地带等地理要素，均呈现出东北—西南经度地带性变化的特点。热量从东北向西南递增，降水由东向西递减，干旱程度增加。土壤上，从大兴安岭西麓的草甸草原黑钙土地带，向西依次是典型草原粟钙土地带、荒漠草原棕钙土地带、草原化荒漠漠钙土地带，锡林郭勒的最西部跨进灰棕漠土荒漠带。

　　锡林郭勒属典型的中温带大陆性气候，冬季漫长，夏季短促，春秋两季不显著，气候特点主要是冬季干旱、寒冷、风大，夏季凉爽，比较湿润。年平均气温0℃—3℃，结冰期长达五个月，寒冷期长达七个月。1月气温最低，平均-20.4℃，极端低温为-42.4℃；7月气温最高，平均21℃，极端高温为39.9℃。气温日较差平均为12℃—16℃，年较差为35℃—42℃。年降水量差异较大，东南部最大降水量628毫米（太仆寺旗），西北部降水量83毫米（二连浩特市），平均降水量为295毫米。降雨多集中在7、8、9三个月内，降雪多集中在每年的11月至翌年3月。年平均相对湿度在60%以下，蒸发量在1500—2700毫米之间，由东向西递减。年日照时数为2800—3200小时，日照率64%—73%，无霜期110—130天。

　　锡林郭勒高原的主要河流有20余条，大小湖泊1363个，其中淡水湖672个，分为三大水系——发源于阴山山地的闪电河等滦河水系，中部的锡林河等呼尔查干诺尔水系，东北部的乌拉盖水系。乌拉盖河为境内最大的内流河。额吉淖尔湖、巴彦淖尔湖等盛产盐、碱等物产[①]。

（三）锡林郭勒的动植物群落

　　锡林郭勒东部，属东部季风区和蒙新高原区[②]，是典型草原栗钙土地带，栗钙土的剖面发育完善，层次明显，表层为栗色、暗栗色的腐殖土层，粒状结构，厚25—45厘米，下面是灰白色的钙积层，厚30—70厘米，紧实多呈棱块状或块状结构。这里也是我国草原最典型的区域，植被主要是旱生的多年生丛生禾草，兼有少数小半灌木及小灌木等，草群高度和密度均为中等，平均高30—50厘米，覆盖度一般为40%—60%。大针茅草原是最标准的地带性植物，羊草草原分布也很广。典型植物除了大

[①] 石蕴琮、石应蕙、白征夫等编：《内蒙古自治区地理》，内蒙古人民出版社1989年版。

[②] 我国可分为三大基本自然区，即东部季风区、西北干旱区（蒙新高原）和青藏高原区，参见张荣祖《中国动物地理》，科学出版社2015年版，第26页。

针茅、克氏针茅、羊草外，还有粗隐子草、冰草、苔草类、葱类、多年生旱生杂类草，以及小半灌木冷蒿、百里香等。

锡林郭勒东部，地势开阔，掩蔽条件差，动物组成较简单，优势种少，但个体数量多。优势种的取食与挖掘活动对局部植被生长有重要的影响。丘陵、低丘地带栖息地随地形有明显的变化，动物组成及数量比亦随之变化。大面积草场栖息条件常随马、牛、羊群（图1-6）的放牧程度而变化，并影响动物组成及数量。温带草原动物群特别繁盛的啮齿类，有布氏田鼠、狭颅田鼠、黄鼠、鼠兔、草原旱獭等。有蹄类种类少，数量多，黄羊是其优势种类，常结成大群逐水草而做长距离迁移。食肉类中以狼、狐、艾鼬、香鼬最为常见，多以啮齿类为食。鸟类不多，优势种类有云雀、角百灵、蒙古百灵、鹰雕（图1-7）、穗䳭、沙䳭、矶鹬（图1-8）、毛腿沙鸡等。爬行类常见的有丽斑麻蜥、草原沙蜥（图1-9）、白条锦蛇、中介蝮等。两栖类以花背蟾蜍、中国林蛙为常见种。

锡林郭勒西部，气候干旱，夏雨不足，植物稀疏，种属较少，覆盖度较小，为10%—35%。植物呈聚生状的大丛和球状分布，灌木、半灌木成分由半荒漠至荒漠逐渐增多，有戈壁针茅、砂生针茅、石生针茅、短花针茅、无芒隐子草、多根葱、蒙古葱等（图1-10）。由于植物分布和盖度不均匀，掩蔽和食物条件变化很大。干旱区啮齿类生态特

图1-6　羊群

一　锡林郭勒的地理环境

图 1-7　鹰雕

图 1-8　矶鹬

图 1-9　草原沙蜥

图 1-10　克氏针茅

性较东部的温带草原动物群更为强化，冬眠种类增多，有蹄类的结群不及草原地区大。兽类中以多种跳鼠、沙鼠为常见种类，有蹄类有鹅喉羚、野驴等，鸟类少，常见有沙䳭、漠䳭、白顶䳭、凤头百灵、角百灵、白尾地鸦等。爬行类中适应于沙漠、戈壁环境的种类较多，以多种沙蜥和麻蜥为优势种；蛇类中以沙蟒、花条蛇等较为常见。这一动物群中的许多动物在形态和生态上均具有适应于极端干旱自然条件的高度特化，例如沙地穴居、冬眠、冬储饲料、善于在沙地上奔跑、遁沙、耐旱与干季蛰伏等。①

　　锡林郭勒的东南、西南端，即与大兴安岭南段山地、燕山北麓及阴山山地的东段相接处地带，是森林草原黑钙土地带，以山地垂直地带形式出现，草原、草甸植被为主，森林植物居次要位置，建群植物主要有贝加尔针茅、羊草、线叶菊等。草层高，一般为50—60厘米；覆盖度大，一般为60%—85%。树种以白桦、山杨、榆树为主。

（四）动物地理区划上反映的锡林郭勒通道

　　锡林郭勒地处季风、干旱区两大自然区的交错地带，从动物群区划上考察，锡林郭勒存在季风区与干旱区的动物通道，表现在物种上的互相渗透。锡林郭勒与东北西部及华北地区相邻，这两个区域是中国季风区内湿度条件相对最低的地区，同时具有春旱有风沙和冬半年常有较强西北风的气候特点，景观开阔，少林，地形上与锡林郭勒高原也没有明显的屏障，大兴安岭南麓和燕山北麓、冀北山地及阴山山地均不甚高大，因而成为干旱半干旱地区某些动物如小沙百灵、石鸡、斑翅山鹑、草原沙蜥、达乌尔黄鼠和沙鼠等向季风区渗透的"通道"。

　　季风区的部分动物，受湿度条件的限制，如兽类中的狍，沿着阴山山地、大兴安岭南麓及河谷的湿润环境向锡林郭勒高原渗透。

　　人与动物有着密切的相互联系和作用，动物生态学方面的研究表明，

---

① 张荣祖：《中国动物地理》，科学出版社2015年版，第48—49页。

不同物种之间具有相互作用,这些作用包括竞争、捕食、寄生和互利共生等①。因此,考察动物的分布及迁徙情况,特别是与人类关系密切的动物群,会对人类的迁徙及文化传播具有重要的参考意义。啮齿类动物很早就与人类有了密切的联系,这种联系不是文化联系,而是一种生态上的"与人共栖"(Synanthropy)②的隐性联系。不少啮齿类依赖人类居址、农作区等人工环境获得栖所和食物,躲避天敌,因此它们侵入人类居址、适应人居环境,转化成为人类的共栖者。正基于此,某些啮齿类动物的群落演替及规律等,对于人类的迁徙、文化的交流等问题具有重要的参考意义。

从现生动物地理区划上看,锡林郭勒地区的动物区系主要由典型的草原成分组成,兽类中的代表种类有达乌尔猬、黄羊、草原旱獭、布氏田鼠、长爪沙鼠和达乌尔鼠兔。此外,还有一些分布在锡林郭勒东南部较为湿润地区的种类,如黑线仓鼠、草原鼢鼠、中华鼢鼠、狭颅田鼠、莫氏田鼠和大林姬鼠。其中,黑线仓鼠、莫氏田鼠和大林姬鼠属于东北—华北型种类,因此锡林郭勒具有过渡的特征。从锡林郭勒草原与蒙新草原的西部亚区各地的共有种看,锡林郭勒与以准噶尔盆地为主的北疆地区比较紧密。特别是啮齿类,如长尾仓鼠、短尾仓鼠、黑线毛足鼠、大沙鼠、赤颊黄鼠、鼹形田鼠、五趾跳鼠、羽尾跳鼠、地兔等。这一分布格局显示:阿尔泰山及天山之间有一经蒙古而伸入内蒙古高原的自然通道,而锡林郭勒就在这条通道上(图1-11)。考虑到啮齿类在生态上与人类常常具有的"共栖"关系,因此这条动物通道很可能也是人类东西交流的通道。

---

① 孙儒泳、王德华等主编:《动物生态学原理》(第四版),北京师范大学出版社2019年版,第196页。

② Thomas, C., Jean-Christophe, A., Jean-Denis, V., "On the Origin of the House Mouse Synanthropy and Dispersal in the Near East and Europe: Zooarchaeological Review and Perspectives", 2012, 转引自王运辅《啮齿类的动物考古学研究探索》,《南方文物》2016年第2期。

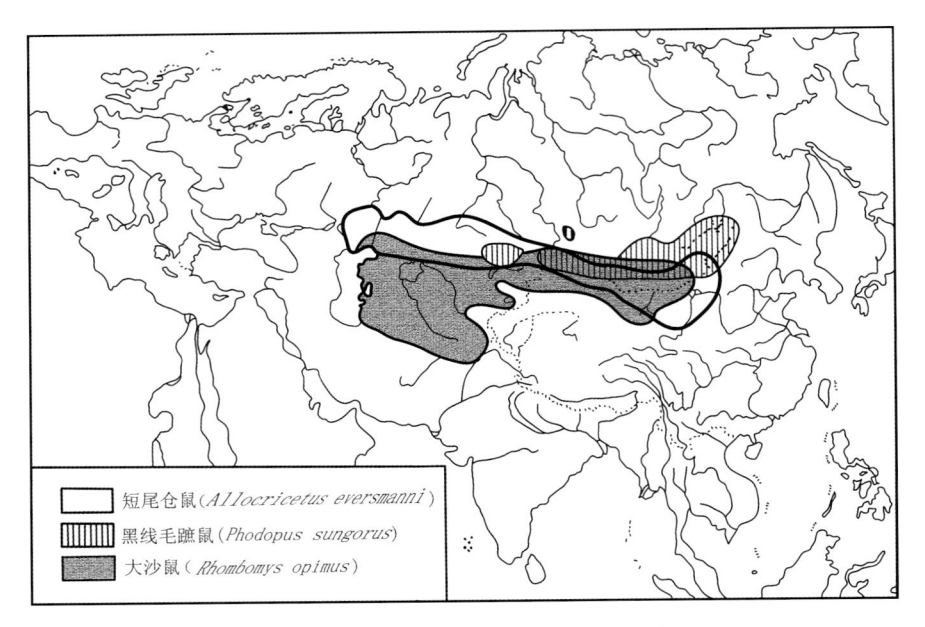

图1-11　几种中亚型啮齿类的分布

资料来源：张荣祖：《中国动物地理》，科学出版社2015年版，第159页。

（五）小结

锡林郭勒处在欧亚草原的东端，是一个以高平原为主体，兼有多种地貌单元的地区。地势南高北低，东部、南部多低山丘陵，盆地错落其间，草场类型齐全、区系群落多样，动植物种类繁多，具备人类文化发生的环境条件。起源于欧亚草原、本质属于草地生态系统的农牧交错带[1]，从锡林郭勒高原中部纵向穿过。这条交错带是季风气候与大陆性气候、湿润区与干旱区、农业区与牧区的过渡地带，大致与文化上所讲的中国北方长城地带[2]重合，自古就是人类东西文化接触、交往频繁地带。

---

[1] 李世奎、王石立：《中国北部半干旱地区农牧气候界线探讨》，中国自然资源协会等编《中国干旱半干旱地区自然资源研究》，科学出版社1988年版，第108—123页；李博、雍世鹏、曾泗弟、崔海亭：《生态分区的原则、方法与应用——内蒙古自治区生态分区图说明》，《植物生态学与地植物学学报》1990年第1期。

[2] 韩嘉谷：《花边鬲寻踪——谈我国北方长城文化带的形成》，内蒙古文物考古研究所《内蒙古东部区考古学文化研究文集》，海洋出版社1991年版，第41—52页。

历史上的北方民族与华夏族居民在文化带两侧杂糅共处，繁衍生息，北狄、匈奴、蒙古等游牧人群就曾接连在这个舞台叱咤风云。金斯太洞穴[①]的考古研究表明，锡林郭勒是欧亚草原人群及文化移动、交流的重要舞台和通道，而且，这种文化的交融早在旧石器时代就开始了。

---

① 王晓琨、魏坚、陈全家、汤卓炜、王春雪：《内蒙古金斯太洞穴遗址发掘简报》，《人类学学报》2010年第29卷第1期。

二
旧石器时代的文化交流与互动

旧石器时代是人类历史的第一阶段，占据了人类演化历史的99%以上。人类的历史已经走过300万年以上的时间。各地旧石器时代的考古情况有很大差异，大体上分为早期、中期、晚期三个阶段。早期阶段，以东非奥杜威峡谷和欧洲阿舍利文化为代表，时代在距今25万年以前，考古遗存以手斧、石核、砍砸器等大型石器工具为主；旧石器时代中期距今25万年至4万年，以勒瓦娄哇技术和各类石片工具为主，代表性文化如欧洲的莫斯特文化[①]；旧石器时代晚期的年代是距今4万年至1万年，流行石叶、骨器等小型、复合型工具，开始出现石质、骨质等装饰品，以及洞窟岩画艺术（图2-1）。锡林郭勒地区最早的东西文化交流，发生在其境内的金斯太洞穴[②]，在距今4.7万年前的旧石器时代中期的下层文化堆积中，发现了应用勒瓦娄哇技术打制的石器工具和与莫斯特文化类似的器物组合[③]。

---

① 莫斯特文化，欧洲旧石器时代中期的文化之一，以预制石核技术和用其产生的石片加工不同比例的边刮器、琢背刀、手斧、锯齿刃器和尖状器等工具，特别是以勒瓦娄哇技术的应用为典型特征。时代从里斯—玉木间冰期开始，大约为距今12.8万年；结束于玉木冰期前段的间冰阶，不晚于距今3.5万年至3.4万年。参见Oakley K., *Frameworks for Dating Fossil Man*, Aldine Publishing Company, Chicago, 1964, p.142。

② 王晓琨、魏坚、陈全家、汤卓炜、王春雪：《内蒙古金斯太洞穴遗址发掘简报》，《人类学学报》2010年第29卷第1期；王春雪：《旧石器时代东西方文化的碰撞与融合——以内蒙古金斯太遗址为例》，《草原文物》2011年第2期。

③ Fei Peng, Huimin Wang, Xing Gao, "Blade Production of Shuidonggou Locality1 (Northwest China): A Technological Perspective", *Quaternary International*, Vol.347, 2014, pp.12-20.

二 旧石器时代的文化交流与互动 | 017

图2-1 西班牙Cantabria岩画（旧石器时代晚期）

资料来源：美国新墨西哥大学教授Lawrence Guy Straus拍摄。

从旧石器时代早期直到晚期，甚至新石器时代早期，洞穴一直是人类栖身地的主要选择之一，据不完全统计，中国已发现50余处洞穴遗址[①]。早期人类多选择在洞穴居住，过着穴居的生活，如旧石器时代洞穴遗址的典型代表辽宁营口金牛山[②]、北京周口店山顶洞[③]、河南安阳小南海[④]、贵州黔西观音洞[⑤]等。洞穴遗址多选址在山岗或山上，具备以下条件：洞穴附近必须有水源；有提供采集、狩猎的充足食物资源；洞穴本身具有大小适中，干湿合宜，利于防卫等特点；适合采集和狩猎的特殊要求。锡林郭勒最早的遗址也是洞穴遗址——金斯太洞穴，同样具有以上洞穴的特点。尽管洞口朝向西北，与当地冬季风主风向相对，但洞口所对的低山阻挡了一部分强劲的西风，洞穴口部发现的

---

① 任海云：《穴居——旧石器时代人类栖居地的选择之一》，董为主编《第十四届中国古脊椎动物学学术年会论文集》，海洋出版社2014年版，第299—308页。

② 金牛山联合发掘队：《辽宁营口金牛山旧石器文化的研究》，《古脊椎动物与古人类》1978年第2期。

③ 贾兰坡、黄慰文：《周口店发掘记》，天津科学技术出版社1984年版，第1—142页。

④ 安志敏：《河南安阳小南海旧石器时代洞穴遗址的试掘》，《考古学报》1965年第1期。

⑤ 李炎贤、文本亨：《观音洞——贵州黔西旧石器时代初期文化遗址》，科学出版社1986年版，第1—98页。

石墙更是起到了很好的挡风和防御作用。洞穴附近水资源丰富,洞穴所在山顶附近坡地上有泉水,洞口对面岗丘北麓有常年泉水,洞外沟口及东南方向均有泉水出露,东南约6千米处有本布淖尔(湖),东面9千米有西北—东南流向的高原内陆河——杭盖郭勒河。总之,相对而言,金斯太洞穴是遗址所在区域最理想的古人类栖身地之一。因此,自旧石器时代晚期开始,古人类就选择在这里居住,繁衍生息,一直延用了很长一段时间。

(一)金斯太洞穴遗址简况

金斯太洞穴(图2-2)位于东乌珠穆沁旗阿拉坦合力苏木巴达拉胡嘎查的乌讷格特山东侧、金斯太山北坡,紧邻中蒙边境线,是21世纪以来中国旧石器时代考古最重要的发现之一。遗址地处内蒙古高原北部边缘隆起地带乌珠穆沁盆地西缘,巴龙马格隆丘陵东段,由中生代花岗岩组成的东海尔汗丘陵山地中,周围有发育的丘间宽谷,海拔1401米。从微地貌特点看,该洞口朝西北,两侧是相对高度10—20米的低山,前面为长约100米的缓坡,形成自然院落,门阙处石头摆放规则,似是一道石墙,紧挨洞口处也有石墙遗迹。洞穴口部最阔,宽16米,进深24米,最窄处4米。前半部顶部较低、宽敞;中部以后,顶部变高,豁然开朗,洞顶呈穹隆状。

金斯太洞穴内堆积深厚,最厚处达6米以上,共计8个地层单位。第①—②层年代为商周时期,第③—⑧层为晚更新世遗存,其最晚可能已经进入新石器时代早期。最上层为黑砂土,出土有陶器、骨器、铜器、玉饰品及动物骨骼等。陶器有夹砂灰陶罐、蛇形泥条纹及花边口鬲、敛口瓮、泥质陶钵及坩埚残片等。有的口沿部有鸡冠状耳、乳钉纹,纹饰以绳纹、三角纹和细线纹为主;骨器有骨锥、镞、珠,还有穿孔的长条状骨饰品;铜器数量很少,仅有铜扣、铜泡各1枚出土;动物骨骼以羊、马家畜骨骼为主。最上层的年代相当于夏商时期。

旧石器遗存分为上、中、下三个阶段:⑦A—⑧B层为下文化层;⑤A—⑥层为中文化层;③A—④层为上文化层。时代是距今47000—

二　旧石器时代的文化交流与互动 | 019

图 2-2　金斯太洞穴远景

15820年[①]。三个阶段的石器工具类型多样，刮削器数量最多、种类最丰富（图2-3），是一处以旧石器遗存为主，兼有全新世遗存的洞穴遗址。

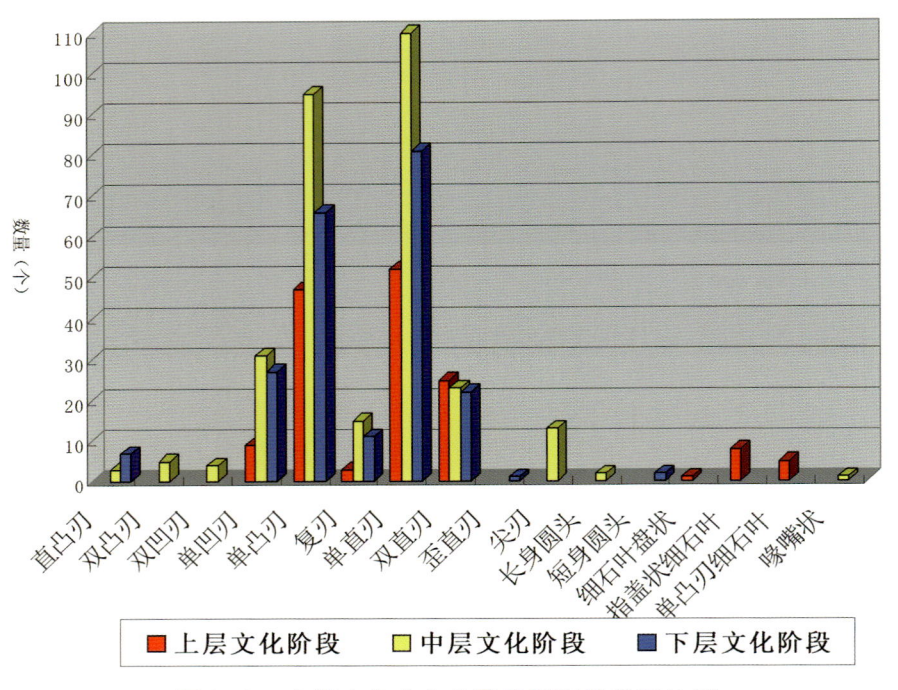

图2-3　金斯太各个文化阶段刮削器类型比例

（二）金斯太洞穴的古环境背景

根据金斯太洞穴的孢粉分析结果，为锡林郭勒4万年以来的古环境构建提供了基础材料。经鉴定，金斯太洞穴的植物种属有39科56属之

---

① 2010年公布的碳十四测年数据是：⑦C层距今36285±230年；③B层的年代是距今16080—15820年。详见王晓琨、魏坚、陈全家、汤卓炜、王春雪《内蒙古金斯太洞穴遗址发掘简报》，《人类学学报》2010年第29卷第1期。2017年公布的数据：⑧层的年代是距今4.7万—4.2万年，⑦层的年代是距今4.0万—3.7万年。详见Feng Li, Steven L. Kuhn, Fuyou Chen, Yinghua Wang, John Southon, Fei Peng, Mingchao Shan, Chunxue Wang, Junyi Ge, Xiaomin Wang, Tala Yun, Xing Gao, "The Easternmost Middle Paleolithic (Mousterian) from Jinsitai Cave, North", *Journal of Human Evolution*, Vol.114, 2018, pp.76-84.

多，主要有草本植物、木本植物和蕨类植物三大类（图2-4）。草本植物占绝对优势，草本植物含量较高的有毛茛科（*Ranunculaceae*）、禾本科（*Gramienae*）、藜科（*Chenopodiaceae*）花粉；其次是蒿属（*Artemisia*）、霸王（*Zygophyllum xanthoxylon*）、虎耳草科（*Saxifragaceae*）、狼毒属（*Stellera*）、苋属（*Amatanthus*）、菊科、黑三棱属（*Spargnium*）、石竹科（*Caryophyllaceae*）等花粉；零星出现的有泽泻科（*Alismataceae*）、紫草科（*Boraginaceae*）、十字花科（*Cruciferae*）、莎草科（*Cyperaceae*）、龙胆科（*Gentianaceae*）、唇形科（*Labiatae*）、豆科（*Leguminosae*）、百合科（*Liliaceae*）、蓼科（*Polygonaceae*）、蔷薇科（*Rosaceae*）、茜草科（*Rubiaceae*）、伞形科（*Umbelliferae*）、荨麻科（*Urticaceae*）、败酱科（*Valerianaceae*）、蒺藜科（*Zygophyllaceae*）、罂粟科（*Papaveraceae*）等花粉[①]。

目前发现的动物都是脊椎动物，共计16个属种[②]。主要有鸟（属种

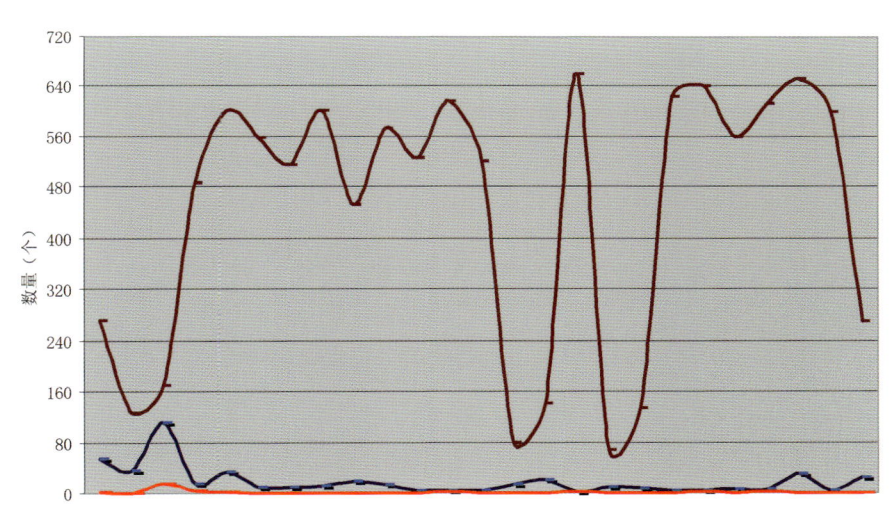

图2-4　三大类孢粉数量趋势图

[①] 张淑芹：《内蒙古金斯太遗址孢粉土样分析检测报告》，中国科学院长春分院分析测试中心地理所测试部，2003年6月30日。

[②] 罗鹏：《金斯太洞穴遗址晚更新世动物群及其古生态环境研究》，吉林大学，硕士学位论文，2006年，第1—34页。

待定)、啮齿目仓鼠科的草原鼢鼠(*Myospalax aspalax*)、松鼠科的草原旱獭(*Marmota bobak*),食肉目犬科的狼(*Canis lupus*)、熊科的洞熊(*Ursus cf.spelaeus*)、鬣狗科的最后鬣狗(*Crocuta ultima*)、鼬科的狼獾未定种(*Gulo sp.*),奇蹄目马科的普氏野马(*Equus przewalskyi*)和野驴(*Equus hemionus*),犀科的披毛犀(*Coelodonta antiquitatis*),偶蹄目猪科的野猪(*Sus scrofa*)、鹿科的马鹿(*Cervus elaphus*)、牛科羚羊亚科转角羚羊未定种(*Spirocerus sp.*)和普氏羚羊(*Gazella pryewalskyi*)、山羊亚科的粗角羚羊未定种(*Pachygazella sp.*)、牛亚科的野牛未定种(*Bison sp.*)。

4万年前的藜科、松属和麻黄比例高,金斯太地区呈现出冷湿气候条件下的北温带稀树草原植被景观。动物遗存种类和数量较少,金斯太人的主要狩猎对象是普氏野马、野驴、披毛犀和野牛等。

大约距今3万年前后的锡林郭勒,草本植物花粉占绝对优势(98.2%),木本植物花粉不足2%,极少量的蕨类孢子。整体上是温干气候条件下的草原植被景观。动物遗存数量上也有所增加,除了普氏野马、披毛犀、野驴、野牛,还有粗角羚羊、普氏羚羊、洞熊、狼、最后鬣狗等(图2-5)。

距今1.5万年前后,锡林郭勒的草本花粉仍占绝对优势(98.5%),木本花粉不足2%,蕨类孢子极少,依然是温干草原植被景观。动物群数量达到了顶峰,新增草原旱獭、马鹿、狼獾等。披毛犀和普氏野马保持着人类肉食资源主要贡献者的角色;次之为野牛和野驴。动物遗存总量的增加,以及对马鹿、旱獭、转角羚羊的成功狩猎,反映出人类狩猎活动能力的进一步提高,以及狩猎强度的加剧[①]。

(三)金斯太洞穴中的莫斯特文化因素

金斯太洞穴遗址石器工业整体上属于华北小石器工业,中文化层阶段出现了勒瓦娄哇技术,上文化层阶段出现了细石叶工业,并占主体地位,与小石器工业并行发展。这为探索北方主工业的分布范围和文化内涵提供了新的材料,对于探讨旧石器时代的文化交流,以及细石叶工业

---

① 王晓琨、魏坚、汤卓炜:《金斯太洞穴遗址旧石器时代古人类生存对策研究》,《中国·乌珠穆沁边疆考古国际学术研讨会论文集》,科学出版社2009年版,第106—118页。

1. 牛的左掌骨　1a 前侧视　1b 后侧视　2. 驴的不完整下颌骨，牙齿附有全部门齿、犬齿（左下 T_3 残），P_2、P_3 及 P_4 前侧　3. 驴的左上颌骨残段，牙齿保存有 P^3、P^4、M^1　4. 转角羚的左角　5. 熊的右尺骨　5a 外侧视　5b 内侧视　6. 马鹿的左角　7. 粗角羚羊的右角 7a 内侧视 7b 外侧视　8. 披毛犀的下颌骨，牙齿附有右下侧的下白齿 P_3–M_2　8a 嚼面视　8b 颊侧面视　9. 旱獭的不完整头骨　9a 顶视　9b 腹视　10. 鬣狗头骨 10a 顶骨视 10b 枕骨视　11. 马的不完整头骨，包括颌前骨、左上颌骨及部分腭骨，牙齿附有全部门齿，左右犬齿以及右 P^3–M^3

图 2-5　金斯太主要动物群

资料来源：罗鹏供图。

的产生具有重要的意义。不止于此，在金斯太洞穴下层⑧层和⑦层的文化组合研究中，更显示出了欧洲莫斯特文化的器物组合。金斯太⑧层和⑦层中，出土的动物化石数量较少且破碎，以普氏野马为主。两层出土的石制品比较类似，都是以玄武岩为主的工具，类型主要有单直刃刮削器、石钻、石球、砍砸器、雕刻器等，片状毛坯占绝对优势，块状毛坯较少。据李锋、高星等研究者的最近成果，认为⑧、⑦两层都存在典型的勒瓦娄哇产品，如勒瓦娄哇尖状器（Levallois Point），以及较高比例的盘状石核，还有比例较高的刮削器，如陡刃加工的横刃刮削器、斜轴刮削器等，这与中国北方晚更新世早期的如宁夏水洞沟第1地点[①]、山西许家窑[②]、河北板井子遗址[③]、河南灵井[④]等的石制品组合不同，而更接近于山地阿尔泰地区和南西伯利亚及中亚的其他地区莫斯特文化的石制品组合，比如与俄罗斯阿尔泰地区的Okladnikov[⑤]洞穴、Chagyrskaya[⑥]洞穴发现的莫斯特遗存相类似[⑦]。李锋等学者的上述认识，将莫斯特文化的传播，

---

① Fei Peng, Huimin Wang, Xing Gao, "Blade Production of Shuidonggou Locality1 (Northwest China): A Technological Perspective", *Quaternary International*, Vol.347, 2014, pp.12-20.

② 贾兰坡、卫奇、李超荣：《许家窑旧石器时代文化遗址1976年发掘报告》，《古脊椎动物与古人类》1979年第4期。

③ 任进成、李锋、王晓敏、陈福友、高星：《河北阳原县板井子旧石器时代遗址2015年发掘简报》，《考古》2018年第11期。

④ 李占扬：《许昌灵井旧石器时代遗址2006年发掘报告》，《考古学报》2010年第1期。

⑤ Derevianko, A.P., "The Upper Paleolithic in Africa and Eurasia and the Origin of Anatomically Modern Humans", Institute of Archaeology and Ethnography SBRAS Press, Novosibirsk, 2011.

⑥ Derevianko, A.P., Rybin, E.P., "The Earliest Representations of Symbolic Behavior by Paleolithic Humans in the Altai Mountains", *Archaeology, Ethnol and Anthropology Eurasia* Vol.3, No.15, 2003, pp.27-50.

⑦ Feng Li, Steven L. Kuhn, Fuyou Chen, Yinghua Wang, John Southon, Fei Peng, Mingchao Shan, Chunxue Wang, Junyi Ge, Xiaomin Wang, Tala Yun, Xing Gao, "The Easternmost Middle Paleolithic (Mousterian) from Jinsitai Cave, North", *Journal of Human Evolution*, Vol.114, 2018, pp.76-84；李锋：《莫斯特石器组合与尼安德特人的演化》，《科学》2019年第71卷第3期。

从阿尔泰地区向东又扩展了2000余公里①。

莫斯特文化是属于模式三的技术②，典型特征是单刮器和单面加工的尖状器，石核修理技术发达，特别是勒瓦娄哇的技术方法（图2-6），这种技术也被认为是石叶技术的来源之一。目前的考古发现而言，中国西南部发现的莫斯特文化因素较早，如贵州猫猫洞③地点勒瓦娄哇技术的发现，时代在17万年以前。云南的大河遗址，其上、下两个文化层的石制品，都发现含有勒瓦娄哇技术和与莫斯特文化相似的石制品组合，该遗址的铀系法和AMS测年数据与金斯太遗址的年代基本一致，距今4.4万—3.6万年④。这显示了莫斯特文化从印度及东南亚，经过云贵高原到达中国的"西南通道"的存在。

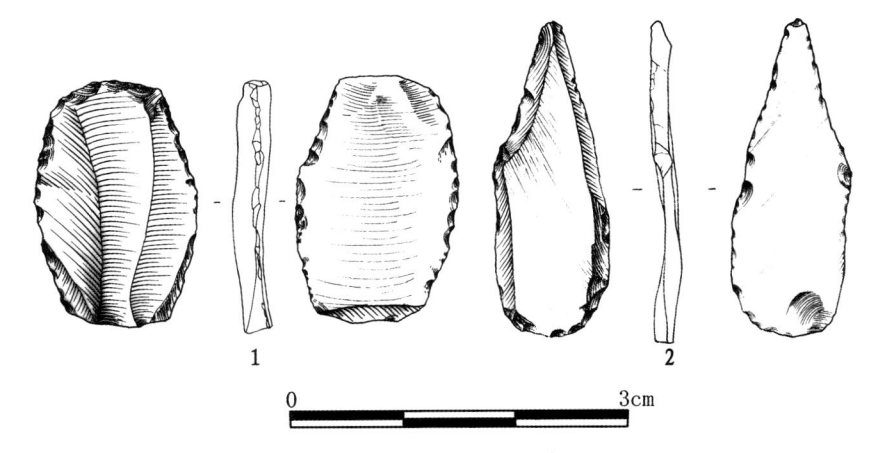

图2-6　金斯太出土的勒瓦娄哇刮削器

---

① Feng Li, Steven L. Kuhn, Fuyou Chen, Yinghua Wang, John Southon, Fei Peng, Mingchao Shan, Chunxue Wang, Junyi Ge, Xiaomin Wang, Tala Yun, Xing Gao, "The Easternmost Middle Paleolithic (Mousterian) from Jinsitai Cave, North", *Journal of Human Evolution*, Vol.114, 2018, pp.76-84.

② 林圣龙：《中西方旧石器文化中的技术模式的比较》，《人类学学报》1996年第1期。

③ Hu Yue, Marwick Ben, Zhang Jia-Fu, Rui Xue, Hou Ya-Mei, Yue Jian-Ping, Chen Wen-Rong, Huang Wei-Wen, Li Bo, "Late Middle Pleistocene Levallois Stone-tool Technology in Southwest China", *Nature*, Vol.565, 2019, pp.82-85.

④ 吉学平：《云南富源大河旧石器遗址入选2006年度全国十大考古新发现》，《人类学学报》2007年第3期。

莫斯特文化到达阿尔泰山地的年代较早，这提醒我们要更加注意经过西部至锡林郭勒的"草原通道"。测年显示至迟在距今8万—7万年（热释光的测年数据更早，距今约30万年），即旧石器时代中期前半段的莫斯特文化阶段，人类就在俄罗斯阿尔泰地区的捷尼索娃洞穴第22层开始生活①，在阿尔泰地区发现了多处相近时期的考古遗址，证明莫斯特文化到达这一地区的时间很早，并向周围传播。

"独木不成林，单丝不成线。"继金斯太洞穴2001年正式发掘的16年之后，成功入选2017年"中国十大考古新发现"的新疆通天洞遗址②，其莫斯特文化因素的发现，使我们对莫斯特文化通过"草原路线"向东传播又有了新的线索。通天洞遗址位于新疆准噶尔盆地北缘、额尔齐斯河南岸、阿尔泰山南侧，旧石器地层的年代与金斯太洞穴⑧层年代相当，距今约4.5万年。发现了勒瓦娄哇石核、盘状石核、勒瓦娄哇尖状器、各类刮削器，以及莫斯特尖状器等典型的勒瓦娄哇—莫斯特文化的石制品（图2-7、图2-8）。这无疑为莫斯特文化从旧大陆向东特别是向锡林郭勒

图2-7 通天洞出土的勒瓦娄哇尖状器

资料来源：于建军供图。

图2-8 通天洞出土的勒瓦娄哇刮削器

资料来源：于建军供图。

---

① ［日］关矢晃：《近年俄罗斯阿尔泰地区的考古学状况1992—1994年旧石器时代、新石器时代的发掘收获》，朱延平译，《华夏考古》1997年第4期。

② 新疆文物考古研究所、北京大学考古文博学院：《新疆吉木乃县通天洞遗址》，《考古》2018年第7期。

传播，提供了重要的中继点。从通天洞的位置看，莫斯特文化应该是通过阿尔泰山与塔尔巴哈台山之间相对平坦的山谷进行传播与交流的。另外，金斯太发现的莫斯特文化的石制品与俄罗斯外贝加尔地区的雪橇岬遗址[1]、索哈基诺1号址[2]、远东滨海地区的乌斯季诺夫卡遗址[3]等旧石器地点与其有某些相同的文化因素。这也显示着莫斯特文化因素在经过锡林郭勒草原后，继续向欧亚大陆的东端传播。

此外，在阴山—贺兰山一线的地域内，也发现若干含有莫斯特文化因素的遗址。如内蒙古乌审旗的萨拉乌苏遗址[4]、宁夏水洞沟遗址[5]，内蒙古乌兰木伦遗址[6]。其中乌兰木伦遗址的工具组合中，锯齿刃器比例最高，其次为凹缺器，发掘者认为以锯齿刃器和凹缺器为代表的工具组合，与莫斯特文化类型的工具组合极为相似。但是乌兰木伦遗址没有勒瓦娄哇技术和两面器，显示乌兰木伦遗址受到了华北旧石器小石器文化传统的影响及所具有的地方性特征。

上面几个遗址的发现也提醒我们，莫斯特文化的东传路线，很可能存在多条线路，除了经过阿尔泰山地、蒙古高原西部到达锡林郭勒；还有经过云南、贵州的西南路线，以及经过传统的丝绸之路一线到达阴山、贺兰山一线。

（四）金斯太洞穴文化发展特点

金斯太洞穴堆积可分下、中、上三个阶段，联系发展。下文化层的工业类型以小石器工业为主，各类刮削器占绝对优势，其中以单直刃和单凸刃为主，还出有雕刻器、石钻、砍砸器，并出现了石球。工具修理

---

[1] 冯恩学：《俄国东西伯利亚与远东考古》，吉林大学出版社2002年版，第40页。
[2] 冯恩学：《俄国东西伯利亚与远东考古》，吉林大学出版社2002年版，第44页。
[3] 冯恩学：《俄国东西伯利亚与远东考古》，吉林大学出版社2002年版，第49页。
[4] 黄慰文、侯亚梅：《萨拉乌苏遗址的新材料：范家沟湾1980年出土的旧石器》，《人类学学报》2003年第4期。
[5] 宁夏文物考古研究所：《水洞沟——1980年发掘报告》，科学出版社2003年版。
[6] 刘扬：《内蒙古鄂尔多斯乌兰木伦遗址石器工业中的西方文化元素》，《草原文物》2018年第2期。

采用锤击法。修理方式以向背面加工为主，其次为复向、反向加工，错向、对向加工较少，出现了勒瓦娄哇技术的石核、工具及碎片。中文化层一方面继承了下文化层的石制品特征，另一方面文化面貌却发生了明显的变化，出现了大量的砾石工具，如石球、薄刃斧、手镐等重型工具。它们的出现与当时环境变化有着密切关系。这一阶段勒瓦娄哇技术继续存在，从遗址内发现的石核数量来看，它未被大量应用于剥片工作中。工具类型还是以刮削器为主体，即以小石器工业为主，存在一定比例的砾石石器。上文化层石器工业面貌发生了显著的变化。石器工业可以分为两种类型：一种为继承了下、中文化层的小石器工业，以锤击石核、各类刮削器、手镐、砍砸器等为代表；另一种是新出现的细石叶工业，以各类细石叶石核、石钻、舌形器、石镞、石矛头、锛形器等为代表。细石叶工业工具成器率明显高于小石器工业；虽然后者在数量上要多于前者，但是其石制品中石片、断块及天然石块所占比例过大。另外，发现的细石叶石核数量明显多于锤击石核。由此可以看出，该阶段石器工业以细石叶工业为主，小石器工业为辅，两种石器工业并行发展。从上文化层的小石器数量、类型递减及细石叶技术的发展分析，可以这样认为：小石器工业正逐渐被细石叶工业取代。综上所述，该遗址各个文化层为是连续发展、一脉相承的。下文化层以小石器工业为主；中文化层新出现了大量的砾石工具及勒瓦娄哇技术制品，这仅是其文化复杂性的一种表现，与周邻地区文化存在着一定的交流，但仍以小石器工业为主；上文化层出现的细石叶工业无论在石器类型、修理加工技术以及原料选择方面都远远领先于小石器工业，二者并行发展，最终小石器工业势必将被细石叶工业取代。

综上可以看出，金斯太下层文化是一种植根于我国华北直接打击的小石器文化系统的遗存，出现了文化交流因素；中层文化阶段，小石器传统延续；上层文化阶段，新出现了细石器工业。三个阶段的文化自成体系，连续而独立的发展。

（五）人类化石反映的中西文化交流

古人类的骨骼化石是研究人类起源与物种及文化传播的绝佳材料，除了传统的上对人骨形态及体质特征进行观察、测量的方法外，20世纪80年代兴起的基因研究，是目前研究古人类化石比较流行的途径与方法。

1987年，美国加州大学Allan Wilson教授领导的研究小组在权威杂志《自然》（Nature）上发文，公布了源于不同大陆妇女胎盘的线粒体DNA的测序分析，发现非洲人的变异最多，而变异是经过一次次基因突变积累起来的，变异越多则年代越久，并根据突变发生的频率计算出非洲人的历史是20万年，欧亚大陆现代人最早13万年①。于是画出了第一棵人类进化树，现代人有一个共同的女性始祖，这就是大家熟悉的"线粒体夏娃"。②但是之后不久的考古发现显示，这种看似简单明了的"树状分析法"（Tree-building Method）并不能很好地描述人类的进化路线，因为人类早期的进化路径非常复杂，最古老的分支很可能与新出现的分支相并行，并彼此不断发生杂交。因此，从20世纪90年代开始，古人类学家改用"系统发育网络分析法"（Phylogenetic Network Method）来研究人类的进化路径，这是目前人类进化研究的流行标准方法。简言之，人类历史"更像一张互相交织的蜘蛛网，而不是枝干分明的大树"③。

最新的基因研究表明，早在20万年前，人类就走出了非洲，扩散至世界各地④。一般认为莫斯特文化是尼安德特人（以下简称"尼人"）遗留下来的，而尼人自20世纪90年代成功被提取DNA后，证明其对非洲以外的现代人有着1%—4%的基因贡献率⑤，因此尼人在全球的扩散及与丹尼索瓦等地方土著的融合就是涉及现代人起源的关键性问题之一⑥，在

---

① 吴新智：《古人类学研究进展》，《世界科技研究与发展》2000年第5期。

② Allan Wilson开创了演化生物化学领域，也是"走出非洲"的现代人起源理论的主要建构者。2022年10月3日，他的学生Svante Pääbo因对已灭绝古人类基因组和人类进化的突出贡献而获得2022年度诺贝尔生理学或医学奖。

③ ［美］卡尔·齐默：《人类走出非洲的时间比原来认为的要早》，夏冰译，《世界科学》2020年第3期。

④ Rasmus Nielsen, Joshua M. Akey, Mattias Jakobsson, Jonathan K. Pritchard, Sarah Tishkoff, Eske Willerslev, *Tracing the Peopling of the World Through Genomics*, Nature Publishing Group, 2017, p.541.

⑤ 张东菊：《揭开丹尼索瓦人的面纱》，《世界科学》2019年第6期。

⑥ Mellars, P., "Neanderthals and the Modern Human Colonization of Europe", *Nature*, Vol.432, 2004, pp.461-465.

图2-9　丹尼索瓦人复原图

阿尔泰地区的丹尼索瓦洞穴就发现了母亲是尼安德特人、父亲是丹尼索瓦人的混血儿——安妮（图2-9）。尼人和丹尼索瓦人等已灭绝的古老型人类，与非洲以外现代人之间基因的相互影响已被诸多证据证实[①]。

通天洞位于阿尔泰山脉南侧，距离阿尔泰山北麓的丹尼索瓦洞穴非常近，是丹尼索瓦人或者是与尼人混血留下的遗存，这种可能性非常大。鉴于金斯太洞穴与通天洞文化的高度相似性，我们有充分的理由推测两处洞穴很可能是同一人群留下的遗存。如果这种假设成立，那么锡林郭勒就是丹尼索瓦人或者与尼人混血在东亚所到达的最东、最远的地点，丹尼索瓦人从西伯利亚向东行进了2000千米到达锡林郭勒。这对讨论尼人—丹尼索瓦人群的环境、文化适应能力及其消亡原因等具有重要意义，这也从侧面证实了晚更新世早期丹尼索瓦人在东亚地区的广泛存在[②]。金斯太遗址莫斯特文化的制造者除了尼人[③]或者尼人—丹尼索瓦人，还可能是现代人。根据对阿尔泰山地区的丹尼索瓦洞的研究显示，中更新世至晚更新世之间，该洞穴由丹尼索瓦人和尼安德特人共同或交替占据，而距今5万年以后可能还有现代人的

[①] 张明、付巧妹：《史前古人类之间的基因交流及对当今现代人的影响》，《人类学学报》2018年第2期。

[②] 丹尼索瓦人在东亚广泛分布的直接证据，是甘肃夏河县丹尼索瓦人化石的发现。详见Chen Fahu, Welker Frido, Shen Chuan-Chou, Bailey Shara E, Bergmann Inga, Davis Simon, Xia Huan, Wang Hui, Fischer Roman, Freidline Sarah E., Yu Tsai-Luen, Skinner Matthew M., Stelzer Stefanie, Dong Guangrong, Fu Qiaomei, Dong Guanghui, Wang Jian, Zhang Dongju, Hublin Jean-Jacques, "A Late Middle Pleistocene Denisovan Mandible from the Tibetan Plateau", Nature, Vol.569, 2019, pp.409-412.

[③] 张东菊、申旭科、成婷、夏欢、刘武、高星、陈发虎：《青藏高原史前人类活动研究新进展》，《科学通报》2020年第6期。

加入①。但是不论上述假设成立与否，莫斯特文化在锡林郭勒的出现，仍然对晚更新世时期东北亚古人类（图2-10）的行为动态具有重要的意义。

中国古人类学方面的最新研究，发现了更多的尼安德特人材料，如更新世晚期的山西许家窑人内耳迷路、下颌骨特征，以及广东的马坝人脑形态，都具有一些与尼安德特人相关的特征②，这些发现表明尼安德特人在东亚地区扩散的路线，除了经过锡林郭勒的草原之路外，还有其他方向的路线，相信随着考古材料的积累，这个问题会逐渐清晰明朗。

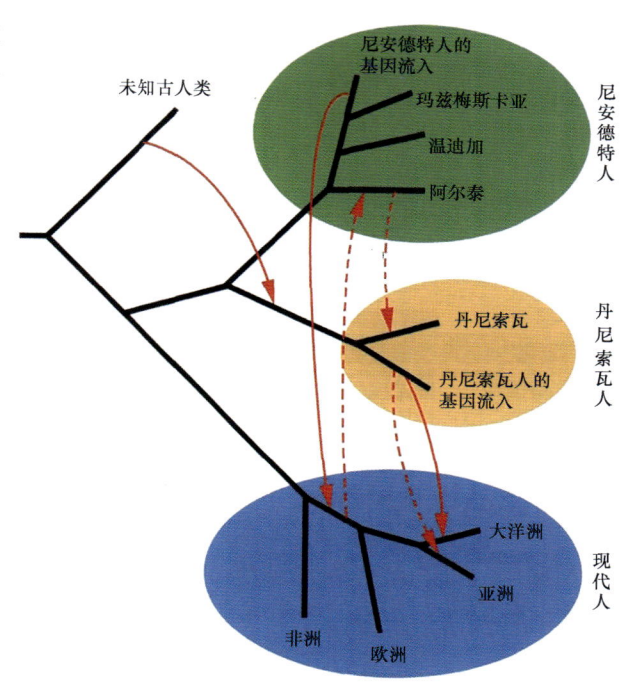

图2-10　晚更新世古人类与现代人可能的基因交流示意图

资料来源：改绘自张明、付巧妹《史前古人类之间的基因交流及对当今现代人的影响》，《人类学学报》2018年第2期。

（六）小结

中国西南、西北及华北地区越来越多的莫斯特文化因素的发现，促使我们对旧石器时代中期的东西方交流做进一步的思考，4万年以来的东

---

① Douka K，Slon V，Jacobs Z，et al.，"Age Estimates for Hominin Fossils and the Onset of the Upper Palaeolithic at Denisova Cave"，*Nature*，Vol.565，2019，pp.640-644。

② 刘武：《中国古人类学研究进展》，《中国解剖学会2019年年会论文文摘汇编》，2019年。

西交流的广度和深度可能超过我们以往的想象。从目前的考古看，金斯太下层的莫斯特技术因素，是山地阿尔泰地区的莫斯特文化类型向东传播或者技术扩散的结果，这对研究旧石器时代中期古人和技术的传播与互动具有重要意义。由此，我们可以看到，锡林郭勒在4.7万年前就是重要的文化通道，这条草原通道是早期东西方人群和文化交流的主要路径之一。有趣的是，这条路线与黑线毛跖鼠、鼹形田鼠等啮齿类动物的分布有着相近的路线①，这一方面显示了人类与某些动物，共用了阿尔泰山及天山之间的一条经蒙古而伸入锡林郭勒高原的自然通道；另一方面也在某种程度上显示出啮齿类动物与古人类"互利共生"的亲密关系。

  值得注意的是，中国本土的文化因素，并未因上述的文化交流而发生大的改变，勒瓦娄哇技术代表的旧石器时代文化由西向东传播，与之平行对应的是东谷坨石核，侯亚梅等研究者认为东谷坨石核表现出明显的、由东向西的传播趋势②。而金斯太洞穴的石器技术体系，虽然有莫斯特文化因素的传入，特别是勒瓦娄哇技术的出现和应用，但金斯太洞穴石器技术主体，依然是中国华北的小石片工具体系，即维持在奥杜威模式体系内。来自西方的莫斯特文化因素，并没有成为文化的主流。这与中国其他地区的旧石器时代的文化发展是相一致的，没有发生对土著文化的置换，表明这一地区没有发生过大规模移民和人群替代事件③。但是我们不能排除少量的尼安德特人或者尼人—丹尼索瓦人曾经到达锡林郭勒高原，并且有迹象显示勒瓦娄哇技术曾长期在中国北方存在④的可能性。

---

  ① 张荣祖：《中国动物地理》，科学出版社2015年版，第159页。
  ② 侯亚梅：《水洞沟：东西方文化交流的风向标？——兼论华北小石器文化和"石器之路"的假说》，《第四纪研究》2005年第6期。
  ③ 高星：《更新世东亚人群连续演化的考古证据及相关问题论述》，《人类学学报》2014年第3期。
  ④ 黑龙江考古研究所李有骞等，2014年对牡丹江支流海浪河流域的大龙头山、小龙头山、杨林西山和双丰等4处遗址进行了了发掘，发现石制品784件。发现有勒瓦娄哇技术，有较为典型的细石叶技术、石叶技术，工具有两面尖状器、雕刻器、端刮器和边刮器等。年代大约为距今1.7万—1.6万年。详见包曙光、王乐文、王禹夫《中俄黑龙江流域考古学研究新进展》，《黑河学院学报》2019年第10期。

三

新石器时代的文化交流与互动

大约距今1万年前开启的新石器时代,是锡林郭勒历史的新纪元。古人逐步摆脱或者改进了原始的狩猎、渔猎、采集等生活方式,出现农业、畜牧业、手工业等生产活动。人口增长,社会分工细化,逐渐进入更加复杂的社会形态。

锡林郭勒目前发现新石器时代遗址共30余处[①],在全境内均有分布,除了乃仁陶力盖遗址等新近发掘的材料,其余多为地面调查资料,重点调查的遗址还有锡林浩特市巴彦淖尔遗址、苏尼特左旗巴嘎高勒遗址、东乌珠穆沁旗干部呼都嘎芒哈遗址、二连浩特市伊尔丁曼哈遗址等。锡林郭勒新石器时代遗址多数的地表形态是"芒哈"(或"曼哈")类型,即"沙窝子"(亦俗称"风旋卜子")遗址。一般是沙丘移动后,露出遗迹,往往是灰堆的形式,故而遗存内多个时代内涵均有,呈现出打制石器、磨制石器、夹砂陶、泥质陶混杂的情况,需要仔细辨别。

(一)锡林郭勒1万年来的环境演变

地质历史时期的全新世气候和环境变化备受重视,全新世千年和百年时间尺度的气候和古环境研究更是研究的热点。锡林郭勒全新世气候变化具有明显的周期性,这是研究者对锡林郭勒浑善达克沙地的哈登胡硕[②]、桑

---

① 内蒙古自治区文物考古研究所编:《锡林郭勒文化遗产》,文物出版社2014年版,第21—34页。

② 李森、孙武、李孝泽、张勃:《浑善达克沙地全新世沉积特征与环境演变》,《中国沙漠》1995年第4期。

根达来①、那日图②、达尔罕乌拉③，以及锡林郭勒临近的达来诺尔湖④等多个地点的沉积及孢粉分析后得出的认识，上述地质环境方面的研究为了解锡林郭勒新石器时代的古气候提供了丰富的材料。

上述全新世的地质沉积研究表明⑤，1万年以来，锡林郭勒西南部浑善达克沙地主要经历了升温波动期（距今10000—7100年）、温暖期（距今7100—3200年）和温干、冷干频繁波动期（距今3200年至今）三个演变阶段⑥（图3-1）。

末次冰期后，锡林郭勒进入全新世升温波动期。新石器时代早期，气候呈现干冷状态。至距今9800—8800年，气温上升，气候温湿，年平均气温估计比现在高1℃—2℃，呈现的是以蒿属、藜科、十字花科及云杉为主的疏林草原景观；与此同时，临近的辽西区赤峰南山形成了全新世最早一层的弱成砂质古土壤（底部年龄距今9853±301年⑦）。

新石器时代的中期，是锡林郭勒的温暖期，气候在暖湿与干冷间变化。距今7100—5900年，为全新世最暖阶段，植被是普遍的疏林草原景

---

① 梁玉莲：《内蒙锡盟桑根达来3600年来的植被及环境演变》，《中国沙漠》1991年第2期。

② 董玉祥、刘毅华：《内蒙古浑善达克沙地近五千年内沙漠化过程的研究》，《干旱区地理》1993年第2期。

③ 李容全等：《内蒙古高原湖泊与环境变迁》，北京师范大学出版社1990年版，第15—70页。

④ 耿侃、张振春：《内蒙古达来诺尔地区全新世湖群地貌特征及其演化》，《北京师范大学学报》（自然科学版）1988年第4期。

⑤ 李森、孙武、李孝泽、张勃：《浑善达克沙地全新世沉积特征与环境演变》，《中国沙漠》1995年第4期。

⑥ 关于浑善达克全新世环境的演变，靳鹤龄等将其分为4个阶段：距今10700—9000年，夏季风增强，冬季风减弱，是气候干旱时期；距今9000—6000年，夏季风强盛，冬季风较弱，气候湿润，地表植被盖度大；距今6000—3400年，夏季风强度、气候湿润程度及地表植被频繁波动，干冷期；距今3400年以来，干旱化时期。详见靳鹤龄、苏志珠、孙忠《浑善达克沙地全新世中晚期地层化学元素特征及其气候变化》，《中国沙漠》2003年第4期。

⑦ 张文山、刘金峰、田全伦：《赤峰南山顶部黄土古地磁事件及其区域地质表现》，《河北地质学院学报》1994年第3期。

观，砂质古土壤发育，这与全新世大暖期基本对应①，锡林郭勒南部出现暖温型夏绿阔叶林；距今5900—4600年，气候较干冷，植被退化为干草原、荒漠草原。

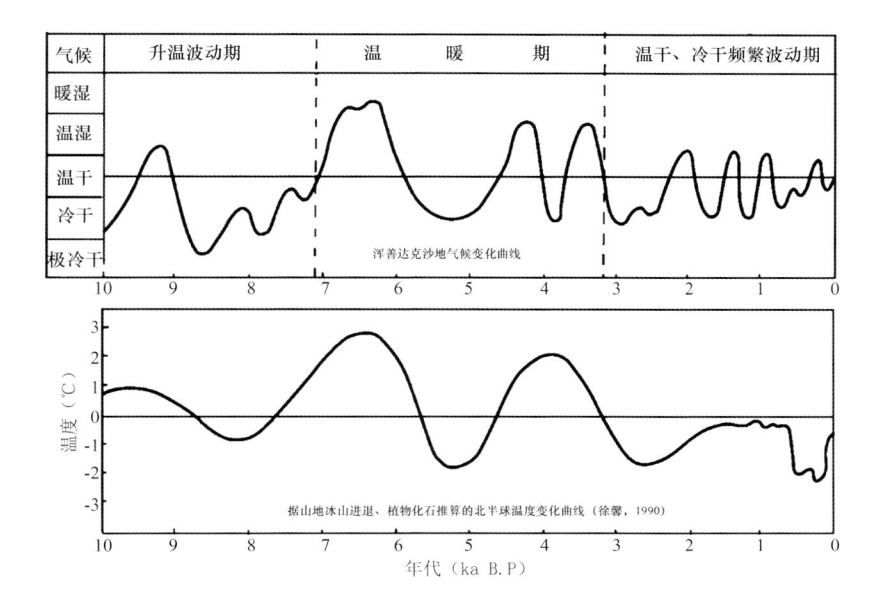

图3-1　全新世浑善达克沙地气候与北半球气候变化对比

资料来源：李森、孙武、李孝泽、张勃：《浑善达克沙地全新世沉积特征与环境演变》，《中国沙漠》1995年第4期。

新石器时代晚期的龙山文化阶段，即距今4600—4100年，植被以草本和小灌木为主，藜科、蒿属居多，少量十字花科和菊科植物，反映了暖湿的气候。

经过对比，浑善达克沙地全新世气候除个别冷、暖期比邻区提前或滞后外，主要气候事件、演化阶段与邻区基本一致，与北半球温度变化曲线②也大致相同，即锡林郭勒地区的气候变化与北半球，特别是中国北方半干旱地区具有大致同步的特点。

---

① 施雅风、孔昭宸、王苏民等：《中国全新世大暖期鼎盛阶段的气候与环境》，《中国科学》（B辑）1993年第8期。

② 徐馨、沈志达：《全新世环境》，贵州人民出版社1990年版，第58—60页。

（二）锡林郭勒旧新石器过渡阶段的发现

1万年前的锡林郭勒，旧石器时代逐步结束，人类开始迈入新石器时代。这个时期虽然打制石器依然流行，但磨制石器逐渐增多，陶器也开始出现，人类除了从狩猎采集，革命性地发明了种植农作物以供养自己。由于食物的增加，人口的数量也不断增长。特别是距今6000年前后的仰韶文化阶段，随着全球大暖期的到来，新石器时代文化快速增长，人口向周围快速扩散，人类社会迎来了第一个全面发展的高峰。

1992—1994年，地质学者在锡林郭勒西北的苏尼特左旗发现了恩格尔呼都格等13处石器地点[①]，这些石器地点分布在湖泊沿岸或沟谷内，遗址周围的环境是平缓的高原面，海拔950—1200米，低矮的基岩缓丘与宽浅的沉积盆地相间，呈现平缓的波状起伏。沉积盆地内小型湖泊密布，第四纪以来的气候波动，使得湖泊边缘留下清晰的阶地和古湖岸线。沉积盆地与基岩接触部位有一系列的沟谷发育，从沟谷内的松散冲积物看，第四纪时这些沟谷曾发育有小型河流。

13处石器地点中有10处分布在湖泊边缘，2处位于沟谷内，1处位于残丘顶部。这显示当时这些区域是古人类的主要活动地点。发现石器3931件，主要是打制石器和磨制石器两类。打制石器主要有石核、石片、刮削器、石锥、砍砸器、尖状器、石斧、石刀和石锥等；磨制石器主要有磨盘、磨棒、哑铃形器、石杵、石斧、尖状器、石锄和石刀等。

根据科学的测试结果，锡林郭勒目前最早的新石器时代遗址是苏尼特左旗塔布乌拉（编号2），地质学家利用热释光对其顶底沉积物进行测定，结果是距今10000—8300年，介于旧、新石器时代之间。该地点的石器器形小，加工精致，多石镞、尖状器、石叶和小型刮削器，还发现有穿孔石刀、扁珠和穿孔贝壳。推测当时的古人类生活以狩猎为主。

塔布乌拉地点距离中蒙边境不远，其石器与蒙古国境内的莫伊勒滕山谷居住遗址、奇恒阿贵洞穴等同类器物类似[①]，暗示可能存在着交流和互动。在阿巴嘎旗伊和高勒河源附近的丹仓土仓遗址（图3-2），在5处

[①] ［蒙］D.策温道尔吉、D.巴雅尔、Ya.策仁达格娃、Ts.敖其尔呼雅格：《蒙古考古》，［蒙］D.莫洛尔 俄译，潘玲、何雨濛、萨仁毕力格译，杨建华校，上海古籍出版社2019年版，第37、50—51页。

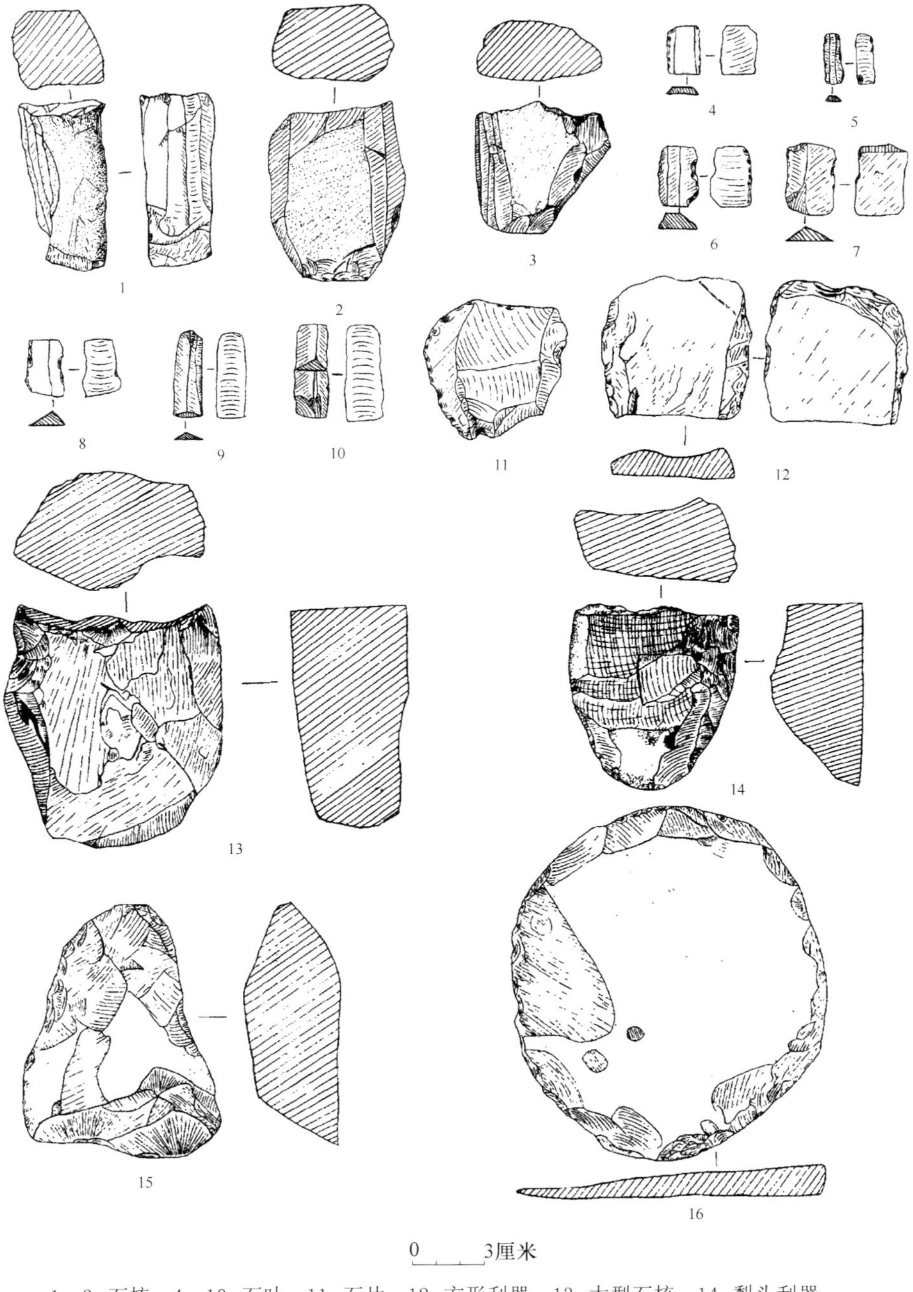

三 新石器时代的文化交流与互动 | 037

1—3. 石核 4—10. 石叶 11. 石片 12. 方形刮器 13. 大型石核 14. 犁头刮器
15. 石斧 16. 圆形铲

图3-2 丹仑土仑遗址出土的石器

地点发现了大量的打制和磨制石器，器型多样，显示多种文化因素的存在①。打制手斧、拇指盖形刮削器、石锥、尖状器、砍砸器、石叶、楔形细石叶石核等，跟金斯太洞穴③A层下、塔布乌拉地点同类器物相似，时代可能也处在新石器时代最早的阶段。

（三）裕民文化在锡林郭勒的发现

新石器时代中期，锡林郭勒有几次的冷暖交替，但总体上气候较为温暖、降水丰沛、湖面扩大、水位升高，古土壤发育，这为采集、渔猎及农业经济提供了良好的环境条件，进而使得人口增加。同时，中国北方的旱作农业区急剧扩张，农业文化向西扩散至河西走廊和青海省的东部；在内蒙古东部和辽宁西部，农业则扩展到西拉木伦河以北，达到北纬44°②。苏尼特左旗塔布乌拉临近的舒特音好来、呼和额热格等遗址，出土有窄肩石锄和大型石杵等，显示出农业遗存的存在，这将农牧交错区较现在向北推进多达300千米③。

近年来，在锡林郭勒高原的南缘新发现并确立了距今8800—7650年的裕民文化④，经过初步调查，裕民文化遗址在锡林郭勒高原有广泛的分

---

① 盖山林：《阿巴嘎旗丹仑土仑遗址调查》，《内蒙古文物考古》2005年第1期。
② 靳桂云：《中全新世华北地区环境演化及其对人类文化的影响》，中国科学院地质研究所，博士学位论文，1999年。
③ 迟振卿：《内蒙古中北部古人类石器的新发现及初步研究》，中国地质大学，硕士学位论文，1996年。
④ 裕民文化是近年阴山北麓及草原地带刚刚确立的新的考古学文化，主要遗址有内蒙古乌兰察布市商都县裕民、化德县四麻沟，河北张家口康保兴隆、尚义县四台、崇礼邓槽沟梁等。内蒙古自治区文物考古研究所：《2015年内蒙古自治区文物考古研究所考古发现综述》，《草原文物》2016年1期；内蒙古自治区文物考古研究所：《2018年内蒙古自治区文物考古研究所考古发现综述》，《草原文物》2019年1期；郭明建、王刚、邱振威：《河北康保兴隆遗址发现旧石器末期至新石器早中期遗存》，《中国文物报》2019年10月11日8版；内蒙古自治区文物考古研究所、乌兰察布市博物馆、化德县文物管理所：《内蒙古化德县裕民遗址发掘简报》，《考古》2021年第1期；内蒙古自治区文物考古研究所、故宫博物院、乌兰察布市博物馆、化德县文物管理所：《内蒙古化德县四麻沟遗址发掘简报》，《考古》2021年第1期。

三 新石器时代的文化交流与互动

布,锡林浩特市、正镶白旗、镶黄旗、苏尼特右旗、苏尼特左旗、阿巴嘎旗、东乌珠穆沁旗、西乌珠穆沁旗[①]。根据现在的调查和发掘材料,裕民文化覆盖了锡林郭勒的大部分区域。裕民文化的房址呈圆形半地穴式(图3-3),石器以打制为主,主要有磨盘、磨棒、砍砸器、刮削器、端刮器、石斧、石锛、石凿、石铲、石镞、石刃等(图3-4);陶器主要有大口尖圜底釜、尖圜底杯、筒形罐、平板状器、纺轮等,其中房址出土的可复原器物以筒形罐最多。出土陶器基本为夹砂陶,纹饰多为麻点纹和素面。骨蚌器除常见的骨锥、骨针等生产生活工具外,还有较多穿孔蚌壳等饰品。

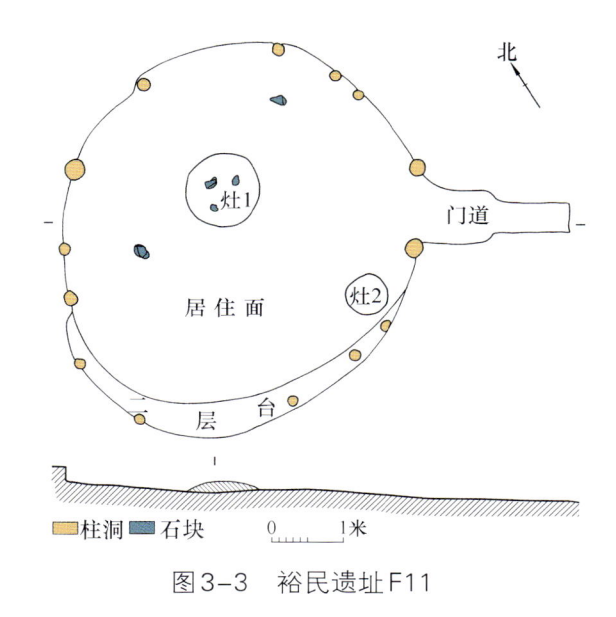

图3-3 裕民遗址F11

乃仁陶力盖遗址是裕民文化的典型遗址,位于锡林郭勒南部的镶黄旗文贡乌拉苏木境内。为配合深能镶黄旗德斯格图风电项目工程建设,2020年7—10月,内蒙古自治区文物考古研究所对该遗址进行了考古发掘[②]。遗址整体呈东北—西南向分布,长1000、宽约300米。可以分成三

---

① 赵战护:《草原新石器时代的新探索:冀蒙交界坝上地区新石器时代遗址考古发掘现场论证会纪要》,《中国文物报》2019年12月6日第6版。

② 内蒙古自治区文物考古研究所:《2020年内蒙古自治区文物考古研究所考古综述》,《草原文物》2021第1期。

图 3-4 裕民遗址出土石器

个区，北部的Ⅰ、Ⅱ区（图3-5）为新石器时代遗存，勘探出房址270余座。南部的Ⅲ区是鲜卑墓群，发现墓葬多座。

2020年发掘房址27座，居室内墓葬1座。房址（图3-6、图3-7）为圆形或圆角方形地穴式，直径3—6米，深0.4—2.2米，房内存二层

图3-5　乃仁陶力盖遗址Ⅱ区航拍图

资料来源：陈文虎供图。

图3-6　乃仁陶力盖遗址Ⅰ区F4（4号房址）

资料来源：陈文虎供图。

图3-7　乃仁陶力盖遗址Ⅰ区F8（8号房址）

资料来源：陈文虎供图。

台、柱洞及圆形地面灶。居室葬为竖穴土坑曲肢葬。出土遗物以石器为主，还有陶、骨器和少量动物骨骼。石制品有石叶、石核、磨盘、磨棒、刮削器、装饰品等。陶器种类有圜底釜、直口小底罐、平底陶杯等（图3-8）。还有骨针、锥等骨制品。房址及遗物的特点，与化德县裕民、四麻沟等遗址文化内涵相似，时代应在距今8200—7800年前后。

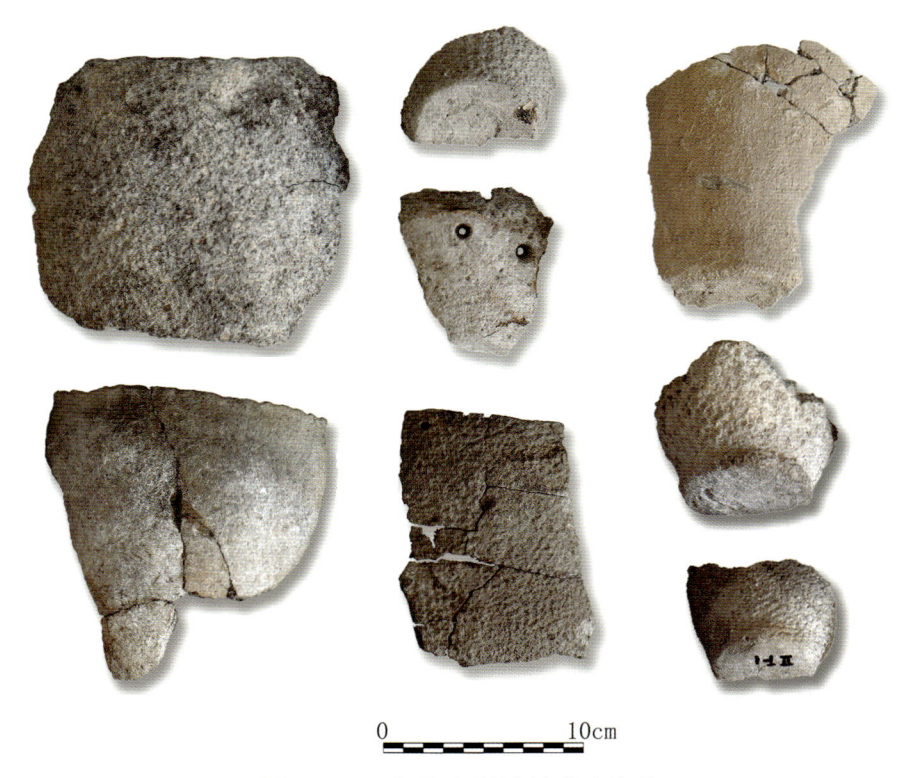

图3-8　乃仁陶力盖遗址出土陶片

2020年乃仁陶力盖遗址的考古发现与发掘，填补了裕民文化在锡林郭勒草原分布及谱系上的空白，使我们对锡林郭勒高原草原地带新石器时代早期文化提供了全新的材料，因而具有重要的学术价值。

裕民文化最引起我们注意的，是发现了与俄罗斯外贝加尔地区高度相似的圜底陶器（图3-9），这为讨论距今8000年前后锡林郭勒与外贝加尔地区的文化交流提供了绝佳的材料。裕民文化发现的大口圜底筒形罐，为夹砂黄褐陶，质地疏松。圜底釜的纹饰为麻布纹。目前在国内找不到相似的器物，却与俄罗斯外贝加尔湖地区的卡林加河口、阿伦·扎尔加等遗址的同类器物十分相似，可能具有某种联系。

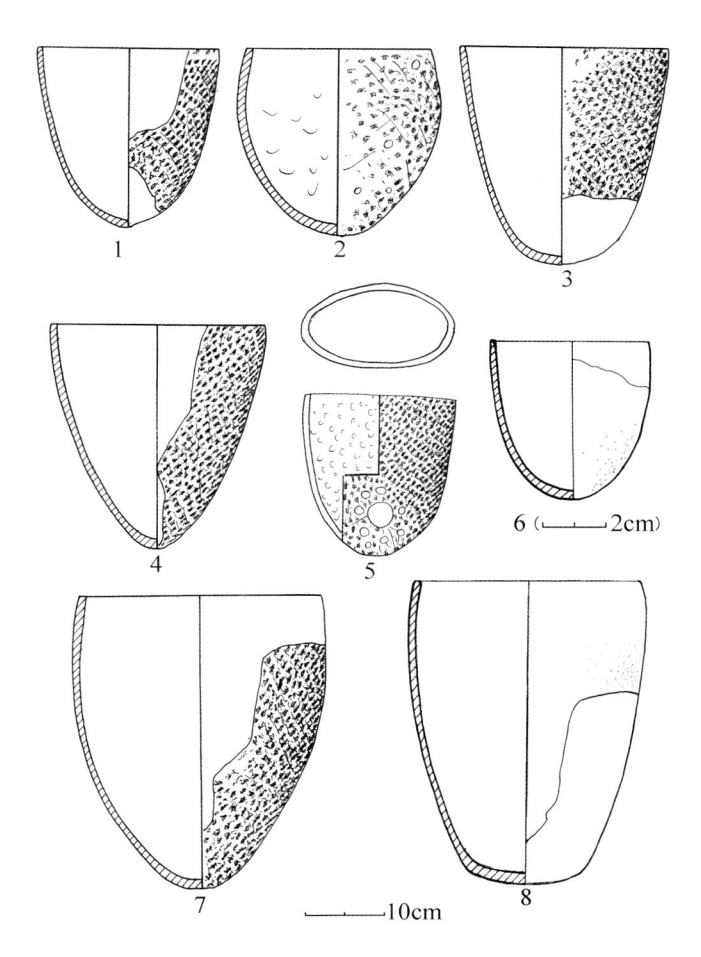

1、7. A型圜底釜（F2∶1、F5∶666） 2. A型圜底筒形罐（F2∶3）
3、6. B型圜底筒形罐（F2∶4、2） 4、5. B型圜底釜（F5∶653、F4∶297）

图3-9 裕民遗址出土的圜底陶器

外贝加尔地区新石器时代的陶器，圜底器和尖圜底是基本的形制，这种圜底器最早的标本是恰克图河口遗址，距今11505±100年[①]。出土有与裕民文化相似圜底器的卡林加河口遗址（图3-10），房子也是圆形或椭圆形，房内直径为3—6米，有1—3个简单的灶，每座房子发现1—3件陶器。所有的陶器均为尖圆器，形式简单，剖面轮廓线为抛物线形敛口，没有出现颈肩和把手[②]。

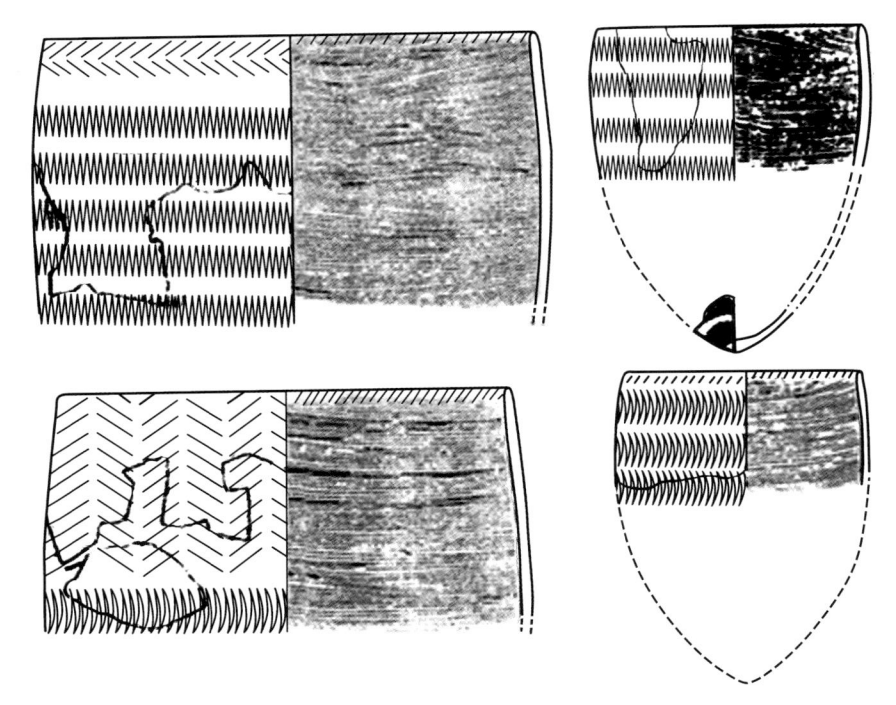

图3-10 卡林加河口遗址出土的圜底器

需要特别注意的是，裕民文化的南缘，接近"东方人类的故乡——泥河湾"遗址群，在这个区域发现了旧石器时代早期开始至晚期遗存多

---

① 冯恩学：《俄国东西伯利亚与远东考古》，吉林大学出版社2002年版，第176—178页。
② 冯恩学：《我国东北与贝加尔湖周围地区新石器时代文化交流的三个问题》，《辽海文物学刊》1997年第2期。

处。于家沟遗址就发现了1.36万年前的陶器，是目前中国北方最早的陶器制品①。有研究显示华北地区的于家沟②、北京怀柔转年③、北京门头沟东胡林④、河北徐水南庄头⑤、山西吉县柿子滩⑥、河南新密李家沟⑦等遗址存在有技术革新、技术复杂化的证据，并展示出人类行为和社会关系在这一地区的空前发展，这些都促使华北地区在距今1万年前后进入了一个新的复杂社会阶段⑧。因此，锡林郭勒高原的裕民文化，也受到了华北地区早期文化的影响，如存在大量的细石器，普遍存在磨制技术；普遍存在磨盘、磨棒、石杵等重型加工工具（落地工具），存在早期的陶器技术。

上述这些先进的技术因素，加上末次冰期后温暖的气候条件，造成人口大量增加、社会趋向复杂化的同时，人群亦向四周扩散，分布在锡林郭勒的裕民文化应该是受到了华北早期新石器时代文化的强烈影响；同时，以圜底筒形罐为代表的一群人，从遥远的贝加尔地区，一路南下，到达锡林郭勒高原的南缘。圜底筒形罐文化人群的南下时间，与距今8800年前开始的强冷事件时间接近，并非巧合。这次强冷使得气候变得极为干冷，西风强盛，植被单调稀疏，发现有披毛犀等大型喜冷动物，

---

① 林杉、敖红、程鹏、卫奇、张鹏、舒培仙、李兴文：《泥河湾盆地于家沟遗址AMS-~（14）C年代学研究及其考古学意义》，《地球环境学报》2018年第2期。

② 梅惠杰：《泥河湾盆地旧、新石器时代的过渡——阳原于家沟遗址的发现与研究》，北京大学，博士学位论文，2007年。

③ 郁金城：《从北京转年遗址的发现看我国华北地区新石器时代早期文化的特征》，《北京文物与考古》2002年第5期。

④ 北京大学考古文博学院等：《北京市门头沟区东胡林史前遗址》，《考古》2006年第7期。

⑤ 河北省文物考古研究所等：《1997年河北徐水南庄头遗址发掘报告》，《考古学报》2010年第3期。

⑥ 柿子滩考古队：《山西吉县柿子滩遗址第九地点发掘简报》，《考古》2010年第10期。

⑦ 北京大学考古文博学院、郑州市文物考古研究院：《河南新密李家沟遗址发掘简报》，《考古》2011年第4期。

⑧ 陈宥成、曲彤丽：《试析华北地区距今1万年左右的社会复杂现象》，《中原文物》2012年第3期。

呈现出荒漠和荒漠草原的自然景观,生物气候带向南至少迁移了3个纬度①。因此,圜底罐很可能因此南下至裕民文化。

裕民文化的东、南方向的边界较为清晰,在冀蒙交界区域和锡林郭勒盟境内,西、北方向则深入草原深处,分布面积相当广袤,边界也十分模糊,目前在蒙古国境内、内蒙古西部也有相似遗存发现;发掘者认为该文化具有季节性流动,以狩猎、采集为主,兼有原始种植的生业模式。叶灿阳、陈胜前等注意到该文化的锛状器等工具可能延续到红山文化时期,类似的麻点纹圜底陶器特征也在东北亚不同区域的不同时期出现过。因此,他们认为裕民文化不同于一般定义的考古学文化,而更像是一种器物特征的传统。这种相似特征的广泛时空分布背后,可能跟文化适应更为密切相关②。

(四)兴隆洼文化在锡林郭勒的发现

在新石器时代的中期,锡林郭勒与外界的接触逐渐增多,除了与北部的西伯利亚、南方的华北地区的交流外,与东面的辽西区的联系也很频繁。如兴隆洼文化和红山文化的交流迹象,目前的考古发现最多。

源于辽西的兴隆洼文化8000年前迅速崛起并发展,以教来河、老哈河、大凌河等河流流域为中心,在燕山南北有着广泛的分布,西拉木伦河以北的遗址不多,主要有克什克腾旗南台子遗址③、巴林左旗金龟山F3遗存④、翁

---

① 李森、孙武、李孝泽、张勃:《浑善达克沙地全新世沉积特征与环境演变》,《中国沙漠》1995年第4期。

② 叶灿阳、陈胜前:《跳出固有模式——草原地带新石器文化新发现的思考》,《中国文物报》2022年1月7日第6版。

③ 内蒙古文物考古研究所:《克什克腾旗南台子遗址发掘简报》,《内蒙古文物考古文集》第一辑,中国大百科全书出版社1994年版,第87—95页;《克什克腾旗南台子遗址》,《内蒙古文物考古文集》第二辑,中国大百科全书出版社1997年版。

④ 徐光冀先生把F3为代表的早期遗存命名为"金龟山一期文化",杜战伟等将其归入兴隆洼文化系统。徐光冀:《乌尔吉木伦河流域的三种史前文化》,《内蒙古文物考古文集》第一辑,中国大百科全书出版社1994年版,第83—86页;杜战伟、韩斐:《论兴隆洼文化的分期与年代》,《考古》2019年第3期。

牛特旗蛤蟆山遗址[①]、巴林右旗敖包恩格日遗址[②]等少量遗址，另外在那斯台[③]、古日古勒台[④]、查干诺尔哈不盖特山[⑤]、哈日巴沼[⑥]等遗址也有零星发现。通过梳理材料，我们发现该文化在锡林郭勒有零星的发现，显示出辽西区与锡林郭勒存在交流。

近年，锡林浩特市巴彦淖尔遗址（图3-11）及苏尼特左旗的多个地

图3-11 巴彦淖尔遗址的石铲

---

① 赤峰博物馆、翁牛特旗博物馆：《翁牛特旗解放营子乡新石器时代遗址调查报告》，《内蒙古文物考古》2005年第1期。
② 朝格巴图：《巴林右旗敖包恩格日遗址调查》，《内蒙古文物考古》1997年第2期。
③ 巴林右旗博物馆：《内蒙古巴林右旗那斯台遗址调查》，《考古》1987年第6期。
④ 巴林右旗博物馆：《巴林右旗古日古勒台新石器时代遗址调查简报》，《内蒙古文物考古》1992年第1、2期。
⑤ 塔拉、张文平、王晓琨：《查干诺尔新石器时代遗址调查简报》，《内蒙古文物考古》2000年第2期。
⑥ 刘志安、朝格巴图：《哈日巴沼遗址调查简报》，《内蒙古文物考古》2000年第2期。

点，发现了大量的磨制石器与大型打制石器，其中的石锄、铲形器等具有明显的兴隆洼文化特征。

苏尼特左旗发现的13处石器地点，发现石核、石片、刮削器、石锥、砍砸器、尖状器、石斧、石刀、石锄、磨盘、磨棒等石器近4000件，特别是磨制石器的存在，表明当时可能从事食物采集和加工。从苏尼特左旗舒特音好来遗址（编号7）发现窄肩石锄、呼和额热格遗址（编号8）发现大型石杵来看，当时可能存在少量原始农耕活动①。

这些器物在锡林郭勒的出现，一方面说明兴隆洼文化向北扩展的范围和影响；另一方面，也说明了锡林郭勒是西辽河流域新石器文化向北传播的一个通道。

源于兴隆洼文化的富河文化，其突出的篦点"之"字纹和圆形房址，跟俄罗斯外贝加尔地区的卡林加河口文化可能具有渊源关系②。还有哈民文化的麻点纹、方格纹、菱格纹，以及南宝力皋吐类型的附加堆纹、复线几何纹，在西辽河以南地区少见且制法有别，其来源也可能来自锡林郭勒更北的外贝加尔地区③。从外贝加尔到辽西，经过锡林郭勒高原的路线是最短的路径，因此锡林郭勒很可能是交流的中转地。

（五）红山文化在锡林郭勒的发现

距今7000—5000年的红山文化，以分布范围广、影响范围大而著称，以西辽河上游及其支流为核心区，以往的研究最西端到克什克腾旗的永明、天宝同、河套④等遗址，向北跨越松辽分水岭到达霍林河流域。在阿

---

① 李龙吟、田明中、迟振卿、储国强、蔡红飚、罗竹琴：《内蒙古苏尼特左旗古人类遗存点的发现及意义》，《现代地质》1995年第2期。

② 冯恩学：《我国东北与贝加尔湖周围地区新石器时代文化交流的三个问题》，《辽海文物学刊》1997年第2期。

③ 朱永刚：《文化变迁与边缘效应——西辽河流域北系区新石器时代文化的发现与研究》，《考古学报》2016年第1期。

④ 朱永刚、王立新、塔拉主编：《西拉木伦河流域先秦时期遗址调查与试掘》，科学出版社2010年版。

三 新石器时代的文化交流与互动 | 049

巴嘎旗丹仑土仑遗址①发现的磨盘、磨棒、舌形石斧、石耜、敛口红碗钵残片等，是红山文化的典型器物，这将红山文化向西北推进了至少300千米。在紧邻锡林郭勒南缘的商都县章毛乌素遗址，地表形态也是"芒哈"，考古发现了以筒形罐和之字纹为代表的兴隆洼—红山文化因素②。这是红山文化因素最西的发现之一。章毛乌素F1（图3-12）出土的夹砂灰

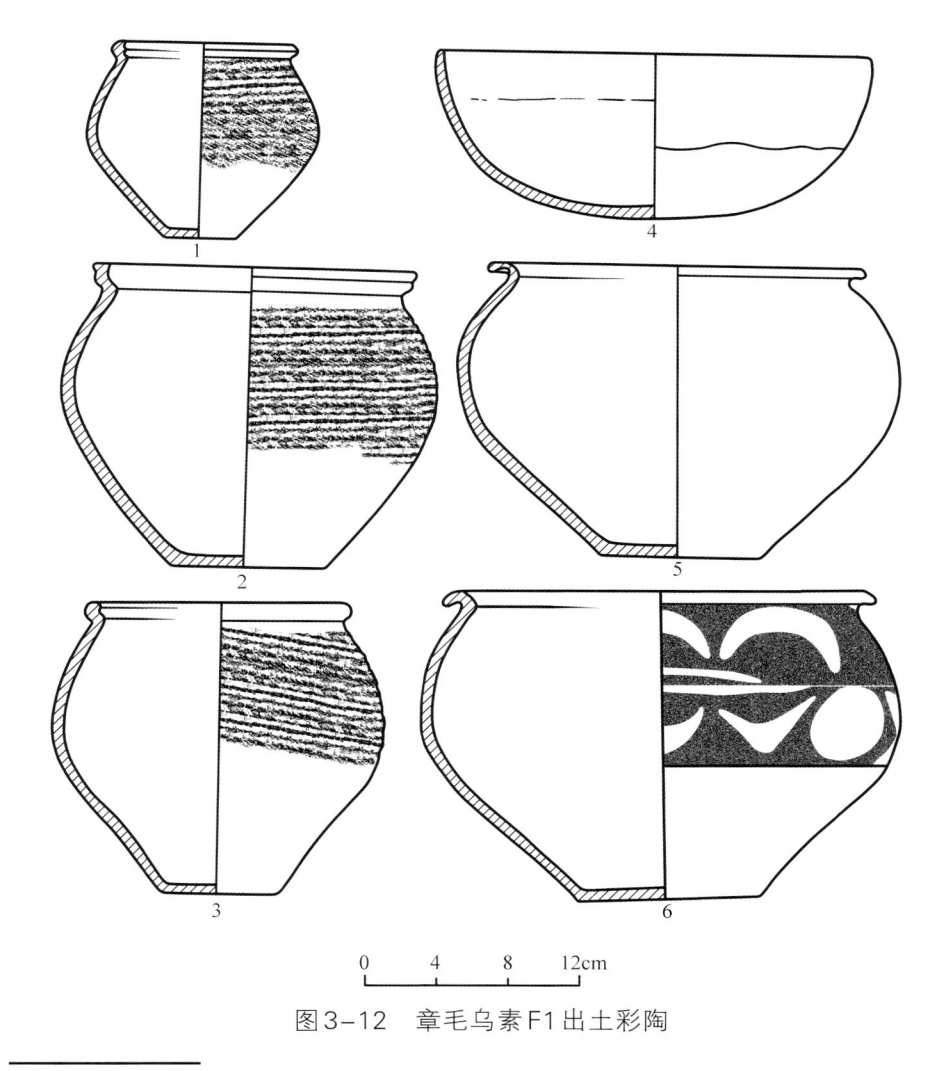

图3-12 章毛乌素F1出土彩陶

① 盖山林：《阿巴嘎旗丹仑土仑遗址调查》，《内蒙古文物考古》2005年第1期。
② 魏坚、富占军：《商都县章毛乌素遗址》，《内蒙古文物考古文集》第二辑，中国大百科全书出版社1997年版，第137—150页。

陶侈口罐、泥质红陶钵、泥质红陶曲腹盆等一组陶器表明,在仰韶文化早中期阶段,以弦纹夹砂罐、彩陶为代表的早期农耕文化,越过阴山东段,一直推进到北纬42°线以北的锡林郭勒草原,黄河流域和西拉木伦河流域的文化交流在这里交融碰撞。

红山文化的代表性器物——玉器,在中国用玉史上有着广泛的影响。以往的研究曾注意到:在西拉木伦河以北,红山玉器的分布势头仍然不减,有沿着乌尔吉木伦河继续向蒙古草原深入的趋势[①]。贝加尔湖沿岸的基多伊文化,有大量的斧、锛、凿、刀等玉质工具,与红山文化的玉器非常接近,考虑到红山文化的巨大影响力,有学者认为基多伊文化的玉器可能来源于红山文化[②]。从二者的位置判断,锡林郭勒高原扮演了红山玉器向西传播的交通枢纽。

(六)龙山时代在锡林郭勒的发现

除了与辽西区和贝加尔湖的互动,锡林郭勒与南面的阴山山脉的内蒙古中南部地区也具有密切的联系。苏尼特右旗吉日嘎郎图遗址(图3-13),暴露的面积约30平方米,文化遗存丰富,夹粗砂灰陶罐、粗砂灰褐陶罐、细泥红陶黑彩钵、打制石器、磨制石器及细石叶等共存[③],灰陶罐的唇部压印呈齿状,颈部有指甲纹一周。从交错线纹、横篮纹、绳纹的形态及桥形器耳看,应该与仰韶晚期的阿善文化及龙山时代的老虎山文化具有紧密的联系。

远在嫩江流域的昂昂溪文化[④],其独具特色的渔猎文化与贝加尔地区

[①] 郭大顺:《玉器的起源与渔猎文化》,《北方文物》1996年第4期。

[②] 冯恩学:《我国东北与贝加尔湖周围地区新石器时代文化交流的三个问题》,《辽海文物学刊》1997年第2期。

[③] 纳古善夫:《内蒙古苏尼特右旗吉日嘎郎图新石器时代遗存》,《考古》1982年第1期。

[④] 1929年和1930年,俄罗斯人罗伽什金(A.S.Lukashkin)和梁思永先生先后对昂昂溪五福C遗址进行了调查与试掘,详见梁思永《昂昂溪史前遗址》,《梁思永考古论文集》,科学出版社1959年版。杨虎先生正式提出昂昂溪文化命名,详见杨虎等《黑龙江古代文化初论》,《中国考古学会第一次年会论文集》,文物出版社1980年版。典型遗址主要有洪河等,详见黑龙江省文物考古研究所《黑龙江齐齐哈尔市洪河遗址新石器时代遗存发掘简报》,《考古》2019年第8期。

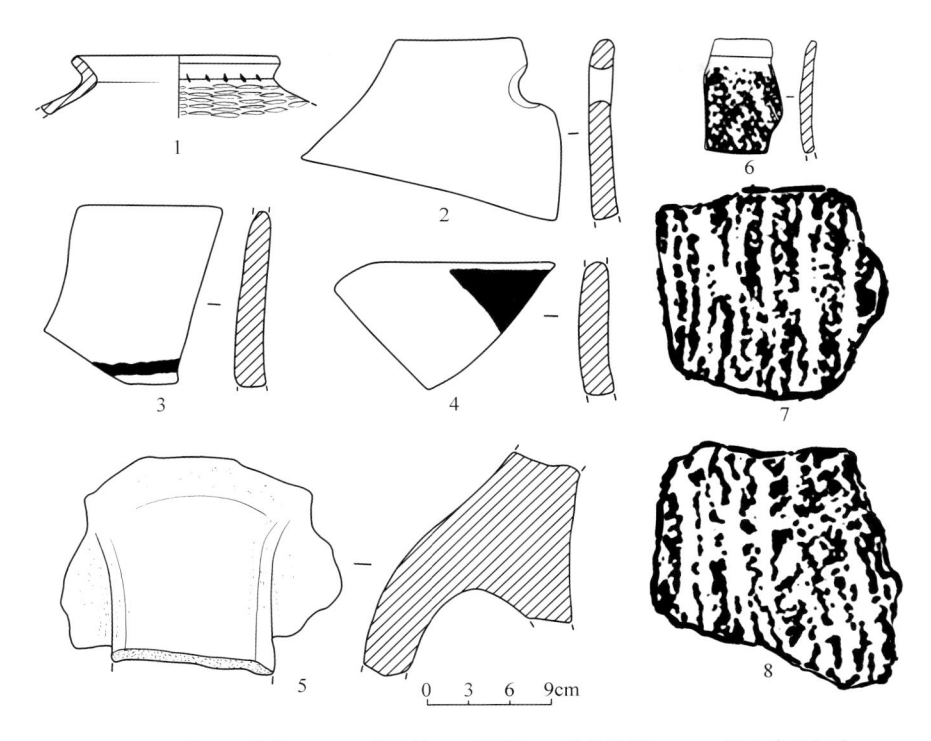

1. 蓝纹陶罐　2. 陶钵　3、4. 彩陶钵　5. 器耳　6. 线纹陶罐　7、8. 绳纹陶片拓本
（1、6. 为3/25，余均3/5）

图3-13　吉日嘎郎图遗址出土陶器

非常类似，因此有学者认为该文化可能是一群从贝加尔湖出发的渔猎人，与当地的文化相混合而成的[①]。从贝加尔到嫩江，经过锡林郭勒高原的路线是最近、最直接的。此外，同样是在新石器时代末期，在锡林郭勒的东部地区，还发现了辽西区小河沿文化的陶器[②]，显示锡林郭勒与辽西区连绵不断的交流状况。

---

① 冯恩学：《我国东北与贝加尔湖周围地区新石器时代文化交流的三个问题》，《辽海文物学刊》1997年第2期。

② 内蒙古自治区文物考古研究所编：《锡林郭勒文化遗产》，文物出版社2014年版，第22页。

（七）传播路线及特点

关于中国新石器时代北方原始文化东西部之间的传播，苏秉琦先生曾指出北方存在"S"形传播线路，即来自华山脚下的仰韶文化和燕山以北的红山文化，分别向东和向西，最终在河北北部的桑干河上游相遇的传递路线[①]。这是一个极具前瞻性的论断，考古发现证实了苏先生当年的判断。如近年在拒马河流域发现的北福地一期文化，就有着兴隆洼文化的许多因素[②]，这显示这样一条传播线路在8000年前的兴隆洼文化就开始了。在锡林浩特巴彦淖尔等遗址发现的兴隆洼文化石锄，证明红山与前红山诸文化沿着西拉木伦河河谷向北跨过了大兴安岭南端，到达锡林郭勒草原。

整体上看，在新石器时代，发生在锡林郭勒的文化交流的主要方向一个是自东向西，西辽河流域文化影响了锡林郭勒草原，带来石锄、陶器，可能还有农业生产技术，同时传统上的狩猎采集经济依然存在。自北面外贝加尔而来的圜底筒形罐人群，并没有占据锡林郭勒新石器时代的主要位置。另一个文化交流的主要方向是自南向北，华北地区诸早期新石器文化，给锡林郭勒带来了谷物，直接影响了裕民文化先民的食物结构。

（八）小米反映的东西文化交流

"民以食为天"，人类的发展与粮食作物的发明与生产密切相关。大约距今1万年前开始的新石器时代，革命性的事件就是农业的出现。这个阶段的古人类也是由洞穴走向平原的转变时期。人类驯化了植物和动物，逐步掌握农作物的培育、生产，农业得以起源、发展，农业使得人口的数量显著增长，进而导致人群、社会的管理、组织日益复杂化，社会阶层出现分化，人类向更高的社会阶段迈进。

[①] 苏秉琦：《华人·龙的传人·中国人——考古寻根记》，《新华文摘》1987年第11期。

[②] 张弛：《〈北福地——易水流域史前遗址〉评介》，《文物》2008年第6期。

植物考古的研究表明：农业起源是一个漫长的演变过程，耕作行为最早在距今1万年前后出现，农业经济社会的建立则迟至距今6000—5000年间的仰韶时代才得以完成。在此期间，狩猎采集等经济类型的比重日渐衰落，农业生产日渐增强，最终农业取代采集狩猎，成为经济生活的主体。

中国是世界四大农业起源地之一，是粟（谷子）、黍（糜子）、荞麦、大豆、水稻、芋头、山药、菱角、麻、花椒等众多农作物的故乡，也是最早培育家猪、家鸡的地区，现有的考古发现证实，早在新石器时代早期我国就形成了"南稻北粟"的局面。华北地区作为中国农业起源中心区之一，是以种植粟（Setaria italica）和黍（Panicum miliaceum）两种小米为代表的北方旱作农业起源地之一[①]，东胡林遗址发现的距今11000—9000年之间的炭化粟粒，已具备栽培粟的基本特征，是中国已知最早的小米标本。随着粟作农业的栽培选育及传播，促进了社会分工与社会发展，于家沟、转年等遗址的先进技术组合因素，反映了1万年前的华北地区已出现复杂的组织结构，这种复杂的社会组织是华夏文明最初的基因，是构成中华早期文明内核的一部分因素。

粟和黍在华北地区被成功驯化后，迅速向周边地区传播，至距今8000年前后出现井喷式发展，在华北周边的很多个地区都发现了粟和黍遗存，如东北地区的沈阳新乐遗址[②]、赤峰敖汉旗兴隆沟遗址[③]；中原地区的河北武安磁山遗址[④]、河南新郑裴李岗遗址[⑤]、山东济南月庄遗

[①] 赵志军：《中国农业起源概述》，《遗产与保护研究》2019年第1期。

[②] 沈阳市文物管理办公室、沈阳故宫博物馆：《沈阳新乐遗址第二次发掘报告》，《考古学报》1985年第2期。

[③] 刘国祥：《兴隆沟聚落遗址发掘收获及意义》，刘国祥《东北文物考古论集》，科学出版社2004年版，第58—74页；赵志军：《从兴隆沟遗址浮选结果谈中国北方旱作农业起源问题》，南京师范大学文博系编《东亚古物》（A卷），文物出版社2004年版，第188—199页。

[④] 河北省文物管理处、邯郸市文物保管所：《河北武安磁山遗址》，《考古学报》1981年第3期。

[⑤] 中国社会科学院考古研究所河南一队：《1979年裴李岗遗址发掘报告》，《考古学报》1984年第1期。

址①；西北地区的西安鱼化寨遗址②、甘肃秦安大地湾遗址③。广泛分布在锡林郭勒高原的裕民文化遗址，也发现了粟和黍的遗存，应该是华北地区粟作农业向北传播的结果④。

距今8000年前后是农业起源的关键阶段，也是粟作农业大发展的阶段。随着农业还同时出现了趋向定居村落，陶器制作逐渐标准化，磨制石器的比例不断增加，中华大地开始了真正意义上的农耕生产和家畜饲养。在裕民文化遗址中发现的粟和黍两种小米遗存，这构成了锡林郭勒先民饮食结构的一部分。但是农业起源是一个漫长的过程，持续了数千年之久，直到距今6000年前后的庙底沟文化，才完成由狩猎采集经济向农耕经济的转变。在此期间狩猎采集活动一直是锡林郭勒生业形态的主导，即以采集狩猎为主，农耕生产和家畜饲养为辅的生业模式。

粟作农业经锡林郭勒继续向西传播，沿着蒙古高原南部的通道，经过阿尔泰山山谷到达通天洞。新疆通天洞5000年前小米的发现，是一个重要的例子⑤。这反映了小米从锡林郭勒向西传播的路线，与勒瓦娄哇技术的东传路线很可能是同样一条路线，表明自旧石器时代晚期一直到龙山时代，经过锡林郭勒的北部草原之路一直保持畅通。

---

① ［加］Gary W.Crawford、陈雪香、栾丰实等：《山东济南长清月庄遗址植物遗存的初步分析》，《江汉考古》2013年第2期。

② 赵志军：《仰韶文化时期农耕生产的发展和农业社会的建立：鱼化寨遗址浮选结果的分析》，《江汉考古》2017年第6期。

③ 甘肃省博物馆、秦安县文化馆、大地湾发掘小组：《1980年秦安大地湾一期文化遗存发掘简报》，《考古与文物》1982年第2期。

④ 胡晓农：《一座8400年前的原始村落》，《内蒙古日报》（汉文版）2017年6月2日第11版。

⑤ Xinying Zhou, Jianjun Yu, Robert Nicholas Spengler, Hui Shen, Keliang Zhao, Junyi Ge, Yige Bao, Junchi Liu, Qingjiang Yang, Guanhan Chen, Peter Weiming Jia and Xiaoqiang Li, "5,200-year-old Cereal Grains from the Eastern Altai Mountains Redate the Trans-Eurasian Crop Exchange", *Nature Plants*, Vol.6, No.2, 2020.

（九）小结

裕民文化发现的小米，是华北粟作农业向北传播的结果，在通天洞发现的小米，则显示锡林郭勒很可能是小米西传的主要通道。文化的交流不仅仅是器物、农作物等的传播，更是人的流动，除了上节提到的旧石器时代的尼安德特人等可能到达锡林郭勒金斯太洞穴，裕民文化圜底器的发现，为探讨锡林郭勒新石器时代早期与外贝加尔地区的交流提供了重要线索，同时对研究欧亚草原与华北区域文化交流和中华史前文明格局有重要意义，从而揭开了锡林郭勒草原新石器时代研究的新篇章。

上述这些发现充分说明了锡林郭勒与周边文化的互动，相比苏秉琦先生所言的S形路线，锡林郭勒更像是东西文明交流的十字路口。华北地区、辽西区、贝加尔湖地区等四面八方的文明，经大兴安岭南麓的宽谷、燕山北麓的山地、蒙古高原南部的通道，文明四通八达，会聚于此，共同促进了锡林郭勒古代文明的发展进程。如果我们再扩大视线，锡林郭勒处在华北腹地、西伯利亚和北美组成的三角地域内，是更大区域内乃至洲际间的古人类演化、迁移及文化期的对比研究范例。

正如人类演化过程像一张互相交织的大网，随着新的考古发现不断涌现，文化的复杂性也往往超出我们的想象。近年，在乌苏里江流域及黑龙江下游的小南山文化，发现了距今1.4万年的陶器，这与俄罗斯、日本列岛的最早期陶器生产处于同一时期；另外还发现了距今9000年、中国最早的玉器制品，较之前中国最早的发现于西辽河流域兴隆洼文化的玉器制品还早了1000年[1]，其中的玉玦等很可能是兴隆洼文化同类器物的祖型。小南山文化的发现与确立提示我们：为了更好地理解和认识中国早期的新石器时代文化，应该具有更宏大的东北亚视角。小南山文化的玉器，技术和面貌已经非常成熟，这显示亚欧大陆旧石器时代晚期以来的文化应该有其更早的源头。小南山文化的玉器在向南、向西的传播路

---

[1] 李有骞、杨永才：《黑龙江饶河县小南山遗址2015年Ⅲ区发掘简报》，《考古》2019年第8期。

线中，可能向西南进入西辽河流域，然后再向西经过锡林郭勒再到贝加尔湖地区；另一条更近的路线是直接向西，跨过锡林郭勒高原，经蒙古，然后到达贝加尔湖沿岸。因此，处在中间地带的锡林郭勒，很可能是小南山文化"玉石之路"西传的重要中转站。

四

青铜时代的文化交流与互动

龙山时代之后的夏商时期，锡林郭勒的环境发生了显著的变化。浑善达克沙地的环境研究显示，距今5500—3500年，锡林郭勒的气候曾发生频繁的干湿波动①。也正是在这个时段，世界范围内发生了多次的冷暖变化，其中以距今4000年前后的降温事件最为显著，那次降温被认为是历史时期以来最具影响力的一次小冰期，是导致古埃及、两河流域和印度河流域等世界古文明衰落的主要原因。该降温事件导致了中原周围齐家文化、老虎山文化、龙山文化、良渚文化及石家河文化等五大新石器文化的衰落和终结，但却促进了中原地区以夏朝建立为标志的中华文明的诞生②。

4000年前的大范围降温是全新世许多地区气候发生重大转变的标志，也标志着当地气候最适宜期的结束和全新世后期的开始。锡林郭勒地区的环境也由此更加干旱化，从而催生了新的文明形态——草原文明的发生与发展。从更大的范围看，与降温事件同时的"龙山—二里头文化时期是中国历史乃至东亚历史的一个关键时段……此后中国的世界体系一变而成为欧亚，原来的新石器时代文明在核心地区衰落，处于欧亚接触地带的半月形地带兴起"③。

---

① 靳鹤龄、苏志珠、孙忠：《浑善达克沙地全新世中晚期地层化学元素特征及其气候变化》，《中国沙漠》2003年第4期。

② 吴文祥、刘东生：《4000aB.P.前后降温事件与中华文明的诞生》，《第四纪研究》2001年第5期。

③ 张弛：《龙山—二里头：中国史前文化格局的改变与青铜时代全球化的形成》，《文物》2017年第6期。新月形地带，英国地理学家麦金德提出的概念。他认为16世纪之前，全世界2/3的人口定居在欧亚大陆被海洋包围的东、南、西面的"边缘地带"，其形有如一个巨大的"新月"，因此学界把这一边缘地带称为"新月形地带"。详见［英］麦金德《历史的地理枢纽》，林尔蔚、陈江译，商务印书馆2010年版，第60—62页。

锡林郭勒就处在半月形文化传播带①的东部边缘。考古发现显示，青铜时代的锡林郭勒同周边的文化交流日渐活跃，从广泛分布的岩画，到金斯太上层的珍珠纹陶器、带花边的陶鬲、玉器等考古发现，可以看到这种交流的概况。

（一）朱开沟文化在锡林郭勒的发现

锡林郭勒地区青铜时代的遗存，目前仅金斯太洞穴上层文化一处见诸报道。金斯太洞穴遗存是以旧石器时代堆积为主，一直延续到青铜时代早期。金斯太洞穴最上部的黑砂土堆积中，出土了陶器、骨器、铜器、玉饰品及动物骨骼等②遗物，数量不多，但意义非凡。其中的蛇形泥条纹及花边口鬲、敛口瓮、泥质陶钵及陶坩埚残片等，显示出与内蒙古中南部朱开沟文化的紧密联系。

朱开沟文化是内蒙古中南部青铜时代早期最重要的一支考古学文化，时代从龙山晚期一直到二里岗上层阶段③。有研究显示，4000aB.P.前后的降温事件，在冷干、冷湿气候条件下，朱开沟文化不断南下和东进④，对周边产生了广泛的影响，长城沿线西起陕甘，东到辽东的各考古学文化，采用各种形式的花边在陶鬲等的口沿做装饰，就是受到朱开沟文化广泛影响的

---

① 童恩正根据细石器及骨柄石刃器、大石棺—石棚、石棺等考古发现，提出在我国东北至西南存在一条半月形文化传播带，其东部边缘线，大致从大兴安岭南段及西辽河平原，经锡林郭勒高原至鄂尔多斯一线，即北纬40°附近。云翔等研究者对石刃骨器的分布做详细归纳总结，证实石刃骨器呈东北—西南带状分布，证实了半月形文化传播带的存在。详见童恩正《试论我国从东北至西南的边地半月形文化传播带》，《文物与考古论集》，文物出版社1986年版，第17—43页；云翔：《试论石刃骨器》，《考古》1988年第9期。

② 魏坚、王晓琨：《锡林郭勒发现一万年前人类居住遗址》，《中国文物报》2000年9月17日。

③ 田广金：《内蒙古朱开沟遗址》，《考古学报》1988年第3期。

④ 田广金先生认为，岱海地区考古学文化的演替和发展受生态环境的制约，表现为在暖湿气候条件下，中原文化北上，东部文化西进；在冷湿、冷干气候条件下，文化南下和东进。详见田广金《岱海地区考古学文化与生态环境之关系》，周昆叔、宋豫秦主编《环境考古研究》第二辑，科学出版社2000年版，第72—80页。

例证。朱开沟文化的早期阶段，永定河流域的张营遗存就已见到花边等因素[①]。在早商文化三期及其后，朱开沟文化因素的东进更富强势，以花边、蛇纹为代表的朱开沟文化因素在燕山南麓地区的永定河、拒马河及海河流域有一定数量的发现[②]。朱开沟文化因素沿长城地带自东向西传播，促成了中国北方文化带的第一次东西大规模联系，进而促使由花边鬲以及商周北方系青铜器为代表的前长城文化带的形成[③]。在金斯太洞穴上层文化发现的陶鬲，显示朱开沟文化不仅向东西扩展，向北也是一个重要的方向。到达锡林郭勒后，并没有停下传播的脚步，途经锡林郭勒继续向北扩散。俄罗斯外贝加尔等地区是已知除中国之外陶鬲发现最多的地区[④]，从西部的色楞格河流域到东部的鄂嫩河流域都有陶鬲的分布，陶鬲的形制有多种，花边鬲（图4-1）是最多的一种[⑤]。这些陶鬲应该与朱开沟文化有着紧密的联系。

金斯太洞穴发现的陶鬲，主体上属朱开沟文化的因素，但又有不同，表现在陶鬲的口沿部出现珍珠纹装饰。而这种珍珠纹最早出现在外贝加尔地区的伊萨科沃文化[⑥]（距

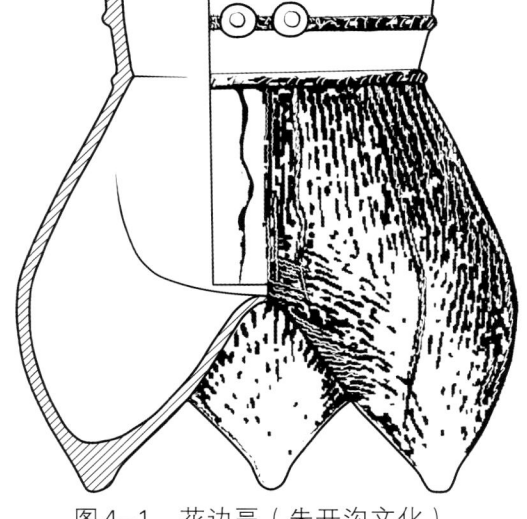

图4-1 花边鬲（朱开沟文化）

---

① 杨建华、赵菊梅：《朱开沟文化因素的东传》，杨建华、蒋刚《公元前二千纪的晋陕高原与燕山南北》，科学出版社2008年版，第155—164页。

② 豆海锋、王立新：《试析昌平张营遗址早期青铜时代遗存》，《北方文物》2010年第3期。

③ 韩嘉谷：《论前长城文化带及其形成》，《东北亚研究》（四），中州古籍出版社1994年版，第41—52页。

④ 刘观民：《苏联外贝加尔地区所出几件陶鬲的分析》，《中国原始文化论集》，文物出版社1989年版，第371—377页。

⑤ 乔梁：《中国境外发现的鬲形陶器》，《文物》2002年第1期。

⑥ 冯恩学：《俄国东西伯利亚与远东考古》，吉林大学出版社2002年版，第501—526页。

今6000年前后），并流行于该区域的整个青铜时代和早期铁器时代，这种珍珠纹应该是从外贝加尔湖地区传播过来，最初的珍珠纹陶器是风格接近的带领鼓腹鬲①。根据这种鼓腹鬲的形制分析，珍珠纹是随着鼓腹鬲向东扩展到黑龙江流域、嫩江流域等更远的区域。

金斯太洞穴远距朱开沟文化核心区近一千公里，朱开沟文化如此长距离的北进，一方面反映了朱开沟文化极强的机动性；另一方面也可能侧面反映了随着商人势力的上升，造成对朱开沟文化的挤压，迫使其向东、向北发展。

值得注意的是，源自贝加尔湖的珍珠纹陶器在金斯太上层文化中的发现，很可能与安德罗诺沃文化联合体的东进有关。安德罗诺沃文化因素在新疆北部多有发现，如额尔齐斯河、额敏河以及伊犁河流域，这三条大河的河谷等是丝绸之路开通前文化交流的主要通道②。

（二）小麦传播线路反映的文化交流

新疆吉木乃县通天洞的上层，也发现了青铜时代至早期铁器时代的切木尔切克文化遗存，曾有学者根据阴山岩画中发现的双马图，认定在内蒙古高原分布有切木尔切克文化③。陶器上的鸡冠状器耳、刻划纹、压印纹和戳印纹等纹饰与金斯太上层文化陶器具有不少相似性，这显示了这类新疆最早的铜石并用遗存沿着蒙古高原南部通道，向东传播至锡林郭勒的可能性。通天洞另外一个重要的发现是小麦的发现，在青铜时代和早期铁器时代地层堆积中浮选得到了炭化小麦（图4-2），碳十四测年的结果为距今5200—3500年。这是目前国内年代较早的小麦之一，研究者认为存在着一条小麦传播的通道，为小麦农业向东传播以及东西文

---

① 王立新：《中国东北地区所见的珍珠纹陶器》，《边疆考古研究》，科学出版社2004年版，第113—124页。
② 林沄：《丝路开通以前新疆的交通路线》，《草原文物》2011年第1期。
③ 林梅村：《吐火罗神祇考》，袁行霈主编《国学研究》第5卷，北京大学出版社1998年版，第1—26页。

四　青铜时代的文化交流与互动 | 061

1-5. 青稞　6. 小麦（普通小麦）　7. 粟　8. 黍　9. 车轴草属/苜蓿属

图 4-2　通天洞遗址出土的植物

资料来源：周新郢供图。

明交流的草原通道提供了最早期的证据①。植物学家赵志军研究员曾提出"文化包裹"的假设②，他认为小麦、绵羊和青铜冶炼技术等起源于西亚的诸多文化因素，如同捆绑在一起的"文化包裹"，通过散布在欧亚草原上的早期青铜文化，由西向东逐渐传递至蒙古高原，然后再通过长城沿线的北方文化区，进而扩散至中原地区。

根据这个假设，加上通天洞与金斯太洞穴的诸多相似之处，小麦很可能经过锡林郭勒，然后向南传播。从文化交流的意义上来讲，金斯太洞穴和通天洞堪称是经过锡林郭勒的草原通道东西两端的姊妹洞。

（三）夏家店上层文化因素在锡林郭勒的发现

繁荣于西周晚期至春秋早期（约公元前9—前8世纪）的夏家店上层文化，主要分布在西辽河的西拉木伦河和老哈河流域，具有高度发达的兵器、马具和动物纹饰。兵器主要有形制多样的管銎斧、盾、短剑、剑鞘、盔、戈和矛等；车马器有马衔、马镳、銮铃、车辖等；此外还有多种浮雕、透雕和圆雕的动物形象。这些要素较所谓的"斯基泰三要素"（兵器、马具和"野兽纹"艺术）出现的年代要早，有学者注意到夏家店上层文化与蒙古东部和外贝加尔地区的"石板墓"文化关系密切③，夏家店上层文化可能对盛极一时的斯基泰文化有着显著的影响，两者交流的通道之一就是锡林郭勒草原。我们在金斯太上层文化中发现了夏家店上层文化的典型器物——带銎三翼骨镞，就是这种交流的例证。

夏家店上层文化的居民从事一定的农业，但文化内涵却充满了草原

---

① Xinying Zhou, Jianjun Yu, Robert Nicholas Spengler, Hui Shen, Keliang Zhao, Junyi Ge, Yige Bao, Junchi Liu, Qingjiang Yang, Guanhan Chen, Peter Weiming Jia and Xiaoqiang Li, "5,200-year-old Cereal Grains from the Eastern Altai Mountains Redate the Trans-Eurasian Crop Exchange", *Nature Plants*, Vol.6, No.2, 2020.

② 赵志军：《欧亚草原是史前东西文化交流的主干道——考古出土小麦遗存研究》，《论草原文化》第九辑，内蒙古教育出版社2012年版，第36—49页。

③ 乌恩：《论夏家店上层文化在欧亚大陆草原古代文化中的重要地位》，《边疆考古研究》，科学出版社2002年版，第139—155页。

文化的气息，在其衰落①不久，专业的游牧人开始在欧亚草原东西两侧兴起。游牧人的起源可能是欧亚草原考古中最具魅力也最具争议的话题。科林·伦福儒认为春秋中期以前，中国北方草原一直是农牧混合型经济，直到春秋中期才进入游牧化阶段②。马具的研究显示，家马不晚于西周中期被引进辽西地区，部分用于骑乘，主要用于驾车。辽西地区最早的游牧民是春秋晚期（公元前5世纪末）的井沟子文化居民③。与此同时，早期游牧人也出现在鄂尔多斯地区④。而欧亚草原西侧，包括中国新疆北部的阿勒泰地区和蒙古国的中北部的萨彦—阿尔泰地区，早在阿尔然一号王冢时期（公元前8世纪以前）开始，就进入了真正意义上的游牧时代⑤，因此有推测，游牧文化的向东传播，很可能完成于阴山以北的广大草原地带⑥，锡林郭勒正是这广大草原的重要组成部分。

自此，勇猛善战的游牧民族登上欧亚草原这个辽阔大舞台，书写历史，留下华章。游牧民以先进的农业文明为依托，这也是游牧业得以形成并长期存在的根本。游牧民不断地给中原文化输送新鲜的血液，不断给中国历史增加活力，推动中国历史的发展。

（四）小结

4000年前全球大范围的降温事件，意义重大影响深远。它是导致中

---

① 夏家店上层文化衰落的原因，邵会秋等认为可能与鲁庄公三十年（公元前664年）齐人伐山戎有关。参见邵会秋、吴雅彤《早期游牧文化起源问题探析》，《北方文物》2020年第1期。

② Colin Renfrew, "Pastoralism and Interaction: Some Introductory Questions", Edited by Katie Boyle, Colin Renfrew & Marsha Levine, *Ancient Interactions: East and West in Eurasia*, McDonald Institute for Archaeological Research, University of Cambridge, 2002, pp.1-10.

③ 田立坤：《辽西地区先秦时期马具与马车》，《考古》2017年第10期。

④ 王明珂：《鄂尔多斯及其邻近地区专化游牧业的起源》，《历史语言研究所集刊》，1994年，第65本第2分册，第375—434页。

⑤ 邵会秋、吴雅彤：《早期游牧文化起源问题探析》，《北方文物》2020年第1期。

⑥ 曹建恩：《游牧业起源的证据——以内蒙古中南部为中心》，《庆祝张忠培先生八十岁论文集》，科学出版社2014年版，第325页。

国文明之外其他文明迅速衰落的主要原因，也是造成石家河、齐家、龙山等文化衰落或终结的重要因素，与此同时，却造就了中原的夏文化异军突起并一枝独秀，开启了中国辉煌灿烂的青铜时代。而此时以锡林郭勒为代表的草原地区，气候等环境要素发生了重大的改变，促进了草原文明的萌发，驾车、骑马、青铜兵器等文化要素在草原地区兴起，中国历史由此进入了中原与北方民族互动的历史阶段，并且构成了中华文明多元融合的主旋律。新石器时代晚期—青铜时代旧大陆文明的早期作物全球化过程（Early Crop Globalization）是人类社会发展历史上最宏伟壮观的重大事件之一①。起源于西亚的小麦，经草原通道传到蒙古高原，之后南下，逐步地取代粟和黍，成为中国北方旱作农业的主体农作物。由此改变了中国人的饮食习惯和饮食结构，奠定了数千年来"南稻北麦"的中国农业生产格局，并延续至今，对中国文化产生了极其深远的影响。

  金斯太上层青铜时代遗存的发现，表明锡林郭勒是贝加尔湖周围地区与西拉木伦河流域等周边地区文化交流的重要通道，早期陶鬲的北传和珍珠纹装饰的南播、东进很可能都是经由这里。

---

① 周新郢：《早期文明交流的草原之路新证据：阿尔泰山地5200年小麦和青稞》，中国考古网，2020年3月6日，http://kaogu.cssn.cn/zwb/xccz/202003/t20200306_5097869.shtml。

五

岩画所见的文化交流及年代

岩画（Petroglyph 或者 Rock Art）是凿刻或用颜料描绘在岩穴、崖壁和独立岩石上的各种图像的总称，在世界很多区域都有发现，旧石器时代晚期至青铜时代是岩画的创作高峰，因此是研究古代文化交流的重要材料。例如，研究者对印度尼西亚苏拉威西岛岩洞中的12个手印和2个动物岩画进行了年代测定，确认该地区的岩画距今3.99万—3.54万年。这项研究为智人在东南亚的迁徙路线提供了重要的证据[①]。

锡林郭勒岩画属于北方岩画系统[②]，北方系统的岩画主要分布在内蒙古、宁夏、甘肃、青海、新疆等地。从北方系统岩画的整体分布特征来看，在岩画类型方面，各个区域以动物岩画为主，动物种类主要是羊、马、牛等。其次为人物、放牧、舞蹈、狩猎、车辆等岩画类型；从岩画的制作技法来看，北方系统的岩画主要是凿刻的技法，磨刻也是常用的岩画技法。一般来说，动物、人物、放牧、车辆等常见的岩画类型多采用凿刻，人面像岩画则多为磨刻技法；主要岩画类型的风格是以写实性和具象性为主要特征。动物岩画往往简明扼要地概括出它的主要特征。比如对羊的刻画突出了向后弯曲的羊角，马的刻画则表现在马尾上，狗尾一般较短并微微翘起，猛兽的身体有纹饰，鹿的刻画重点在于多枝杈

---

① M. Aubert1, A. Brumm, M. Ramli, T. Sutikna, E.W. Saptomo, B. Hakim, M.J. Morwood, G.D. van den Bergh1, L. Kinsley, A., "Dosseto: Pleistocene Cave Art from Sulawesi", *Indonesia Nature*, Vol.10, 2014.

② 中国岩画可大致分为北方系统岩画、西南系统岩画和东南系统岩画。以颜料描绘的彩绘岩画主要分布在西南地区的贵州、广西、四川、云南，以对大型祭祀活动场景下的人物形象描绘为主。东南岩画分布在广东、福建、江苏、台湾和香港等地，内容多体现沿海渔民的生产生活及祭海、祭天等宗教活动。参见张文静《中国岩画的区域分布及特点比较》，《内蒙古社会科学》2013年第3期。

的鹿角。人物形象的刻画简洁明了，能够通过人物的形态和动态来表示其具体行为，比如说牵马、舞蹈、骑马、游戏、狩猎、作战等，因此也具有较强的写实性；人面像岩画是一种特殊的岩画类型，仅刻画五官，有是否具有头部轮廓的区分，造型多神秘诡异，这类岩画被认为是具有祭祀功能的一种类型①。通过研究分析，我们认为，北方系统的岩画在岩画类型、制作技法、岩画风格等方面，都有着极大的共同特征，这种共性源于中国北方地区相似的地理环境和气候环境下所体现出的生产方式相似性②，进而表现出相似的文化内涵，以及具有一致性和稳定性的岩画表现形式。而便利的东西草原交通，也促进东西文化的相互影响、相互吸收和相互融合，导致北方系统岩画具有如此一致的岩画内容与特征。

  锡林郭勒处于东西草原通道上，从锡林郭勒的岩画的类型和特征上看，可以看到周边多种文化因素的影响。根据我们的实地考古调查，锡林郭勒岩画分布广泛，在境内的几乎各个旗县都有发现，在阿巴嘎旗、苏尼特左旗、苏尼特右旗、锡林浩特市等旗县，有岩画1396幅，岩画单体3968个，动物岩画数量最多、分布最广，动物的种类以马（图5-1）、羊、狗、牛等为主③。人面像岩画（图5-2）在这个区域的数量也较多，多为磨刻的制作技法，造型抽象。

  锡林郭勒的东面是西拉木伦河流域的赤峰岩画小区④，西南接阴山岩画的乌兰察布岩画小区、包头以及巴彦淖尔岩画小区⑤，北面是蒙古国戈壁岩画小区⑥。蒙古国南戈壁省的吉布胡楞特海尔罕山，山顶凿刻有大量的人物、人面像及动物群、放牧等图像。无论从岩画的主体类型、制作

---

① 王晓琨、张文静：《岩石上的信仰——中国北方人面岩画》，社会科学文献出版社2018年版。
② 张文静：《中国北方地带岩画分布的特征分析》，《中原文物》2012年第6期。
③ 王晓琨等：《锡林郭勒岩画》，社会科学文献出版社2019年版。
④ 田广林：《内蒙古赤峰市阴河中下游古代岩画的调查》，《考古》2004年第12期；张松柏：《赤峰市白岔河两岸的人物岩画》，《内蒙古文物考古》1998年第2期；孙继民：《克什克腾旗岩画述略》，《内蒙古文物考古》1994年第1期。
⑤ 王晓琨、张文静：《阴山岩画研究》，中国社会科学出版社2012年版，第12—68页。
⑥ ［蒙］D.策文道尔基、Ya.策仁达格瓦、B.贡沁苏仁、D.嘎日玛扎布：《吉布胡楞特海尔罕山岩画》，通格勒格、丹达尔、特日根巴彦尔译，社会科学文献出版社2020年版。

五 岩画所见的文化交流及年代

图5-1 马岩画

图5-2 人面像岩画

技法、岩画风格，还是从岩画表现的主题等方面，尤其人面像岩画在中国北方系统岩画及蒙古国戈壁岩画区的广泛分布和造型的相似性，表明锡林郭勒与周边地区的岩画的确有着互动与交流，而且正因为锡林郭勒的特殊地理位置，这种中间通道的作用尤为突出。

由于缺乏充分的层位关系及碳十四直接测年数据支持，多数岩画的绝对年代依然是难以逾越的难题[1]，锡林郭勒岩画的年代也是如此。以往学界对于岩画年代的讨论，多从岩画的内容、与之"共存"的题材以及周边的考古遗存等因素出发，进行综合的讨论[2]。王建新等学者对岩画进行分幅和分组，并进而对"典型岩画"[3]进行重点研究的工作思路，给了我们很大的启发。

根据岩画的类型和分布情况，锡林郭勒25处岩画地点大致可分成四个区域（图5-3）[4]，Ⅰ区是以几何形、人面像及符号岩画类型为主；Ⅱ区以动物岩画和人物岩画为主，且人物岩画的内容多与动物相关；Ⅲ区人物岩画大量分布；Ⅳ区则多出现圆圈、凹穴岩画。岩画的主体内容是动物岩画，单体数量2338个，占整个锡林郭勒岩画总量的59%。动物岩画中出现频率最高的动物是马，其次为羊。具体到每个区域，通过研究，我们可以判断出锡林郭勒某几类岩画的共时性问题，而从人面像、同心圆、动物岩画以及车辆岩画中找到的一些线索，由此得到的岩画题材相对年代判断的依据，对于锡林郭勒岩画的年代研究无疑具有积极的意义，进而对岩画创作者的探索也提供了帮助。

---

[1] 20世纪80年代开始实践的岩画直接断代方法——微腐蚀断代法，在数量不多的地点取得进展。参见汤惠生《岩画断代技术手段的检讨——兼论青海岩画的微腐蚀断代》，《南京师范大学学报》（社会科学版）2002年第4期。

[2] 王建新、何军锋：《穷科克岩画的分类及分期研究》，《考古与文物》2006年第5期；王建新：《新疆巴里坤东黑沟（石人子沟）遗址考古工作的主要收获》，《西北大学学报》（哲学社会科学版）2008年第5期；李永宁、梁云、王建新、席琳、陈新儒、郭梦、任萌：《甘肃马鬃山区考古调查简报》，《考古与文物》2006年第5期；王建新、席琳：《东天山地区早期游牧文化聚落考古研究》，《考古》2009年第1期；李飞：《试论贵州岩画的年代》，《华夏考古》2015年第1期。

[3] 任萌、王建新：《岩画研究的考古学方法》，《文物》2013年第3期。

[4] 张文静：《锡林郭勒岩画的类型与区域特征研究》，《南方文物》2021年第6期。

（一）人面像、同心圆岩画的年代

人面像岩画在锡林郭勒Ⅰ区集中分布，几何形岩画在这个区域也大量存在，初步统计，其中的同心圆造型的岩画单体数量达到211个。而且，同心圆与人面像岩画或凹穴岩画往往出现在一块岩石表面。其他区域中，随着人面像岩画的减少，同心圆的数量也仅是少量零星的分布。类似的规律，在阴山岩画中也有发现，我们将阴山地区的人面像岩画和同心圆、凹穴等岩画作为一组①。根据分析，可以判断，锡林郭勒的同心圆和人面像、凹穴岩画仍为"共存"的关系。

在赤峰三座店夏家店下层文化山城发现1幅同心圆岩画、1幅人面像岩画、1幅凹穴岩画（图5-4、图5-5、图5-6），这三块刻有岩画的石头作为建筑材料，显然岩画的创作年代不晚于房址的年代。这是目前为数不多的经过考古发掘出土的岩画材料，给我们提供了宝贵的对比材料。这件圆圈纹构成的人面像，我们在锡林郭勒Ⅰ区找到了相似的岩画。编号XMAQC-121的形制与三座店出土的岩画非常相似（图5-7）。因此，我们推测锡林

图5-4 地基上的同心圆岩画

图5-5 房址间过道上的人面像岩画

图5-6 压在三座店山城石墙上的凹穴岩画

---

① 王晓琨、张文静：《阴山岩画研究》，中国社会科学出版社2012年版，第112页。

郭勒该类人面像、同心圆、凹穴岩画的年代下限很可能早于青铜时代早期①。

锡林郭勒Ⅰ区XMAQC-121　　　三座店发现的人面像岩画

图5-7　锡林郭勒人面岩画与三座店人面岩画比较

（二）动物岩画的年代

锡林郭勒岩画最大的主题是动物岩画，在各个分布区域里均占重要地位，动物的种类以马的数量为最多，这与锡林郭勒"中国马都"的称号恐怕不是偶然的巧合。早在距今4.7万年前②的金斯太洞穴下层文化（⑦B层）开始，就发现了普氏野马（Equus przewalskii）骨骼③，一直到距今16080—15820年的金斯太上层文化（③B层），普氏野马一直是所有动物骨骼中最多的一类，普氏野马伴随着金斯太人3万余年，当时的人们过的是典型的"猎马人"的生活。不仅是金斯太人，山西许家窑人④、

---

① 三座店山城的年代数据还没有公布，观察其出土器物，处在夏家店下层文化偏晚阶段，距今3500年前后。

② Feng Li, Steven L. Kuhn, Fuyou Chen, Yinghua Wang, John Southon, Fei Peng, Mingchao Shan, Chunxue Wang, Junyi Ge, Xiaomin Wang, Tala Yun, Xing Gao, "The Easternmost Middle Paleolithic (Mousterian) from Jinsitai Cave, North", *Journal of Human Evolution*, Vol.114, 2018, pp.76-84.

③ 王晓琨、魏坚、陈全家、汤卓炜、王春雪：《内蒙古金斯太洞穴遗址发掘简报》，《人类学学报》2010年第1期。

④ 栗静舒、张双权、高星、Henry T. Bunn：《许家窑遗址马科动物的死亡年龄》，《人类学学报》，2017年第1期。

峙峪人①也发现大量猎杀普氏野马的证据。不过有趣的是，目前多项研究显示普氏野马并没有被驯化为家马②。根据蔡大伟等对中国古代家马的线粒体DNA研究，中国古代家马与现生蒙古马具有最近的母系遗传关系，既有本地驯化的因素，也有外来家马线粒体DNA基因的影响，但是它们和普氏野马没有直接的母系联系③。剑桥大学Vera Warmuth教授领导的基因研究小组，通过16年的追踪调查，将马的最初驯化地点锁定在大约距今6000年前的欧亚草原西部，即今哈萨克斯坦、俄罗斯西南、乌克兰等地，之后驯化马群在扩散过程中与各地野马杂交形成各地的驯化马群④。

当然，在地球上生活了6000万年的野马，漫长的进化过程有太多的未解之谜。不同方向的研究结果，充分显示这个问题的复杂性。例如，1987年Bwling和Ryder，对普氏野马和家马的等位基因酶位点的研究显示，普氏野马与家马具有非常近的亲缘关系⑤。安丽萍等新近测定了14匹普氏野马（6匹A系和8匹B系）和18匹蒙古马的细胞色素b基因全序列1140 bp，分析了普氏野马和蒙古马之间的遗传多态性后，也认为普氏野马与蒙古马遗传关系较近；同时认为蒙古马有多个起源或经过多次

---

① 尤玉柱：《黑驼山下猎马人》，《化石》1977年第3期。

② Vilà, C., Leonard, J.A., Gotherstrom, A., Marklund, S., Sandberg, K., Liden, K., Wayne, R. K., Ellegren, H., "Widespread origins of domestic horse lineages", *Science*, New York, N.Y., Vol.291, 2001, pp.474-477. "Mitochondrial DNA and the Origins of the Domestic Horse", *Proceedings of the National Academy of Sciences of the United States of America*, Vol.99, No.16, 10905–10. doi: 10.1073/pnas.152330099.

③ 蔡大伟、韩璐、谢承志、李胜男、周慧、朱泓：《内蒙古赤峰地区青铜时代古马线粒体DNA分析》，《自然科学进展》2007年第3期。

④ Vera Warmuth, Anders Eriksson, Mim Ann Bower, Graeme Barker, Elizabeth Barrett, Bryan Kent Hanks, Shuicheng Li, David Lomitashvili, Maria Ochir-Goryaeva, Grigory V. Sizonov, "Vasiliy Soyonov and Andrea Manica, Reconstructing the origin and spread of horse domestication in the Eurasian steppe", *Proceedings of the National Academy of Sciences of the United States of America*, Vol. 109, No. 21, May 22, 2012, pp.8202-8206, Published by: National Academy of Sciences.

⑤ Bowling, A.T., Ryder, O.A., "Genetic Studies of Blood Markers in Przewalski's Horses", *Hered*, Vol.78, 1987, pp.75-80.

驯化。①

中国北方地区多个晚更新世的地点都发现了普氏野马化石②，因而捕猎野马可能是当时古人类的主要生活来源之一。因此郭静云认为"草原民族从猎马开始，逐步发展出养马取得肉乳的生活方式，从而由狩猎民族演变为游牧民族"③。至青铜时代，草原人口不断扩展而形成新族群，这些族群因战争和迁徙之需求，才开始将马匹当作交通和战争工具。考古学的一些的发现，支持上述的判断。

殷墟晚商墓葬和祭祀坑里的马，身材匀称，体型高大。林嘉琳等学者认为是驯化马，推测驯化马可能已经成为商人礼制的一部分④。在这方面，基因组学正在开展这方面的探索⑤。同属于晚商时代，考古还发现多件跟马相关的图像和雕塑，如妇好墓中出土的一对玉马⑥（图5-8），旌介铜簋的底部有马的图像⑦（图5-9），陕西甘泉县阎家村发现马的雕像⑧（图5-10）。这几个马的形象，头部较小，两耳短直立向前，鬣毛短直，基本上可以确定是野马，特别是阎家村马背部中央自腰部到尾部有一条

---

① 安丽萍、李正先、于景文、成述儒、王川、罗玉柱：《从细胞色素b基因序列探讨普氏野马与蒙古马的遗传多态性》，《甘肃农业大学学报》2006年第5期。

② 祁国琴：《中国北方第四纪哺乳动物群》，吴汝康、吴新智、张森水主编《中国远古人类》，科学出版社1989年版，第282—307页。

③ 郭静云：《古代亚洲的驯马、乘马与游战族群》，《中国社会科学》2012年第6期。

④ 李水城、梅建军：《古代的交互作用：欧亚大陆的东部与西部述评》，《华夏考古》2004年第3期。

⑤ 古基因组学涉及谱系、性别、毛色、运动能力、步态、体型、肩高、高原适应等方面，在研究马的遗传谱系和表型特征，特别是祭祀用马的来源和挑选标准方面具有重要意义。详见文少卿、俞雪儿、田亚岐等《古基因组学在古代家马研究中的应用》，《第四纪研究》2020第2期。

⑥ 中国社会科学院考古研究所：《殷墟妇好墓》，文物出版社1980年版，第161页。

⑦ 简报原文认为是骡子，详见陶正刚、刘永生、海金乐《山西灵石旌介村商墓》，《文物》1986年第11期。

⑧ 王永刚、崔风光、李延丽：《陕西甘泉县出土晚商青铜器》，《考古与文物》2007年第3期。

图 5-8　妇好墓出土的玉马

图 5-9　灵石旌介铜簋及底部马形象

5-10　陕西甘泉县阎家村出土的马雕像

脊线，野马的特征最明显①。

作为礼制的驯化马和北方文化因素中的野马，同时在晚商墓葬中出现，一方面反映了商文化与北方文化的互相影响；另一方面反映了晚商是家马驯化初期，家马与野马尚有共存的现象。

正如张忠培先生强调的，"搞清楚动物驯养，尤其是牛、马、羊的畜养进程，是探讨牧业文化起源与发展的前提"。②动物考古方面的工作进

---

①　根据动物形态学观察，野马是奇蹄目马科动物，与家马的主要区别是头短钝，口鼻部不削尖，额头短或缺，鬣毛逆生，短而直立，不垂于颈部两侧。背部中央至尾基，有一条较窄的黑褐色脊线，体型比家马小，详见杨建光《归来兮野马》，《野生动物》2000年第4期。

②　张忠培：《20世纪后半期中国新石器时代考古的历程》，《文物季刊》1999年第3期。

展,也给锡林郭勒动物岩画的年代问题提供了线索。据袁靖、吕鹏等学者的最新研究结果,距今5500—5000年,中国的家养黄牛最先出现在甘青和东北地区,家养绵羊出现在甘青地区;距今3800年,家马开始出现在甘青和东北地区[1],古DNA研究表明它们是从西亚或中亚传入中国境内的。农业史研究也证实,晚商以前,驯化的家马开始零星引入中国北方地区。由于环境的制约和家马利用方式的欠缺,使新石器时代晚期至晚商以前,先民与马之间保持着一种相对松散的关系[2]。我们注意到,家马开始在甘青出现的时间,与4000aB.P.前后的降温事件相近。这次降温事件对包括甘青地区在内的许多地方人类活动产生了广泛影响,尽管目前还没有充足的考古学证据来证明当时人类大规模向东迁徙,但东方的确是他们迁徙的唯一方向[3]。

锡林郭勒动物岩画中的马、羊,人物岩画中的人牵马、骑者及人物与动物同处同一画面,通常表现的是牧马、牧羊的内容,且多有马、羊在同一幅岩画。可以判断,这些组合可能是相对固定的"器物组合"。马岩画中没有见到鬃毛逆生、后背有脊线的形象,基本上呈现的是家马的形态。因此,我们大体可以推测,马、羊岩画的时代应该在牧业化之后[4],其上限在距今3800年前后,即中国青铜时代的初始阶段,大体处在龙山时代与二里头文化的时代交接点[5]。

此时的欧亚草原,已经进入早期青铜时代,安德罗诺沃文化为代表的草原文化发展达到了高峰,占领了从乌拉尔山到南西伯利亚和中亚的

---

[1] 袁靖:《中国古代家养动物的动物考古学研究》,《第四纪研究》2010年第2期;吕鹏、罗运兵、袁靖:《建设具有中国特色、中国风格、中国气派的动物考古学学科体系》,《中国文物报》2019年12月6日。

[2] 赵越云、樊志民:《中国北方地区的家马引入与本土化历程》,《历史研究》2017年第6期。

[3] 吴文祥、刘东生:《4000aB.P.前后降温事件与中华文明的诞生》,《第四纪研究》2001年第5期。

[4] 杨建华先生认为直到春秋早期,中国北方地区才进入了真正的游牧阶段。详见杨建华《春秋战国时期中国北方文化带的形成》,文物出版社2004年版,第124页。综合前文的分析,锡林郭勒的动物岩画年代上限可能会稍晚。

[5] 张东:《编年与阐释——二里头文化年代学研究的时间观》,《文物》2013年第6期。

广大区域，在我国的新疆也有发现①。这一时期出现了高质量铜锡合金，制造了轻便战车战马以及马衔、马镳等专门化工具。人口大量增加，牧场资源消耗很大，这使得寻找铜矿和抢占草场变得紧迫，从而形成了大规模的迁徙，导致武器、战车和防御性设施的普及。草原居民开始在人类历史上扮演主动的角色，向外传播养马业与战车②。

（三）车辆岩画的年代

车的图像在两河流域出现最早，公元前4600年的乌尔王陵的旗柱上就出现了四匹马拉的四轮车图形③。最早的双轮马车，出现在南乌拉尔和哈萨克斯坦北部的多处辛塔什塔文化墓地中④，其年代在公元前2030—前1750年⑤（图5-11）。我国经过考古发掘出土的马车材料，晚至殷墟才开始集中出现，从商代到春秋末期，车辆只装独辀（图5-12）。战国时，双辕车开始出现。独辀车至少需驾两匹马，双辕车可以驾一匹马，因此更为先进；独辀车以立乘为主，双辕车以坐乘为主。西汉后期，单辕车逐渐被双辕车取代。先秦文献中提到的战车和贵族出行之车，多为独辀马

---

① 邵会秋：《新疆地区安德罗诺沃文化相关遗存探析》，《边疆考古研究》，科学出版社2009年版。

② 杨建华：《欧亚草原经济类型的发展阶段及其与中国长城地带的比较——读欧亚草原东西方的古代交往》，《考古》2004年第11期。

③ 刘永华：《中国古代车与马具》，上海辞书出版社2002年版，第2页。

④ Епимахов, А.В., Чечушков, И.В., Евразийские колесницы: конструктивные особенности и возможности функционирования, Археология Южного Урала, Степь (проблемы культурогенеза), Челябинск: Рифей, 2006; Чечушков И. В., Колесничный комплекс эпохи поздней бронзы степной и лесостепной Евразии: от Днепра до Иртыша, Диссертация на соискание ученой степени кандидата исторических наук, Екатеринбург, 2013, 转引自王鹏《周原遗址青铜轮牙马车与东西文化交流》，《考古》2019年第2期。

⑤ Епимахов, А.В., Относительная и абсолютная хронология синташтинских памятников в свете радиокарбонных датировок, Проблемы истории, филологии, культуры, XVII, Москва-Магнитогорск-Новосибирск, 2007, 转引自王鹏《周原遗址青铜轮牙马车与东西文化交流》，《考古》2019年第2期，注释18。

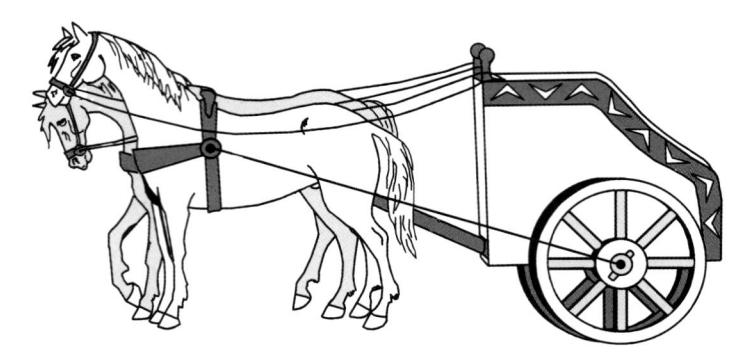

图 5-11　辛塔什塔文化出土的马车复原

资料来源：Епимахов，А.В.，Чечушков，И.В.，Евразийские колесницы：конструктивные особенности и возможности функционирования，Археология Южного Урала，Степь（проблемы культурогенеза），Челябинск：Рифей，2006；Чечушков И. В.，Колесничный комплекс эпохи поздней бронзы степной и лесостепной Евразии：от Днепра до Иртыша，Диссертация на соискание ученой степени кандидата исторических наук，Екатеринбург，2013（该文献承蒙王鹏惠告，谨致谢意）。

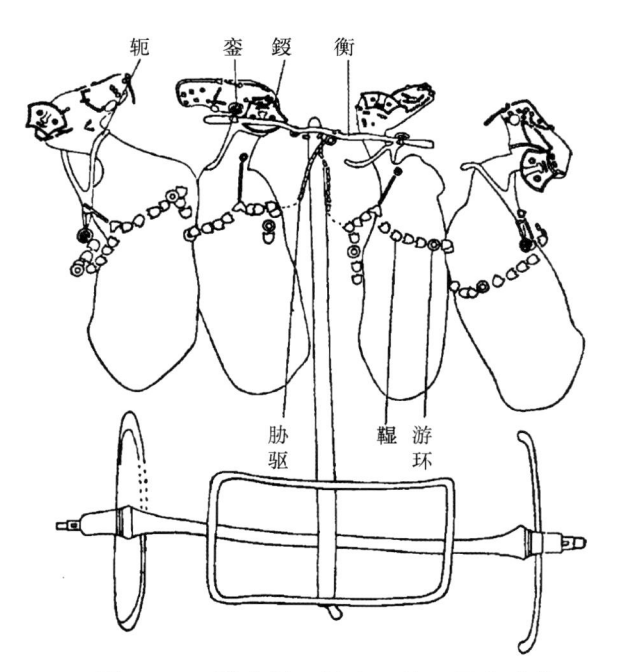

图 5-12　张家坡 2 号车马坑 1 号车遗物

资料来源：孙机：《从胸式系驾法到鞍套式系驾法——我国古代车制略说》，《考古》1980 年第 5 期。

车。所以我国上古时代的车型，以独辀车为代表①。到了战国晚期，由于步兵和骑兵的优势逐渐显示出来，车辆退而成为运输的角色，西汉中期之后，交通运输的主要工具基本是双辕车了。

孙机先生1980年复原中国独辀车采用胸式系驾法，而两河和欧洲等地发现的早期车采用颈式系驾法，中外系驾方法存在根本区别。1963年赤峰宁城的南山根M102中出土了一件珍贵的刻纹骨版，上面刻有双马驾车的图像，关于墓葬的年代，发掘者认为上限可能早到商末周初，下限不晚于春秋②，这为车辆的年代讨论提供了很好的基点。林沄先生1990年撰文讨论南山根这件骨板中的车辆问题③，他综合骨板上的车辆结构、蒙古岩画的发现以及金文中的记述，开创性地认定骨板属于"北方系"文化系统，从中原的马车与欧亚草原马车外形的相似性，认为可能是马车东传的结果，还引用于省吾先生考证奚字是象辔民族，推测中国文献里记述造车的鼻祖——奚仲可能也是北方民族。林先生的这一认识也启迪人们思考欧亚草原对中国北方文化的重要性和影响。

马车的来源和演变一向是考古学研究重要问题之一，各家多有讨论④。孙机先生和林沄先生分别是马车本土起源和欧亚起源的代表人物。中国出

---

① 孙机：《载驰载驱——中国古代车马文化》，上海古籍出版社2016年版，第37页。
② 安志敏、郑乃武：《内蒙古宁城县南山根102号石椁墓》，《考古》1981年第4期。
③ 林沄：《对南山根M102出土刻纹骨板的一些看法》《林沄学术文集》，中国大百科全书出版社1998年版，第296—301页。
④ 翟德芳：《商周时期马车起源初探》，《华夏考古》1988年第1期；乌恩：《论古代战车及其相关问题》，《内蒙古文物考古文集》，中国大百科全书出版社1994年版；张长寿、张孝光：《井叔墓地所见西周轮舆》，《考古学报》1994年第2期；郑若葵：《论中国古代马车的渊源》，《华夏考古》1995年第3期；王巍：《中国马车渊源蠡测》，《中国商文化国际学术讨论会论文集》，中国大百科全书出版社1998年版；杨泓：《战车与车战二论》，《故宫博物院院刊》2000年第3期；龚缨晏：《车子的演进与传播——兼论中国古代马车的起源问题》，《浙江大学学报》（人文社会科学版）2003年第3期；夏含夷：《中国马车的起源及其历史意义》，《古史异观》，上海古籍出版社2005年版；井中伟：《錣策、钉齿镳与镝衔——公元前二千纪至前三世纪中西方御马器比较研究》，《考古学报》2013年第3期；王鹏：《周原遗址青铜轮牙马车与东西文化交流》，《考古》2019年第2期。更多学术史信息，参见王海城《中国马车的起源》，《欧亚学刊》第三辑，中华书局2002年版。

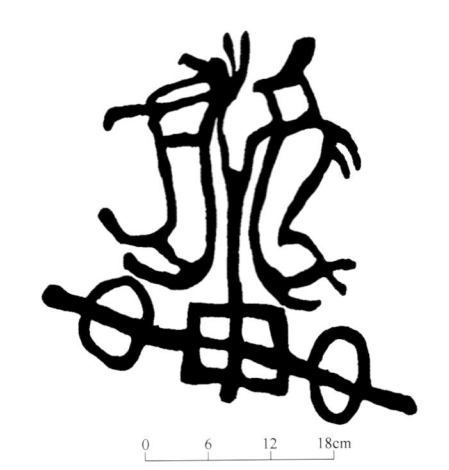

图 5-13 锡林郭勒车辆岩画
（XMAQA-046，凿刻，
线条造型，有挽畜）

土车子的时代较晚，因此国外学者多认为中国车子是由外面传播而来。俄罗斯学者库兹米娜就认为殷墟的冶金、轻便马车和马的驯养，是安德罗诺沃人群的扩张和迁徙而导致这些东西传入中原地区，中国北方地区人群则起到了中介作用①。车子传入的路线，除了传统的河西走廊路线，车辆岩画的分布显示阿尔泰山—蒙古高原也是一条重要的传播路线②。

锡林郭勒发现有35个车辆岩画的单体，单辕车21辆，车轮有8个，双辕车为5辆，1辆不能确定其类型。单辕车占主体（图5-13），这跟欧亚草原其他地区车辆岩画的比例接近。从车辆的形态上看，辕的前端有一横衡，两端各有一轭，双马分别在辕的两侧，通过轭来牵引马车，这与南山根M102骨板上的车形制相似，并且南山根刻纹骨板上前后两辆车，一共四匹马，马身上没有马鬃，同属家马的形象。在辕与轭之间有两条斜线，按照孙机先生对M102车的解释，其采用轭靷式系驾法的特征，与殷墟发现的同类车的系驾方式也是一致，因此，我们判断锡林郭勒单辕车岩画的年代与南山根M102骨板（图5-14）上的年代相近，大体处在晚商至春秋时期。

这个时期，与锡林郭勒紧邻的夏家店上层文化，出土了大量的青铜武器、车马器及动物纹装饰艺术，属于北方系青铜器为主体的文化③，出现了大量欧亚大陆草原青铜文化的因素，是欧亚大陆草原金属之路东部草原最为典型的代表④，锡林郭勒岩画中的车辆岩画为揭示草原金

---

① ［俄］库兹米娜著，［美］梅维恒英文编译：《丝绸之路史前史》，李春长译，科学出版社2015年版，第90—91页。

② 特日根巴彦尔：《欧亚草原中东部地区车辆岩画的分布特点及内容分析》，《草原文物》2012年第2期。

③ 林沄：《中国东北系铜剑初论》，《考古学报》1980年第2期。

④ 邵会秋、杨建华：《从夏家店上层文化青铜器看草原金属之路》，《考古》2015年第10期。

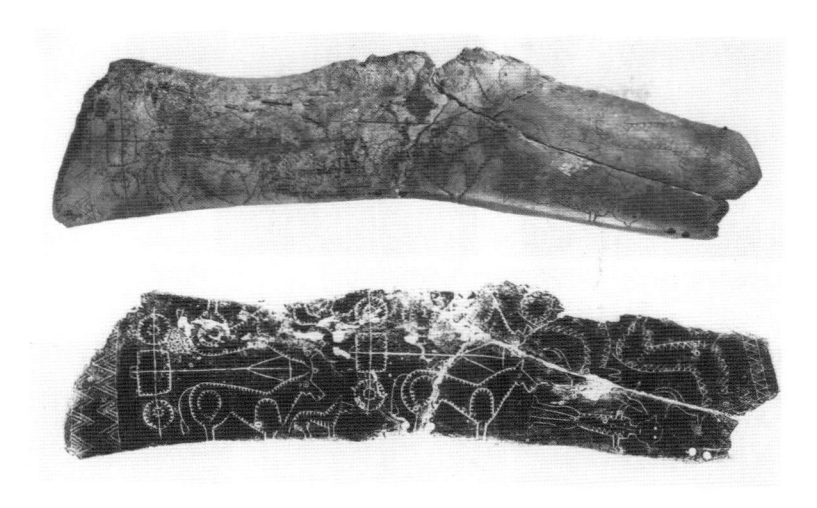

图5-14 南山根M102刻纹骨板

资料来源：安志敏、郑乃武：《内蒙古宁城县南山根102号石椁墓》，《考古》1981年第4期。

属之路提供了重要的材料。科林·伦福儒认为春秋中期以前，中国北方草原是农牧混合型经济，直到春秋中期才进入游牧化阶段[①]。田立坤先生对辽西地区的马具研究证实，家马不晚于西周中期被引进到辽西地区，部分用于骑乘，主要用于驾车。春秋晚期，以游牧为生业的井沟子文化居民——东胡族进入西拉木伦河流域，他们是辽西地区最早的骑马民族[②]。

因此，综合考虑后，我们做出锡林郭勒单辕车的年代大致在晚商至春秋的推断[③]。至于锡林郭勒车辆岩画的作用，参考南山根M102的狩猎纹骨板，可能是狩猎的工具，林沄先生认为"整个两周时代，北亚草原上

[①] Colin Renfrew, "Pastoralism and Interaction: Some Introductory Questions", Edited by Katie Boyle, Colin Renfrew & Marsha Levine, *Ancient Interactions: East and West in Eurasia*, McDonald Institute for Archaeological Research, University of Cambridge, 2002, pp.1-10.

[②] 田立坤：《辽西地区先秦时期马具与马车》，《考古》2017年第10期。

[③] 当然，车辆涉及起源、结构、控制等复杂问题，车辆岩画年代的推定也特别困难，我们做的上述分析只是宏观上的判断。类似锡林郭勒的车辆岩画式样，在蒙古高原的岩画、鹿石等介质上均有发现，而不唯中国独有，车辆的起源及传播等问题，还需要更多的学科、更综合的比较与鉴别。

各族广泛使用马车,不仅用于狩猎,还用于战争"①。在锡林郭勒我们基本看不到车子跟战争相关联的岩画内容,如交战、列队、武器等内容,车子的使用可能更多的跟狩猎相关。但是从狩猎的效率来看,乘车远没有骑马高效,比如南山根M3铜环上就有表现人物骑马猎兔的场景②。狩猎中使用车的原因,汤惠生先生对青海卢山车辆岩画的研究结论很有启发性。他结合殷墟卜辞,认为狩猎中确实使用了车,意在强调乘车人的身份和地位③。我们注意到锡林郭勒车辆岩画中,常出现一个人物形象,男性生殖器外露,类似南山根M102骨板上的裸体男性,联系到南山根遗址曾出土的另外一件著名的青铜阴阳剑,显示车辆岩画上的人物非同寻常,可能是头领或者精神领袖。因此,车辆岩画的出现不仅与人们生产、生活息息相关,可能还反映了某种仪式或等级。

根据上面的讨论,锡林郭勒岩画的人面像、同心圆、凹穴岩画早于夏家店下层文化,可能是新石器时代遗存;数量最多的马及动物岩画上限在晚商前后;车辆岩画的时代稍晚,可能属于晚商到春秋时期。总体上看,青铜时代是锡林郭勒多数岩画的主要创作年代。

另外,文献记载也为断定岩画的年代提供了参考证据。北魏地理学家郦道元在《水经注》河水条写道:"今晋昌郡南及广武马蹄谷盘石上,马迹若践泥中,有自然之形,故其俗号曰天马径。夷人在边效刻,是有大小之迹,体状不同,视之便别。"④《水经注》是我国最早记述岩画的文献,表明鹿、马图形及蹄印的年代早于北魏,这为以动物岩画主的锡林郭勒岩画的上限提供部分参考。

(四)岩画的创造者

基于三座店出土的人面像、同心圆、凹穴岩画,早于青铜时代的这

---

① 《林沄学术文集》,中国大百科全书出版社1998年版,第300页。
② 刘观民、徐光冀:《宁城南山根遗址发掘报告》,《考古学报》1975年第1期。
③ 汤惠生:《青海动物岩画和吐蕃本教崇拜及仪轨》,《文艺理论研究》1991年第1期。
④ (北魏)郦道元:《水经注》(上),史念林、曾楚雄、季益静、田进元、林海乔、林俊守、侯清成、黄剑锋注,华夏出版社2006年版,第34页。

类岩画，很可能是新石器时代的遗存。锡林郭勒新石器时代的遗址以往的发现很少，多数遗址的地表形态均为"芒哈"类型，即"沙窝子"遗址。因此我们对地层情况还缺乏了解。

2020年开始发掘的镶黄旗乃仁陶力盖遗址，是锡林郭勒地区新石器时代考古的重要突破。距今8400年至7600年，是迄今为止内蒙古中部地区发现的规模最大的早期新石器时代人类居住遗址①。

距离锡林郭勒岩画Ⅱ区不远的锡林浩特巴彦淖尔遗址，毗邻巴彦淖尔湖（俗称硝泡子）西北岸，呈扇形分布，遗址南北最长约1000米，东西最宽约255米，面积约20万平方米。湖岸阶地偶见文化层堆积出露，地表采集有石杵、石斧、石磨棒、石磨盘等磨制石器以及铲形器与锄形器等打制石器，还有石叶、石核、石镞等细石器②。尤以打制石斧和石铲为多。巴彦淖尔遗址在锡林郭勒地区的新石器时代遗址中面积较大，保存较好，较具代表性，初步推测是新石器时代聚落遗址。

距离锡林郭勒岩画Ⅳ区最近的苏尼特左旗巴嘎高勒遗址，地处浑善达克沙地腹心，周围为半月形固定沙丘。在一处沙丘南坡发现东西长120米，南北宽100米，面积一万余平方米的陶片、石器分布区。遗址局地可见灰黑色文化层，在遗址内地表上采集到较多陶片和石器等标本。陶片有夹砂灰陶和夹砂红陶等，均素面，陶质疏松。石器包括石凿残件，石磨棒残件、穿孔石器、石饼以及大量燧石和玛瑙质的细石叶、细石核、细石镞等。

上述这些新石器时代遗址的调查和发掘，尚不能与锡林郭勒人面像、同心圆、凹穴等岩画类型建立起直接的联系，但至少为我们寻找这些岩画的创造者提供了重要的线索。

锡林郭勒岩画主体属青铜时代，这个时期的遗存迄今仅见金斯太洞穴上层③一处地点，在金斯太洞穴①、②层的黑砂土堆积中，出土遗物种类丰富，有陶器、骨器、铜器、玉饰品及动物骨骼等。陶器有夹砂灰陶

---

① 内蒙古自治区文物考古研究所：《2020年内蒙古自治区文物考古研究所考古综述》，《草原文物》2021第1期。

② 陈永志、吉平、张文平：《锡林郭勒文化遗产》，文物出版社2014年版，第47—53页。

③ 魏坚、王晓琨：《锡林郭勒发现一万年前人类居住遗址》，《中国文物报》2000年9月17日。

罐、带领鼓腹鬲、敛口三足瓮、泥质钵等。纹饰以绳纹、三角纹和细线纹为主，有的口沿部有花边、珍珠纹（乳钉纹）、小錾钮、蛇形泥条纹，有鸡冠状横耳，骨器有骨锥、镞、串珠，还有穿孔的长条状骨饰品；骨镞，有銎。三棱状锋，镞身平面近三角形。发现有坩埚残片，铜器数量很少，仅有少量铜扣、铜泡出土；细石叶和细石叶石核等。

金斯太洞穴堆积复杂，上层非常薄，且有后期的扰动，因此呈现出混杂堆积的特点。出土遗物看，上层堆积含少量细石叶及石核等新石器时代遗物，大量的遗物属青铜时代。夹砂灰陶鬲口沿上的花边、器身上的蛇纹等装饰，以及敛口三足瓮等器物，可以看到明显的朱开沟文化面貌。鬲、罐的器物组合，是夏家店下层文化最基本的器物组合。陶器上的珍珠纹，是来自贝加尔湖的文化因素。器类中多见的高领鼓腹花边鬲，部分器物绳纹模糊或被抹去，没有弦断绳纹，鸡冠状横耳，尖锥状实足跟（横截面圆形或者椭圆形），与克什克腾喜鹊沟①、天宝同②、赤峰松山区砚台山③、喀左后坟村④等遗存类似，属喜鹊沟类遗存⑤，且这类遗存是金斯太上层遗存的主体。武器类的带銎三翼骨镞⑥，工具类的骨锥，长条状穿孔骨器、骨串珠等装饰品，还有坩埚、铜泡及铜扣，都显示金斯太上层与夏家店上层文化的密切联系。

从上面的分析，我们可以看到，金斯太上层的遗物，内涵丰富且复杂，时代纵贯夏商到春秋晚期。因此，金斯太上部遗存的发现，为寻找锡林郭勒青铜时代岩画的创造者提供了重要的线索。

---

① 吉林大学边疆考古研究中心、内蒙古自治区文物考古研究所：《内蒙古克什克腾旗喜鹊沟遗址发掘简报》，《考古》2014年第9期。

② 克什克腾旗文化馆：《辽宁克什克腾旗天宝同发现商代铜甗》，《考古》1977年第5期。

③ 赤峰市博物馆：《砚台山遗址（B2区）发掘简报》，《内蒙古文物考古》2009年第2期。

④ 喀左县博物馆：《记辽宁喀左县后坟村发现的一组陶器》，《考古》1982年第1期。

⑤ 王立新、付琳：《论克什克腾旗喜鹊沟铜矿遗址及相关问题》，《考古》2015年第4期。

⑥ 类似的骨镞，在内蒙古中南部的新店子墓地也曾有发现，如M11：11，B型骨镞，时代属春秋晚期。详见内蒙古文物考古研究所《内蒙古和林格尔县新店子墓地发掘简报》，《考古》2009年第3期。

锡林郭勒地处欧亚草原的东南边缘，自石器时代起，就是中国北方地区的阴山河套、西辽河与贝加尔湖等地区交流融合的前沿，特别是在青铜时代戎狄等游牧民族的孕育、中国北方文化带的形成过程中，都起到了重要的平台与通道的作用，我们从大量的动物岩画、车辆岩画等作品中就能够窥其一二。也正是"这些游牧民族，在和农业居民互相依存又互相斗争的过程中，不断给中国的历史增加活力，推动发展"。①

---

① 林沄：《序》，杨建华《春秋战国时期中国北方文化带的形成》，文物出版社2004年版。

六

伊和淖尔墓群所见北魏时期的
文化交流与互动

（一）锡林郭勒北魏遗存的考古发现

北魏是鲜卑贵族创建的北方王朝，鲜卑是中国历史上一个古老的北方民族，汉晋北朝时期非常活跃。从东周后期长城地带成为游牧文化带以来，北方游牧民族与中原农耕民族的碰撞一直是中华文明不断发展和自我更新的重要动力。林沄先生认为，从中国史的角度看，"鲜卑比匈奴更值得我们重视"①。身为中国北方的古老民族之一，鲜卑名称首见于《后汉书》的《乌桓鲜卑列传》，自登上历史舞台开始，就与中原农耕民族的不断接触、碰撞、融合，建立了包括北魏在内的多个政权，上承两汉，下启隋唐，在中国历史上产生了巨大的影响。

学界普遍认为，鲜卑兴起于大兴安岭一带，依据主要是《后汉书·乌桓鲜卑列传》中称"别依鲜卑山，故因号焉"②。《魏书·帝纪·序纪》则有"国有大鲜卑山，因以为号"③的记载。内蒙古呼伦贝尔市完工④、扎赉诺尔墓地⑤

---

① 林沄：《序言》，魏坚主编《内蒙古地区鲜卑墓葬的发现与研究》，科学出版社2004年版。
② （宋）范晔：《后汉书》卷九十《乌桓鲜卑列传第八十》，中华书局1965年版，第2985页。
③ （北齐）魏收：《魏书》卷一《帝纪第一·序记》，中华书局2017年版，第1页。
④ 内蒙古自治区文物工作队：《内蒙古陈巴尔虎旗完工古墓清理简报》，《考古》1965年第6期。
⑤ 内蒙古文物工作队：《内蒙古扎赉诺尔古墓群发掘简报》，《考古》1961年第12期；王成：《扎赉诺尔圈河古墓清理简报》，《北方文物》1987年第3期。

图6-1　嘎仙洞
资料来源：孔群拍摄。

和大兴安岭北段的阿里河附近嘎仙洞（图6-1）石刻祝文①的发现，都是比较可靠的证据。

东汉晚期，鲜卑首领檀石槐被推为各部大人，建立了盛极一时的鲜卑军事大联盟，在高柳（今山西阳高县）北三百里的弹汗山仇水设立庭帐。他"南抄缘边，北拒丁零，东却扶余，西击乌孙"，尽据"匈奴故地"，控制着"东西万四千余里，南北七千余里"②的广大地域，漠北草原悉为所有，可谓一代雄主。他的统治中心弹汗山，可能就在紧邻锡林郭勒的乌兰察布盟境内。近些年来，在乌兰察布及其邻境地区不断有重要

---

① 米文平：《鲜卑石室的发现与初步研究》，《文物》1981年第2期。
② （宋）范晔：《后汉书》卷九十《乌桓鲜卑列传第八十》，中华书局1965年版，第2989页。

的遗存发现，如：达茂联合旗的百灵庙墓地①，察右后旗的二兰虎沟墓地②、赵家房村墓葬③、三道湾墓地④，兴和县叭沟村墓地⑤，察右前旗下黑沟墓葬⑥和托克托县的皮条沟墓葬等⑦。这些墓葬的年代大抵都在东汉晚期，有的可晚至魏晋，这证明该区域是檀石槐军事大联盟统治时期的活动中心。

拓跋鲜卑前期经历了两次大迁徙。第一次大约是在东汉初年，由宣皇帝推寅带领，由大鲜卑山南迁到大泽，即是由今鄂伦春嘎仙洞一带，迁到今呼伦池左近，以后在这里生活了大约100年。

第二次迁徙，东汉末年汉桓帝、灵帝时，拓跋人举行了第二次大迁徙，即推寅下传七世而至邻，以"此土荒遐，未足以建都邑"，谋更南迁，乃命其子诘汾率部众继续南移，"山谷高深，九难八阻"，赖神兽导引，"历年乃出，始据匈奴故地"，因为邻继承了推寅南迁的政策，故族人也称其为推寅，即第二推寅。

上面提到的匈奴故地，在今内蒙古阴山以北，包括乌兰察布和锡林郭勒草原在内的广大地区。《三国志·魏志·乌丸鲜卑东夷传》裴注引王沈《魏书》载：檀石槐"分其地为中、东、西三部。……从上谷以西至敦煌，西接乌孙为西部，二十余邑，其大人曰置落罗日律、推寅、宴荔游等，皆为大帅，而制属（于）檀石槐"。⑧由此可知，在拓跋鲜卑第二次南迁匈奴故地之前，漠北草原已被以檀石槐为首的另一支鲜卑部众所

---

① 江上波夫：《内蒙古百灵庙砂凹地の古坟》，《アシア文化史研究·论考篇》，东京大学东洋文化研究所1967年版。

② 内蒙古文物工作队编：《内蒙古文物资料选辑·察右后旗三兰虎沟的古墓群》，内蒙古人民出版社1964年版。

③ 盖山林：《内蒙古察右后旗赵家房村发现匈奴墓群》，《考古》1977年第2期。

④ 乌兰察布博物馆：《察右后旗三道湾墓地》，《内蒙古文物考古文集》第一辑，中国大百科全书出版社1994年版。

⑤ 兴和县文物普查组：《兴和县叭沟村鲜卑墓葬》，《内蒙古文物考古》1992年第1、2期合刊。

⑥ 郭治中、魏坚：《察右前旗下黑沟鲜卑墓及其文化性质初论》，《内蒙古文物考古文集》第一辑，中国大百科全书出版社1994年版。

⑦ 金学山：《内蒙古托克托县皮条沟发现三座鲜卑墓》，《考古》1991年第5期。

⑧ （晋）陈寿：《三国志·魏书》卷三十《乌丸鲜卑东夷传》，中华书局1959年版，第837—838页。

六　伊和淖尔墓群所见北魏时期的文化交流与互动

占据。因此第二推寅率领部众亦加入了檀石槐的大联盟，并成为其中的西部大人之一。檀石槐这支鲜卑的成分比较复杂，它的主体应是汉初为匈奴冒顿所破、远迁至辽东地区的东部鲜卑。

东汉光武帝时，匈奴南北单于互相攻战，内部严重损耗，鲜卑趁机进入西拉木伦河流域生活。"东汉和帝永元（91年）中，大将军窦宪遣右校尉耿夔击破匈奴，北单于远遁，鲜卑由此转徙其地，匈奴余种留者尚有十余万落，皆自号鲜卑"[1]，鲜卑从此走上兴盛的道路，这可能就是东部鲜卑进入漠北的开始。

鲜卑融会了匈奴部族的成分后，势力渐渐强大，檀石槐在此基础上，建立起强大的军事联盟。可惜联盟因为檀石槐的去世很快瓦解，东部鲜卑退保辽东，分崩为宇文、慕容、段氏三部。拓跋鲜卑则在檀石槐牙庭的基础上发展壮大，励精图治，定鼎中原，建立了强大的北魏政权。

公元383年淝水之战后，曾被前秦消灭的拓跋鲜卑代国在塞北再度兴起，并趁中原各族政权相互厮杀之机长驱直入，建立起了北魏政权，开始了中国历史上的北魏王朝。北魏自386年道武帝建国到534年孝武帝奔关中被杀，历经12个皇帝，共计148年。大致可以分为前期、中期和后期[2]。前期（386—451年），主要包括道武帝、明元帝、太武帝三位皇帝，共计66年；中期（452—499年），包括文成帝、献文帝和孝文帝三位皇帝，共计48年；后期（500—534年），包括宣武帝、孝明帝、孝庄帝、前废帝、后废帝和出帝（孝武帝）六位皇帝，共计35年。

皇始三年（398年）七月，拓跋珪定都平城（今大同），营建宫殿、宗庙社稷，制定官制律令及朝廷礼仪。从398年至孝文帝太和十八年（494年）将近一个世纪的时间里，北魏王朝的政治、经济、文化等都显示了自身的特点，形成了成熟的王朝气息，被学界誉为"北魏平城时代"[3]。

孝文帝迁都前发表《职员令》，迁都后重用南朝人士王肃典礼仪，发表《后职员令》，一依魏晋制度，北魏政权机构封建化完成。

平城时代是整个北魏历史中时间最长也是变化最为剧烈的时代，伊

---

[1] （宋）范晔：《后汉书》卷九十《乌桓鲜卑列传第八十》，中华书局1965年版，第2986页。

[2] 杜世铎主编：《北魏史》，北岳文艺出版社2017年版。

[3] 李凭：《北魏平城时代》，上海古籍出版社2014年版。

和淖尔1号墓及其他墓葬，主要的年代即是平城时代，墓葬等级规格高；平城特点及外来文化因素之突出，给人印象深刻，这为锡林郭勒地区的边疆史地以及中西文化交流等课题的研究提供了极为重要的实物资料。

锡林郭勒所在的内蒙古高原是鲜卑考古的重要区域，拓跋鲜卑最初从嘎仙洞、呼伦湖边南下，一路坎坷而行，最终在呼和浩特附近建立了盛乐城（今天的和林格尔县土城子古城，内蒙古中南部目前最大的古城遗址）。鲜卑的迁徙是一个长期、远程的历史事件，越来越多的研究表明，锡林郭勒草原是鲜卑南迁的必经之地[①]。另外，在内蒙古高原还分布着著名的北魏六镇。六镇最东边的怀荒镇，应在锡林郭勒境内[②]。

东汉初期，汉朝廷为防止匈奴役使乌桓，将部分乌桓部众由长城外逐渐迁移到长城内。与乌桓同出东胡系的鲜卑也趁势南下、西迁，填补了原来的乌桓故地，锡林郭勒地区由此遗留下了丰富的鲜卑物质文化遗存。正蓝旗和日木图墓葬出土的三鹿纹铜牌饰，二连浩特市盐池墓葬出土的桦树皮器底以及奔鹿纹铜腰带，镶黄旗博和音敖包墓葬出土的夹砂陶壶与陶罐，苏尼特左旗吉布胡郎图墓葬出土的夹砂菱格纹陶罐、铜带钩、三翼铜镞、绿松石等都应属于鲜卑早期遗存[③]。

2020年夏，内蒙古自治区文物考古研究所在镶黄旗文贡乌拉苏木乃仁陶力盖遗址，发现17座长方形竖穴土坑墓，一般长1.8—2.3米、宽0.6—0.8米，深1—2.5米。有圆木盖板和棺木板两类木棺，北偏西298—323°。单人葬和双人合葬（图6-2）均有，单人葬为仰身直肢，部分双人葬有侧身曲肢现象。出土有陶器、青铜器、玛瑙珠串饰、骨器等随葬品。陶器种类有中口罐、广口罐、盘口罐等类型（图6-3），铜器主要是手镯、指环、耳环、牌饰、泡饰、管状饰和五铢钱等小型器物，还有玛瑙管、珠饰及少量桦树皮器等。这批墓葬与巴林左旗南杨家营子墓地、卓资县石家沟墓地、达茂旗百灵庙墓地、察右后旗三道湾等墓地出土部分器物

---

① 王明珂：《游牧者的抉择——面对汉帝国的北亚游牧部族》，广西师范大学出版社2014年版，第195—198页。

② 周清澍主编：《内蒙古历史地理》，内蒙古人民出版社1993年版，第53页。

③ 陈永志、吉平、张文平主编，内蒙古自治区文物考古研究所编：《锡林郭勒文化遗产》，文物出版社2014年版，第76—77页。

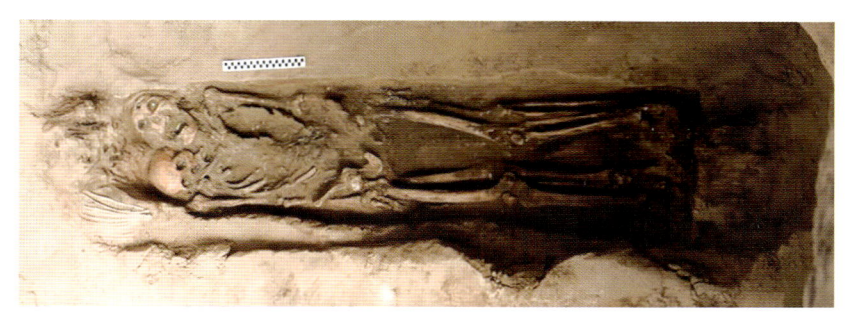

六 伊和淖尔墓群所见北魏时期的文化交流与互动 | 089

图6-2 乃仁陶力盖遗址双人合葬墓（M17）
资料来源：陈文虎供图。

图6-3 乃仁陶力盖墓地出土的陶器
资料来源：陈文虎供图。

相似，应属东汉晚期鲜卑遗存[①]。

魏晋南北朝时期，拓跋鲜卑在阴山以南建立政权，锡林郭勒南部地区为鲜卑所辖，北部地区却成为柔然的勃兴之地。为了防御柔然南侵，北魏王朝在北方草原地带建立了军事重镇和长城体系。锡林郭勒南部的多伦县、正蓝旗和太仆寺旗境内均有北魏长城分布，2010年发现的伊和淖尔墓葬群与北魏长城有着密切的关系。

1. 北魏长城

根据陶器、墓葬形制及丧葬习俗，伊和淖尔1号墓是一处高等级的鲜卑贵族墓葬，但伊和淖尔墓群，不但远离北魏的首都平城，更处在北魏的边防线——长城的外侧，这给这段本来就错综复杂的历史增加了新的内容，更给墓葬的主人蒙上了一层神秘的面纱，因此，在这里我们有必要结合北魏长城的最新考古发现，来对1号墓所在的位置进行进一步的探究。

伊和淖尔墓群所在的锡林郭勒地区，在秦、西汉时期主要为东胡和匈奴繁衍生息之地，至东汉以后，乌桓、鲜卑等民族相继勃兴，魏晋南北朝时期在大漠南北还活跃着敕勒、高车、柔然等族。

目前，该地区并未发现明确的东胡遗存。西乌珠穆沁旗的吉仁高勒城址被推测为东汉时期的匈奴城址，锡林浩特地区发现了东汉时期的陶窑址，但这些遗存的性质和内涵还有待考古工作的进一步确认。拓跋鲜卑建立北魏之后，在北方草原地带建立了军事重镇和长城体系以防御柔然人南侵，锡林郭勒南部的多伦县、正蓝旗和太仆寺旗境内均有北魏长城分布。

到4世纪末，拓跋鲜卑人建立了北魏，并逐渐统一了中国北方，并将首都从盛乐（今内蒙古和林格尔县北土城乡古城）迁至平城（今山西大同市）。当时，强大的柔然在大漠南北的蒙古高原上行动，严重威胁到北魏的安全。

北魏为防御柔然，曾两次在北部边境修筑长城。内蒙古自治区文物考古研究院张文平院长领导的长城调查组，近年对北魏长城进行了卓有

[①] 内蒙古自治区文物考古研究所：《2020年内蒙古自治区文物考古研究所考古综述》，《草原文物》2021年第1期。

成效的工作，根据他们最新刊布的成果①，北魏长城可分西、中、东三段。西段，西南端起自呼和浩特武川县水泉村北，先向北延伸至包头达尔罕茂明安联合旗南境，再折向东北方向，至乌兰察布四子王旗东部折向东南行，经察哈尔右翼中旗，至察哈尔右翼后旗西北部折向东行，至商都县二吉淖尔村西中断；中段经化德县、河北康保县、锡林郭勒太仆寺旗境，至正蓝旗黑城子种畜场南；东段，经多伦县，至河北丰宁县乌孙吐鲁坝西麓终止，全长约305公里。墙体用土堆积为主，少数地段经夯筑，基宽2.5—3米，残高0.3—1米，形似一条土垄。沿线未见障城和烽燧址，亦未见有遗物。

调查组发现北线墙体对南线墙体有局部沿用，并且在墙体沿线新发现了32座戍堡。戍是仅次于镇的军事建制，戍城的规模比镇城小。镇的最高军事长官是镇将，戍的最高军事长官是戍将，也有被称作"戍主"。比镇城与戍城更低一级的，是紧邻长城墙体修建的戍堡。

北魏正始二年（505年），源怀大将统领六镇时，曾上书宣武帝元恪，建议在六镇之间筑城置戍，分兵把守，开展农业生产，宣武帝同意了他的表奏，"今北镇诸戍东西九城是也"②，即增筑了东西九座戍城。

锡林郭勒境内的北魏长城由河北省丰宁县进入多伦县十五号乡，沿多伦县与河北省沽源县交界地带，向北延伸进入正蓝旗黑城子示范区总场后墙体基本消失。全长32.074公里，其中墙体18.274公里，消失墙体13.8公里。在多伦县境内穿过一个镇的六个村，全长为25.711公里；在正蓝旗境内的黑城子示范区二分场全长为6.363公里。该地的北魏长城墙体为就地取土夯筑而成，形似一条土垄，现残宽5—6米，残高1.0—1.5米，沿线未见有障城和烽燧遗迹，也未见任何遗物。

2. 北魏六镇

除了在阴山之北修筑长城，北魏还设置了著名的北魏六镇。六镇修筑在先，后有六镇长城南线和北线。六镇修筑完成于延和二年（433年）至太平真君八年（447年）之间。六镇自西向东，目前学界一般认为，依

---

① 内蒙古自治区文化厅（文物局）、内蒙古自治区文物考古研究所编：《内蒙古自治区长城资源调查报告·北魏长城卷》，文物出版社2014年版。

② （北齐）魏收：《魏书》卷四十一《源贺传》，中华书局2017年版。

图6-4 希拉穆仁城圐圙古城（北是希拉穆仁河）
资料来源：徐焱拍摄。

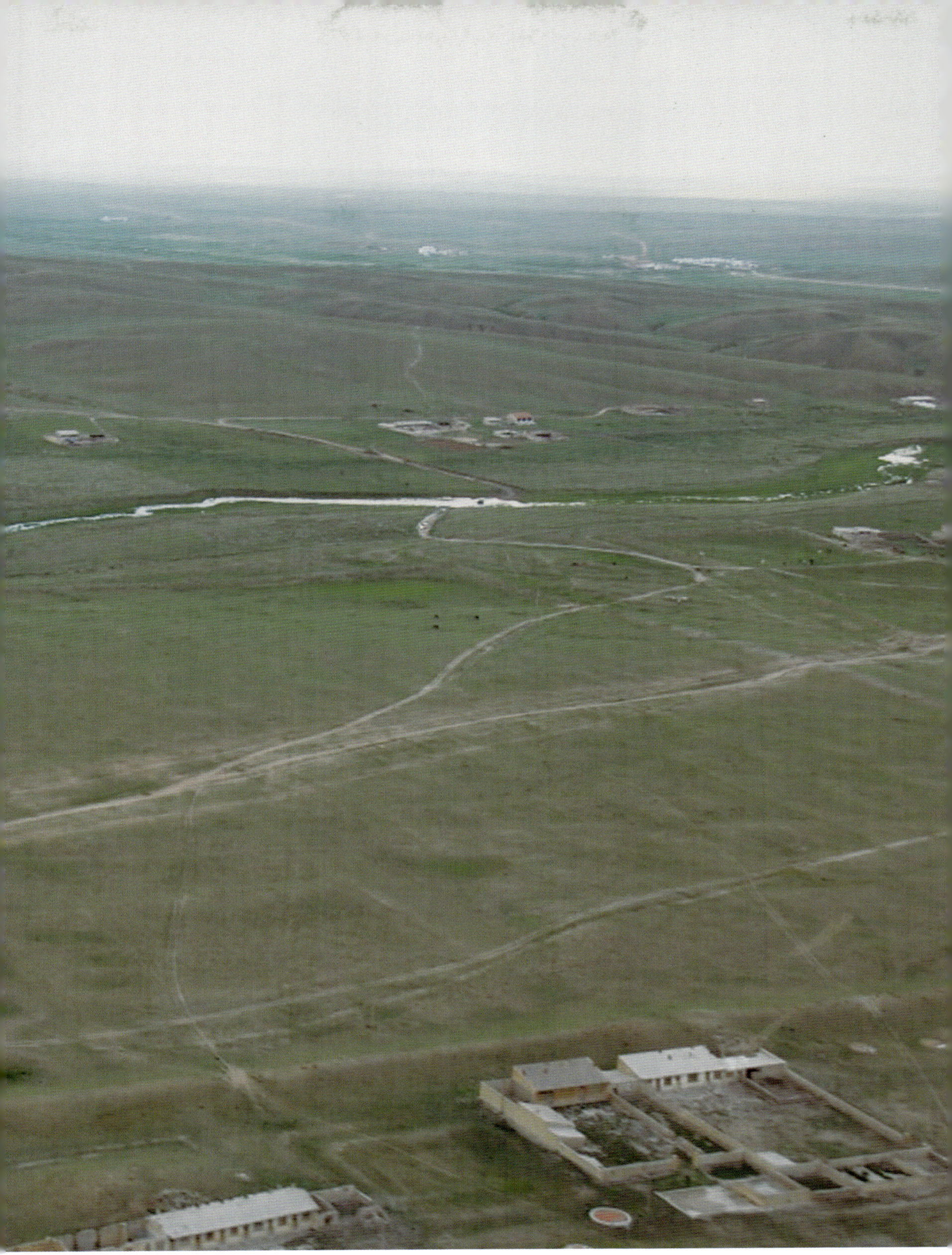

图6-5 克里孟古城
资料来源:诺敏·何拍摄。

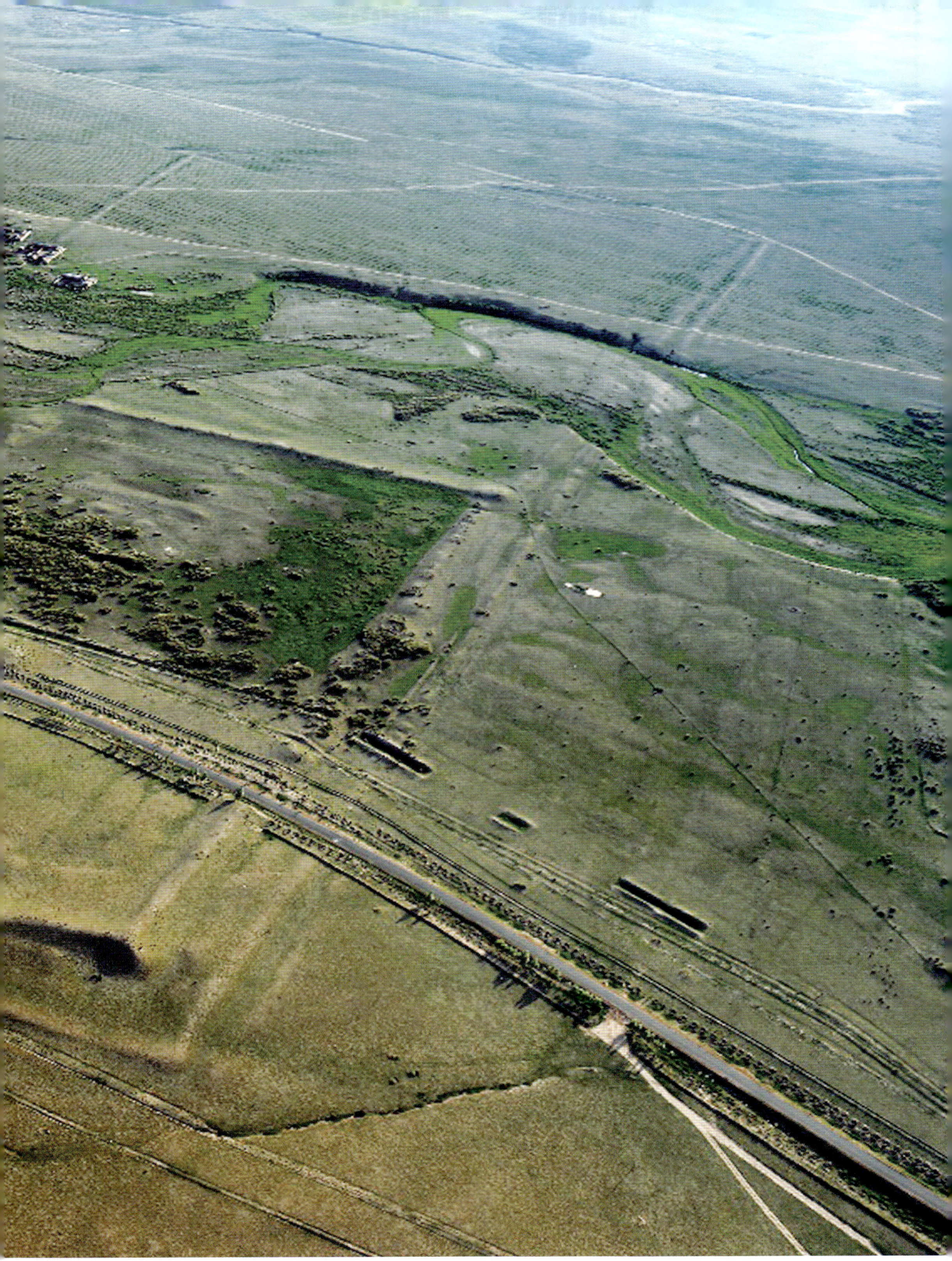

次是沃野镇、怀朔镇、武川镇、抚冥镇、柔玄镇、怀荒镇。对于六镇的地望，李逸友①、魏坚和谌璐琳②、松下宪一③等中外学者各执一说。张文平率领的调查队，历经多年的考古调查后，对六镇位置提出的新推论是：巴彦淖尔乌拉特前旗根子场古城是沃野镇址，固阳白灵淖城圐圙古城为怀朔镇镇址，四子王旗乌兰花镇的乌兰花土城子古城是抚冥镇镇址，而希拉穆仁城圐圙古城是武川镇址（图6-4）、克里孟古城（图6-5）是柔玄镇址、河北尚义县的三工地土城子古城为怀荒镇旧址④。

从最新的北魏长城调查结果可以看出，除了武川镇和抚冥镇保卫阴山南部土默特平原的需要之外，其他相邻的城镇相互之间的距离在90公里至110公里之间⑤。可以看出，北魏时期设定的六个城镇的定位和间隔是事先充分考虑的。另外，武川镇与抚冥镇之间没有分布戍城，相邻城镇中有一个或两个戍城，起着协同作用。六镇士兵的组成，除了拓跋鲜卑的将士外，还包括被征服的北方游牧民族、汉人等，后三者构成了边镇士兵的主体。其中，南部的敕勒人大多被安置在长城和六镇沿线，成为边境的一支重要力量。六镇的镇城主要由两个城构成，甚至三个城。它们应与居住在不同城市地区并实施不同管理系统的不同种族相关，而子城则是镇将的官署所在的地方。

六镇的地位很高，镇将主要是鲜卑贵族，经常会升到丞相。后来，北齐和北周统治集团的人物大多来自六镇。北齐高氏来自怀朔镇，北周宇文氏来自武川镇，形成了北朝历史上著名的怀朔集团和武川集团。孝文帝移居洛阳后，他推广汉化，崇文弱武，并将武将排除在清途之外。六镇的地位逐渐下降，这引起六镇的不满。在北魏孝明皇帝的正光年间（520—525年），他计划将城镇改为州，并将六镇的子弟降为府户。六镇将军与北魏朝廷之间的矛盾激化并最终爆发大规模的六镇叛乱。北魏统

---

① 李逸友：《中国北方长城考述》，《内蒙古文物考古》2001年第1期。

② 魏坚、谌璐琳：《北魏六镇城址的考古学观察》，《北魏六镇学术研讨会论文集》，内蒙古人民出版社2015年版，第1—17页。

③ ［日］松下宪一：《试论北魏六镇地望》，《北方民族考古》第3辑，科学出版社2016年版，第233—242页。

④ 张文平、苗润华：《长城资源调查对于北魏长城及六镇镇戍遗址的新认识》，《阴山学刊》2014年第6期。

⑤ 今天我国北方地区的省份，两个临县之间的距离跟上面的间距相近。

六　伊和淖尔墓群所见北魏时期的文化交流与互动┃097

治者和柔然共同将其镇压，之后北魏与柔然的关系逐渐缓和，长城和六镇也失去了前日的地位，并逐渐沦为废墟。

　　作为当时的军事建制，镇在历史上不断发展，并继续成为与乡镇水平相当的行政系统，并继续保留在当前的文化中。北魏长城修筑的时间晚于其南部镇城的建立，规模不大，工程质量粗糙，也没有东西向完全贯通，这与北魏源自北方游牧民族、崇尚武力、主要利用同为北方游牧民族的敕勒人守边有关，重野战而轻防御等因素相关。

　　伊和淖尔墓群属于怀荒镇辖区，处在北魏北线和南线长城之间。北魏长城北线在商都县的东北角消失不见，在镶黄旗、正镶白旗和太仆寺旗交界处均不见北魏长城，而仅仅在正蓝旗南部、多伦县的南部，发现了北魏太和长城，根据北魏六镇长城北线和南线长城的走向看，伊和淖尔墓群应在怀荒镇内，并且很可能在两条长城之间。

3.伊和淖尔墓群周边的古城

　　经考古实地调查，距离伊和淖尔墓群最近有两座古城[①]，分别是：安业古城，坐标为北纬42°11分10.69秒，东经114°48分14.15秒；向阳古城，地理坐标是北纬42°12分59.23秒，东经114°38分56.40秒。

　　（1）安业古城

　　位于化德县7号镇安业村东2.7公里的草原上。古城四面环山，西北有低缓的丘陵。城址平面呈方形（图6-6），东西长222米，南北宽218米，城墙夯筑，呈高大的土垄状，城墙底宽15—23米，顶宽2—3米，残高2—2.5米，每面城墙上筑有2座马面，呈圆丘状凸出。四墙中部均散落有瓦片，应该是门址所在。

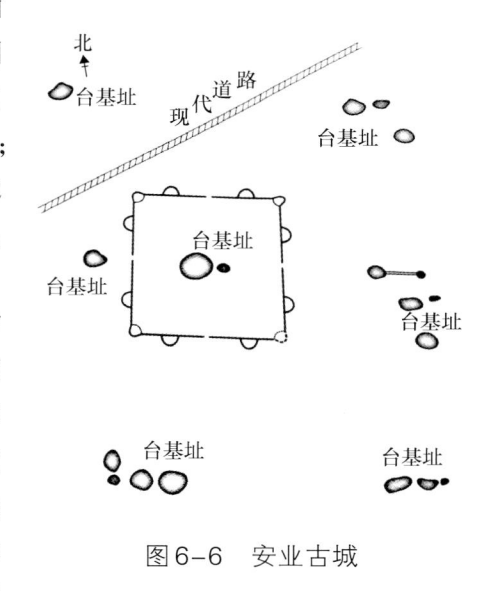

图6-6　安业古城

[①]　内蒙古自治区文化厅（文物局）、内蒙古自治区文物考古研究所编：《内蒙古自治区长城资源调查报告·北魏长城卷》，文物出版社2014年版，第109—117页。

东西墙方向196°，古城中部有一大一小圆形台基，大者在西，直径48米，小者在东，直径18米。台基上布满瓦片，板瓦居多，板瓦纹饰多样，有内外壁的绳纹，外壁绳纹内壁布纹等。

环绕城墙四周外侧200米有众多圆形台基，其中，北侧台基被破坏，现存22座，这些台基也是一大一小组合，有的台基上瓦砾遍布，有的片瓦不存，瓦片特征与城址内相同，不见日常用的陶器碎片。

（2）向阳古城

该古城位于化德县七号镇农场村向阳自然村东北300米的南北向川地上，西侧为低缓丘陵，南侧有105省道（图6-7）。城址平面大致呈长方形，东、西墙长180米，南墙长215米，北墙长225米。城墙夯筑而成，呈宽土垄状，城墙底宽16—28米，顶宽5—6米，残高0.5—1.5米，南墙中部辟城门，门址宽7米，方向203°，古城内西北、西南部各有建筑台基一座，西北台基呈圆角长方形，长35米，宽18米，残高0.5米；西南台基呈长方形，长30米，宽24米，残高0.5米。古城北半部被开垦为耕地，西北台基地处耕地中，附近有大量板瓦、青瓦残片，其中板瓦居多，

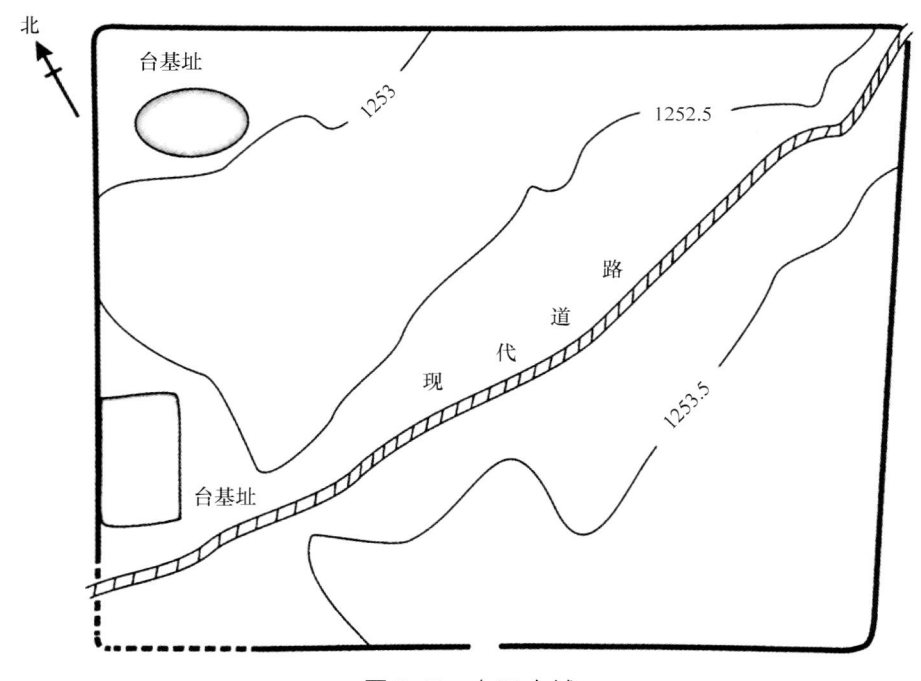

图6-7 向阳古城

板瓦有外壁弦断绳纹内壁布纹、外壁弦断绳纹内壁麻点纹。瓦片以灰陶居多，也有黑灰色和黄褐色陶片，除瓦片外，陶片很少，仅采集一枚滚压篦点纹黑陶片。

安业和向阳两座古城相距13.2公里，结构相近，时代相当，调查者推测属于北魏建国前的拓跋鲜卑遗存。《魏书·序纪》记载，代国拓跋什翼犍建国五年（342年）七月七日，"诸部毕集，设坛，讲武驰射，因以为常。八月，还云中"①。自此，七月七日成为代国皇帝祭天的传统日子。关于拓跋皇帝设坛祭天的记载还有很多。安业古城内及其周围多圆形台基、台基周围的遗物多为瓦片，不见陶器等生活用品，调查者认为该古城有可能是与拓跋鲜卑祭天活动相关的一座城址。

安业和向阳城址，是目前发现的距离伊和淖尔墓地最近的两座古城，直线距离不超过50公里，这两座城址除去调查者认为的祭天活动功能外，我们更倾向于它们是附属于北魏长城的戍城，是附属于长城的防御性设施的一部分，伊和淖尔墓葬的墓主人们也许跟这两座城有密切的关系。

综上，我们认为伊和淖尔1号墓，地处北魏长城的两条线之间，与安业、向阳两座古城很可能有密切的关系，伊和淖尔1号墓的墓主人很可能与守卫长城的高级首领相关。

（二）伊和淖尔北魏墓群的考古发现

2010年6月，锡林郭勒正镶白旗公安部门收缴了盗自伊和淖尔墓葬（编号1号墓，M1）的多件珍贵文物。随后，锡林郭勒盟文物站、正镶白旗文物管理所等单位对1号墓进行抢救清理，收缴、出土陶器、铁器、木器、漆器、金银器等，合计200余件（套），引发了社会各界的极大关注。

2011—2014年内蒙古文物考古工作者在1号墓附近又陆续发现、清理了5座墓葬，学界将这些墓葬合称为伊和淖尔墓群（图6-8），除了4号墓是辽代土坑墓外，其余5座均为带长斜坡的北魏墓葬。

伊和淖尔墓群的墓葬形制、器物组合等文化面貌与北魏首都平城发现墓葬一致，属高等级贵族墓葬，出土的金质下颌托、人物银碗、人物

---

① （北齐）魏收：《魏书》卷一《帝纪第一·序记》，中华书局2017年版，第12页。

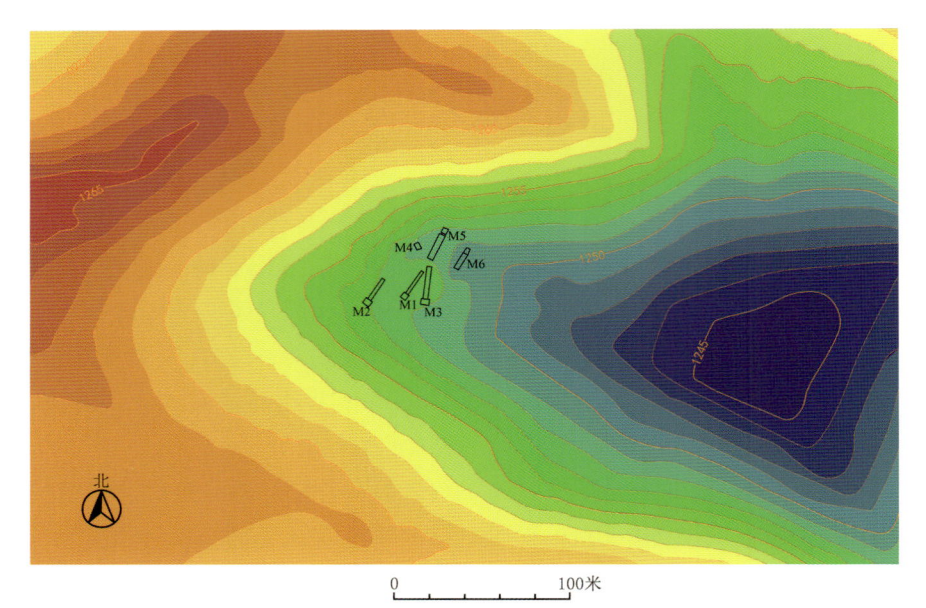

图6-8 伊和淖尔墓群分布示意图

资料来源：刘建国供图。

铺首衔环、双耳杯、玻璃器等珍贵文物，突出反映了北魏平城时代边疆地区草原丝绸之路文化交流的盛况。墓葬等级规格之高，为北方草原地区迄今发现的北魏墓葬之首，荣获2014年度"全国十大考古新发现"。

伊和淖尔墓群地处正镶白旗伊和淖尔苏木宝日陶勒盖嘎查东北5公里的一处低山丘陵中，其西北1公里为哈达其根淖尔湖，东北4.5公里为伊和淖尔湖，该区域为浑善达克沙地南部边缘地带，具有典型的草原地貌环境（图6-9、图6-10）。墓地处一个开口向东的簸箕形山坳之中，地上不见建筑。四周环绕有低矮的丘陵，并形成一个东西走向的小山谷，山谷东北部为高耸的黄沙丘，谷底为西高东低的斜坡，墓群位于谷底西部。丘陵最高处的海拔高度为1265米。

1. 1号墓的主要考古发现

M1为长斜坡土洞墓，由斜坡状墓道和长方形墓室两部分组成，方向20°。墓道长条形，斜坡状，开口于厚0.6米的地表土之下。墓道横剖面呈倒梯形，长10.5米，上宽1.9米，下宽1.5米，最深处达4.5米。墓道内填土均为红色胶泥土，没有发现随葬器物。墓室长方形，穹隆顶。

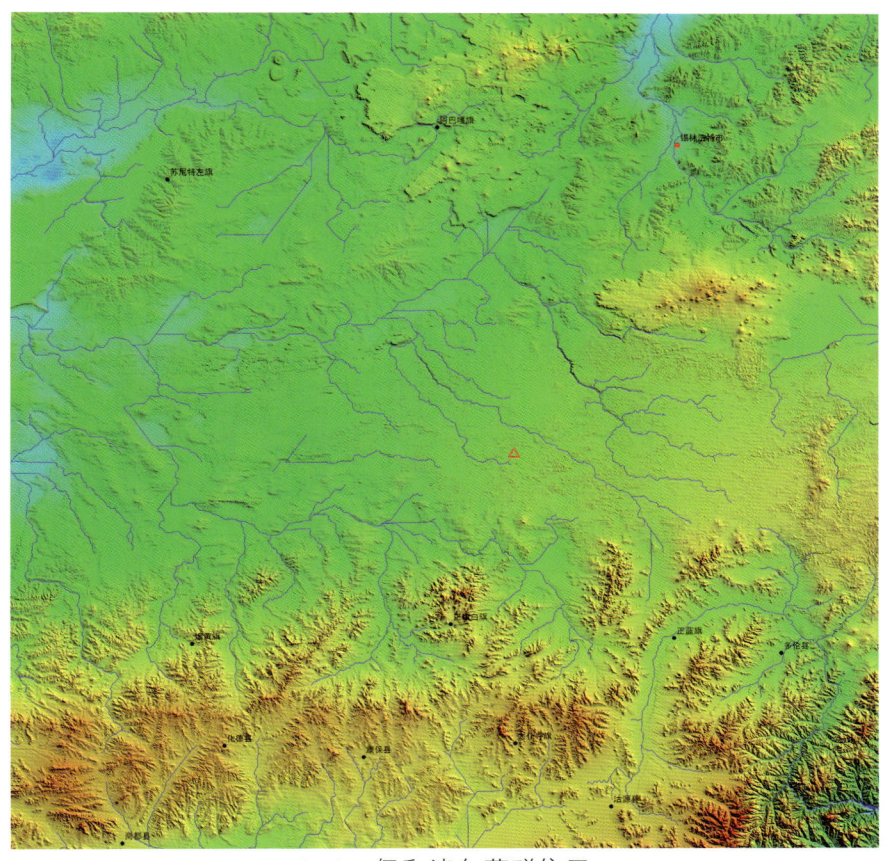

6-9　伊和淖尔墓群位置

资料来源：刘建国提供。

6-10　伊和淖尔墓群远景（红色箭头处是1号墓）

松木木棺，木棺表面绘有黑漆，覆盖着棺盖、侧边、头部、足部和底部都由相互连接的木板制成，木板边沿有亚字形槽口，其中插有沙漏形状的塞子，以连接木板。棺外包裹一层薄且亮色的绢，四周饰有鎏金铜泡钉，靠近墓主人头部的棺板外侧镶嵌人物铺首3件、脚部棺板外镶嵌人物铺首1件、两侧的棺板外镶嵌人物铺首各5件。木棺头部较高且宽、足部较低且窄，前后部分微微向外倾斜。长2.7米、前挡板宽1.3米、后部宽0.65米、前部高1.25米、后部高0.55米。棺盖板厚0.12米、两侧棺板厚0.11米、前部棺板厚0.1米、后部棺板厚0.08米。底部棺板严重腐朽，厚度不详。棺内破坏严重，墓主人骨架被严重扰乱，葬式不详。棺外随葬有动物骨骼。

1号墓出土陶器、釉陶器、金器、银器、铜器、铁器、漆器、玉石器及玻璃等各种材质的文物共200余件/组（图6-11至图6-13）[①]。

2. 2号墓的主要考古发现

M2位于墓群的西部，东距M1约16米，墓葬方向及形制基本与M1一致。M2坐南朝北，方向35°，为长斜坡墓道土洞墓[②]。

墓道开口于地表向下0.9米处，因墓道存在塌方隐患，只发掘了一部分。墓道平面为长方形，长15米、宽2米，墓道底部为斜坡形，由东北向西南逐渐变低，底部最深端距地表约9米。墓道内的填土为黄沙土和红黏土混合形成的花土，红黏土质地较坚硬，未经夯打。墓室位于墓道南侧，平面为长方形，南北长3.1米、东西宽2.5米。墓室四壁竖直，壁面及地面修整得较为平滑。顶部坍塌，其中一半已被盗掘者破坏，墓室残高约2.8米。墓室中央放置一具木棺，棺头朝东北，方向35°。棺盖尾端被盗掘者破坏，人骨散乱地堆积在木棺内外，棺内遗物已被盗掘一空。木棺棺头西侧出土了1件陶灯，棺尾南侧出土了2件陶壶，木棺棺头东侧出土了1件陶罐。

木棺保存较好，由棺盖、双侧板、前后挡板、底板、隔板组成，平面呈梯形，前端高宽，后端低窄，木棺棺头和棺尾略外倾斜（图6-14）。

---

① 王晓琨、庄永兴、刘洪元等：《内蒙古正镶白旗伊和淖尔M1发掘简报》，《文物》2017年第1期。

② 陈永志、宋国栋等：《正镶白旗伊和淖尔墓群M2发掘简报》，《草原文物》2016年第1期。

六 伊和淖尔墓群所见北魏时期的文化交流与互动

棺板保存较好,外表面髹黑漆,漆面脱落殆尽。棺盖由5块木板平行拼合而成,木板拼接处里外均留有燕尾形卯槽,并用亚腰形榫镶嵌固定,内外共有48个燕尾形卯槽和24个亚腰形榫。棺盖面严重糟朽,略呈弧拱形,两侧边缘分别钉5枚鎏金铜泡钉。

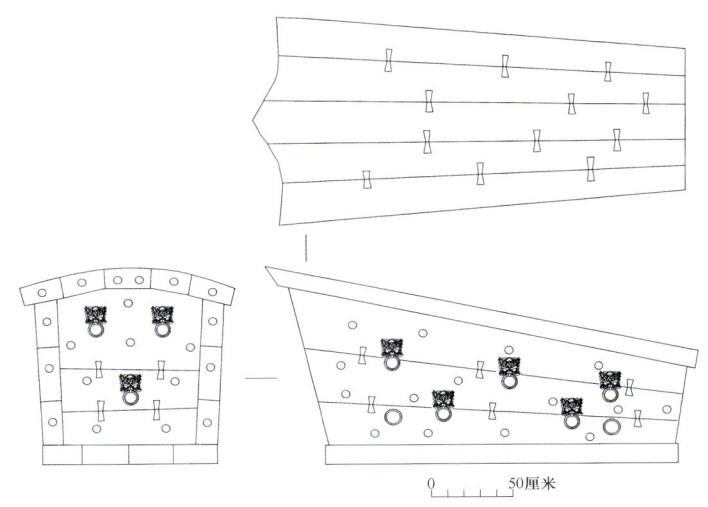

图6-14 M2木棺复原图

资料来源:宋国栋提供。

3. 3号墓的主要考古发现

长斜坡土洞墓①,与M1紧邻,在其东面2米处,方向8°。由墓道、甬道和墓室(图6-15)组成。墓道长23米,宽4米,深9.6米。侧壁为阶梯式的,沿其长度配有0.45米宽的搁板。甬道为穹隆顶,长1.1米,高1.5米,墙壁垂直。

墓室为长方形,经测量为3.5米×2.9

图6-15 3号墓墓室

---

① Chen Yongzhi, Song Guodong, Mayan, "The Results of the Excavation of the Yihe-Nur Cemetery in Zhengxiangbai Banner (2012—2014)", *The Silk Road*, Vol.14, 2016, pp.42-57.

图6-16 棺前挡板的彩绘图像照片

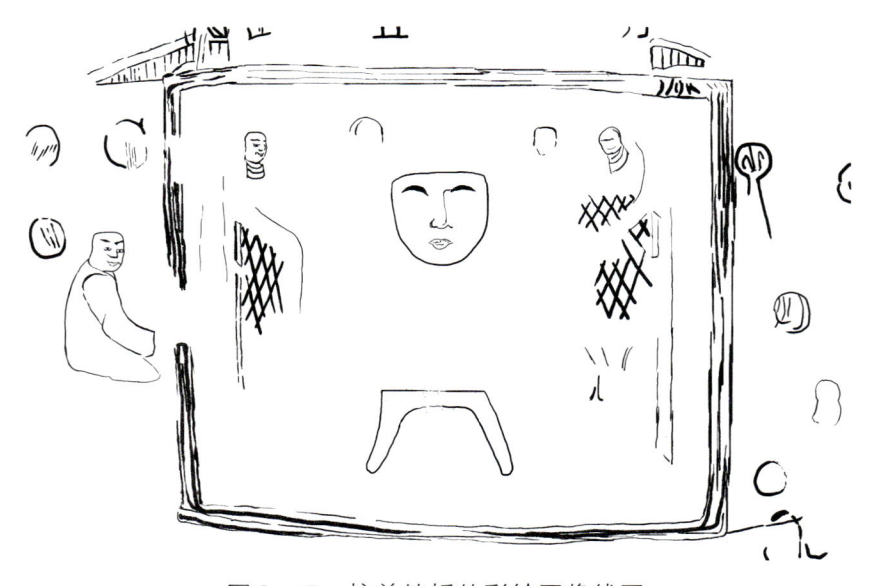

图6-17 棺前挡板的彩绘图像线图

资料来源：张文治绘制。

六　伊和淖尔墓群所见北魏时期的文化交流与互动 | 105

图6-18　M3木棺内部

图6-19　金项圈

图6-20　漆盘

图6-21　象形漆尊

米，高2.26米。在墓室的中央放置有一黑漆木棺，保存完好，长2.7米，头部木板为1.2米×1.4米，足部木板0.55米×0.55米。棺盖厚度介于0.08米和0.12米之间。棺材表面饰有青铜镀金浮雕和青铜镀金装饰，头部和足部木板有彩绘。底色为黑色，头部木板上绘有一栋房子，其柱子为红色、屋顶为蓝色。墓主处在木构房屋内（柱子和屋顶可见），坐在围屏床榻上，似乎是垂足而坐，周围环绕着他的许多侍从，且面部为白色的，或坐或站，戴着圆形风帽。墓主夸张的脸部和身体比例使得他在一群侍从中能够被轻易辨认出来。其四角之外各有一未覆盖的陶壶、以及作为牲祭的动物骨骼（图6-16、图6-17）。

墓主（图6-18）为单人仰身直肢葬，全身被黄色丝包裹。头部戴的是保护性的下颚托，金属材质的，面部还缠裹有丝织品，胸前是金属的项圈（图6-19），腰部缠有精美的金质蹀躞带，手上戴着金指环，脚蹬长筒皮靴，金属饰品均镶嵌有宝石。棺左壁及右壁都发现了木质弓箭及箭镞，漆棺下层有陶器、漆器（图6-20）、铁灯、铜鎏金铜铺首、青铜帐钩、皮制长袍等。其中一件象形漆尊（图6-21）尤其精美。墓主人为女性。①

4. 5号墓墓葬形制与出土器物

M5的结构是带斜坡墓道的土洞墓②（图6-22），墓葬的方向是213°。墓道开口距离地表近1米。地表的黑砂土层出土了少量篦线纹陶片。

该墓平面是梯形，东北端比西南端稍宽。它长16.7米，宽2.45—3米。最深点距地面8.7米，倾斜角度为28°。墓葬的填土是由黄色沙子和红色黏土的混合物形成的花土。甬道是直壁拱顶，深度为1.5米，宽度为2米，残高为1.5米。

甬道入口的中间和坟墓的中间部分有矩形盗洞。其中，在甬道入口处的盗洞中，出土了一些来自墓室的骨头和遗物。有陶罐、金戒指、珠

---

① 庄永兴、柏嘎力：《内蒙古发现的北魏完整贵族墓漆棺进行开棺保护》，《中国文物报》2014年3月26日第1版。

② Chen Yongzhi, Song Guodong, Ma Yan, "The Results of the Excavation of the Yihe-Nur Cemetery in Zhengxiangbai Banner (2012-2014)", *The Silk Road*, Vol.14, 2016, pp.42-57; 陈永志、宋国栋、庄永兴：《内蒙古正镶白旗伊和淖尔墓群再次发现北魏贵族墓》，《中国文物报》2015年3月13日第8版。陈永志、宋国栋、庄永兴：《考古发掘见证古代草原丝绸之路》，《中国文物报》2015年6月12日第22版。

六 伊和淖尔墓群所见北魏时期的文化交流与互动 | 107

图6-22 M5墓室

子和铜泡、铁钉、皮革制品、马骨、牛骨、羊骨等。该墓已坍塌，平面为长方形，长3.7米，宽3.3米，高2米。

在墓室中央可见有棺木的印痕，印痕上残存部分可见黑漆图案。根据印痕推测，木棺头朝向东北，长2.7米，头部宽1.05米，高1.3米，尾部宽0.64米，高0.6米。

此外，在该墓西南部的填土中发现了保存完好的人骨。人骨距离M5墓深2.15米。人体骨骼仰身直指肢，头部以低角度倾斜放置，水平倾斜11°，头部向东北。埋葬时，尸身被毛毡覆盖，因此在人骨周围发现了大量毛毡。头骨的两侧出土了1枚杏叶形铜耳环，股骨之间出土了一只铜铃。

5. 6号墓墓葬形制与出土器物

M6，长斜坡墓道土洞墓[①]（图6-23），方向235°。墓道开口于地表

[①] Chen Yongzhi, Song Guodong, Mayan, "The Results of the Excavation of the Yihe-Nur Cemetery in Zhengxiangbai Banner (2012-2014)", *The Silk Road*, Vol.14, 2016, pp. 42-57；陈永志、宋国栋、庄永兴：《内蒙古正镶白旗伊和淖尔墓群再次发现北魏贵族墓》，《中国文物报》2015年3月13日第8版；陈永志、宋国栋、庄永兴：《考古发掘见证古代草原丝绸之路》，《中国文物报》2015年6月12日第22版。

下近1米处。墓葬填土中出土青白釉瓷瓶1件、篦线纹陶片若干。墓道长12.8米、口宽2.6米、底宽1.3米、最深处距地表6.2米，坡度35°—38°。墓道坡面上有许多浅窝，两侧分别有一条宽0.6米的台阶形踏道。在墓室入口，用木板垂直进行密闭，室内已坍塌。

漆木棺位于墓室中央，头向东北。根据在塌陷的土上留下的痕迹推断，木棺长2.22米，头宽1.27米，尾宽0.78米，头高1.06米，尾高0.58米。

M6为仰身直肢葬，头向东北，人骨在木棺中央，脸朝上。头部东北侧摆放着漆碗和筒形漆器，两侧

图6-23　M6墓室

耳朵位置各发现1枚金耳环。颈下发现1件金项圈（图6-24），长22厘米、宽17.5厘米。项链的两个末端都有一个孔洞，中间部分则为向下延伸的梯形，梯形的边缘和中间皆有突起的垂直线条。腰部佩有金蹀躞带（图6-25），有两个带扣，每一个上面都镶嵌着红玛瑙。原本可能有两段有穿孔的皮带（两段皮带分别和装饰系在一起），以带扣系紧。金蹀躞带有11个饰板，也都镶嵌着红玛瑙，由金"铆钉"分割成四组。在每个金蹀躞带上，有两个饰板上会有桃形的环，用来悬挂个人物品。在饰板和铆钉上的镶嵌物外缘排列着黄金珠饰。饰板和带扣

图6-24　金项圈　　　　图6-25　金蹀躞带

以铆钉的方式钉在皮带上。在饰板和带扣之间，所谓的铆钉，也就是每个条状物（长3.4厘米）的末端都有用来附着的针，在皮带的表面形成一个黄金的网状物。

每个手指上都发现了1枚金指环，总共10枚。右臂外侧发现了几根木箭杆，两腿之间发现1件骨器和1件木器，脚的上方摆放1件陶壶，陶壶下有串珠挂链和数件铜质的装饰品。

（三）伊和淖尔墓群丧葬习俗等所见的文化交流

1. 陶器的类型学分析

考古发现的古代器物中，陶器是时代特征最强、演变最快的一类器物，因此对伊和淖尔1号墓出土的陶器进行类型学研究，是解决其年代问题的最佳途径之一，也是考古学界最常用的一种方法。伊和淖尔1号墓所在的墓葬群，是一处保存相当完好的北魏墓地。墓地布局清晰完整，没有叠压打破关系，表明墓地使用时经过了认真的规划和较长时段的使用。墓葬出土陶器的基本组合和器物形制在稳定之中又有变化，显示墓地的稳定使用经历了一段比较长的时间。这样的北魏墓地在整个锡林郭勒乃至内蒙古高原，截至目前只发现这一处，具有极为重要的学术价值。

无独有偶，经过大规模发掘的同时期墓葬，在北魏的都城平城地区也有发现，大同南郊北魏墓葬群有167座墓葬，就是一处保存完好的北魏墓地，发掘者和学界已经进行了深入的研究[①]。陶器是伊和淖尔墓葬群的常见器物，各个墓葬均有发现，主要有壶、罐、灯三种器形。根据目前发表的材料得知：M1出土陶壶4件；M2出土陶壶2件、陶罐1件、陶灯1件，共计4件；M3出土罐、壶、灯等陶器共12件（M3随葬的陶器数量在伊和淖尔墓群中数量最多，目前有2件陶壶材料发表）；M4出土陶壶2件；M5出土陶壶、陶罐（详细材料未公布）；M6出土陶器1件（从发表的墓葬照

---

① 山西大学历史文化学院、山西省考古研究所、大同市博物馆：《大同南郊北魏墓群》，科学出版社2006年版；韦正：《大同南郊北魏墓群研究》，《考古》2011年第6期。

片得知，器形不明）。

现在，我们从1号墓出土的陶器入手，在类型学分析的基础上，对伊和淖尔墓群的陶器进行分组，将陶器特征、组合相近的墓葬归在一处，参照年代可靠的相似墓葬，进行初步的年代分析和分期。

（1）陶壶

伊和淖尔墓地的陶壶（图6-26），主要是长颈壶，目前有7件见诸发表。根据口部特征，分A、B两型。

A型：盘口，2件。标本有M2∶3和M3出土的1件。

B型：喇叭口，5件，多数敞口很大，呈喇叭状，肩大底小。

A型盘口长颈壶，与大同南郊北魏墓群的M73∶1、M226∶2接近，韦正将其归为第一、二过渡组；B型与大同南郊的M225∶2、M7∶2接近，韦正将其归为第二、三过渡组以及第三组。

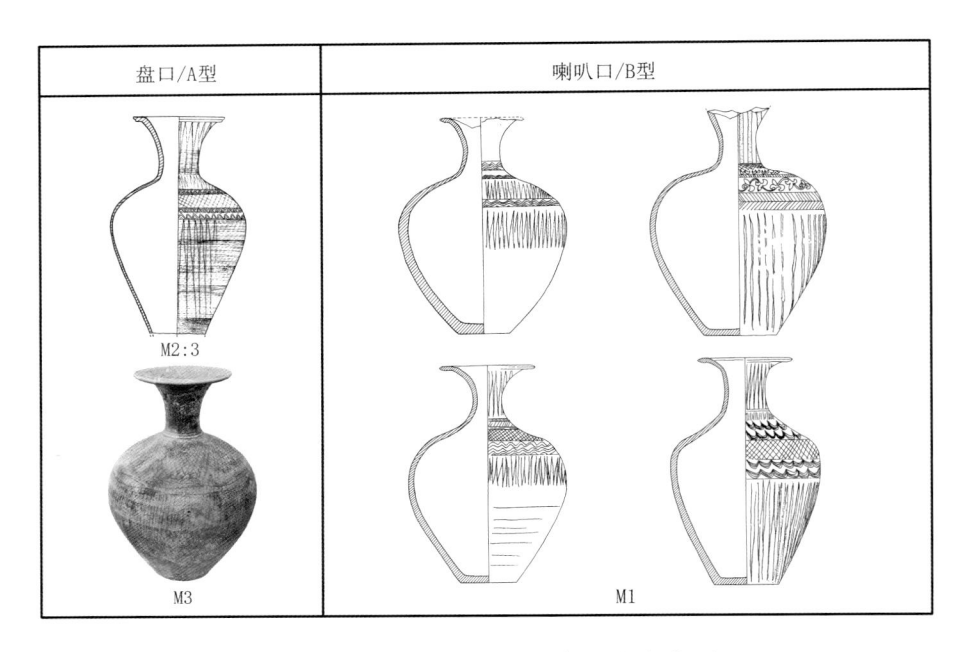

图6-26 伊和淖尔墓地出土陶壶类型

（2）陶罐

陶罐几乎每座墓葬均有出土，详细报道的现有2件。

M2：4，泥质灰陶，轮制成型。浅盘口，曲颈，圆肩，鼓腹，腹下向内斜收，平底。M3出土的陶罐为盘口，曲颈，小平底。这两件陶罐与大同南郊北魏墓群M209：2非常接近，即与韦正文中的Ac型的第Ⅲ式接近，折沿罐，腹长适中，肩宽底小。

（3）釉陶器

在伊和淖尔1号墓中出土了9件釉陶器，超过了随葬陶器的数量，并且在伊和淖尔墓地的其他4座墓葬中，尚没有发现釉陶器。

大同南郊墓群的釉陶器物，其基本规律是：从只有大型器向大型、中小型兼有，再到小型器为主的演化趋势[①]。以单件器物，如数量较多的长颈壶的高度进行举例：

第一组1件，残高25.8厘米；

第一、二过渡组1件，高20.5厘米；

第二组4件，平均高22.5厘米；

第二、三过渡组7件，平均高18.8厘米；

第三组10件，平均高11.8厘米。

以上不同数值，可以作为大同南郊北魏墓群釉陶器，由大到小的变化幅度的参考值。

M1出土了5件棕色的釉陶长颈壶和4件釉陶罐。釉陶长颈壶，皆为喇叭口，圆肩，鼓腹，平底。釉陶罐颈部微外敞，圆肩，平底。这9件釉陶器物大小接近，高度除M1：12的圆口罐，高17.5厘米外，其他高度集中在8.6—11.6厘米，属于小型化器物，跟大同南郊的第三组一致，同样显示出M1的年代属于5世纪末期。

2. 墓葬形制

伊和淖尔墓地的5座墓葬，均是长斜坡墓道土洞墓，这是5世纪末北魏都城平城墓葬的一种新的墓葬形式，在大同南郊的墓地发掘中多有发现，这也体现了伊和淖尔墓地处于平城时代的总体年代特征。

在此之前的鲜卑墓葬形制，多是竖穴土坑墓，使用前宽后窄的木棺。

---

① 韦正：《大同南郊北魏墓群研究》，《考古》2011年第6期。

如扎赉诺尔①、拉布达林墓地②，墓葬为土坑竖穴，木棺的形制前宽后窄，七卡墓葬的主要特点有均为墓坑平面呈头大尾小的梯形。三道湾墓地两期墓葬中都有木棺，其木棺的形制、大小均与扎赉诺尔相类似，大头小尾，高与宽均在40—60厘米，长短在130—180厘米，呈前高后低、前宽后窄的梯形③。

伊和淖尔的1、2、3号墓（方向分别为34°、35°和8°）在整个墓地中呈东北—西南方向分布，墓道位于墓室的北边。M5和M6也是沿着墓地的东北—西南方向分布，方向则为213°和235°，墓道位于墓室的南边。

墓道的长度往往代表墓主的等级，伊和淖尔诸墓的墓道长10—23米不等，且墓道长度越长，宽度也越宽。3号墓的墓道长23米、宽4米，是伊和淖尔墓群中墓道最长、最宽的一座墓。整个墓葬由墓道、甬道和墓室所组成。墓室的中央置漆木棺，其中挡板上有墓主人及随从的彩绘图案，与平城所出的墓葬相似，这也是整个墓地中唯一有彩绘棺板画的墓葬，棺外四角之外各有一陶壶和动物骨骼，还有铁灯和青铜帐钩。墓主被黄色丝绸包裹，佩戴有金头饰、鎏金下颌托、项圈、金踶躞带（带有配件的腰带）、金指环和长筒靴等。全套的鎏金下颌托和项圈也是墓葬中最完整的。1号墓的下颌托也基本完整，下颌托勺极其精彩，不过所出的器物来自公安局收缴，并非科学发掘出土，具体的位置及相关出土信息缺失，殊为遗憾。木棺中还有保存完好的陶器、漆器、碗、刀、皮制长袍，以及其他遗物。金质的踶躞带显示出墓主身份的高贵，出土陶器的数量在整个墓群中也是最多。墓主穿一件长1.2米、下摆宽1.36米的皮毛长袍，系用毛皮拼缝缝合而成，是北方草原民族冬季御寒服装。

---

① 内蒙古文物工作队：《内蒙古扎赉诺尔古墓群发掘简报》，《考古》1961年第12期；王成：《扎赉诺尔圈河古墓清理简报》，《北方文物》1987年第3期；陈凤山、白劲松：《内蒙古札赉诺尔鲜卑墓》，《内蒙古文物考古》1994年第2期；内蒙古文物考古研究所：《扎赉诺尔古墓群1986年清理发掘报告》，《内蒙古文物考古文集》第一辑，中国大百科全书出版社1994年版。

② 赵越：《内蒙古额右旗拉布达林发现鲜卑墓》，《考古》1990年第10期。

③ 魏坚主编：《内蒙古地区鲜卑墓葬的发现与研究》，科学出版社2004年版，第43页。

六 伊和淖尔墓群所见北魏时期的文化交流与互动

5号墓的墓道长度较3号墓次之,长16.7米、宽2.45米,墓葬早期被盗。墓室中央仅有漆棺板残迹。木棺方向为东北,墓室西南角有一个陶罐和羊骨;西北角有漆器残片、羊骨和马骨;东北角有铁钩和一副羊骨骨架。此外,一副未覆盖的人骨骨架在墓道靠近填土深2.15米处被发现,其位置靠近入口处。这具尸骨为仰身直肢葬,方向为东北方,头轻微倾斜。整具尸骨被毛毡所裹,随葬有青铜耳环、带有青铜贴花装饰和三个小铃的透孔织物。尸骨用毛毡包裹,显示了北方民族文化特征,也是伊和淖尔墓地唯一的一座。

1号墓的墓道长10.5米、宽1.9米,墓葬的规模不大,却是伊和淖尔墓地出土器物总数最多、精品最多的一座墓葬,各种材质的器物200余件。黑漆木棺放置在墓室中央,内有被扰乱的骨架,外有青铜镀金铺首、青铜镀金浮雕和铁环。棺外有陶壶、一个鎏金錾花人物造型的银碗、一个三足青铜盘和铁灯,棺内有釉陶器等器物。漆棺的前后挡板、侧板上共计14件鎏金铺首,铺首上有佛的形象,是锡林郭勒地区最早的佛教器物,14件铺首也营造了浓浓的佛教气氛。鎏金的下颌托勺,龙鸟飞舞,是目前国内发现最精美的同类器物,铺首为铅锡合金的青铜制品,固定铺首的钉子却是锌铜合金的黄铜,这是中国目前最早的黄铜制品之一;海蓝色的萨珊玻璃碗,晶莹透亮,是北魏玻璃器中的精品;舟形的铜耳杯,萨珊与中原结合的意味明显;鎏金银碗上的四个人物造型各异,具有典型的希腊人物形象,器形与装饰特征无不契合罗马帝国遗存,是中古中国与地中海世界文化交流的重要物证①。

2号墓的墓道长15米、宽2米,其入口深0.9米,斜坡陡降至9米。墓道中填满了混合的黄土和红色陶土。长方形墓室南北长3.1米,东西长2.5米,地面平整。墓室顶部因盗掘而坍塌,只留下四面垂直的墙壁,高2.8米,墙面平整。墓室中央放置黑漆木棺,是伊和淖尔墓群中保存最好的木棺,经过修复已经在正镶白旗博物馆展出。木棺的前后和侧面棺板上均有凤鸟纹的铺首,这使得我们对于复原被盗的1号墓的铺首具有标型器的意义。

6号墓的墓道长12米,最窄处1.2米。墓室入口处被垂直放置的木板堵住。单人葬,黑漆木棺,墓主佩戴有金耳环、金项链、踝鐕带和金指

---

① 李静杰:《中国出土古希腊罗马器物辨析》,《艺术设计研究》2019年第4期。

环。头骨的东北方处有一个漆碗和容器。腰部以下有陶器、骨容器、木容器、皮革制品、珠子等。

从上面的情况可以看出来，伊和淖尔的墓葬形制，有几个比较突出的特点，一是普遍具有长斜坡的墓道，10—25米不等，墓道的结构比较有自己的特点；二是多数木棺外侧都镶嵌有数量众多的铺首；三是墓葬外侧用多数墓葬的木棺或者尸体用丝织物或者毛毡包裹；四是普遍使用髹漆的木棺；五是随葬品丰富，特别是金属器及与北方草原相关的毡、毛织物等，域外文明的因素众多，突出反映了伊和淖尔处在文明交流的通道上的内涵。

3. 埋葬习俗

埋葬习俗方面，比较突出的特点，一个是多随葬动物骨骼，有的器物上有刻划符号，随葬品中存在毁器现象；另一个就是墓主人多使用金属下颌托。

3号墓的墓室中央放置有一木棺，其四角之外各有一件未覆盖的陶壶和作为牲祭的动物骨骼。5号墓墓室中央的土堆中发现有木棺嵌板残留，木棺方向为东北，其内已被盗墓者盗掘一空；墓室西南角有一个陶罐和羊骨；西北角有漆器残片、羊骨和马骨；东北角有铁钩和一副羊骨骨架。

1号墓的陶器上刻有"范兴洛"字样，可能是范姓陶工的名字，这在北魏其他墓葬中也有类似现象。北魏陶器中除了装饰美观的花纹，还刻有字符、字形[①]。呼和浩特美岱村北魏墓的陶器就有，大同南郊北魏墓群的陶器也有，如"完""儿""僧"等，另刻有各种符号。

1号墓的陶器上有明显的毁器现象。用打碎了的陶、铜、玉器随葬，或者用非实用性的明器随葬，这是古代墓葬中的一种文化现象。拓跋鲜卑就有着把陶器口部有意打残及器身穿孔等葬俗，公元1世纪前后的拉布达林墓葬就曾发现过这种毁器习俗。1号墓的多件陶器，特别是长颈壶的嘴部残损，极有可能是被打破后进行随葬的。在M2∶4的陶罐上，还有穿孔现象。

毁器的习俗，是灵魂观念或万物有灵观念的具体反映。早在仰韶文化时期，就曾发现有小口尖底瓶打碎的现象，商代的墓葬中也有类似的现象。用打碎了的陶、铜、玉器随葬，流行于二里岗文化时期，殷墟文

---

① 王雁卿、刘贵斌、高峰：《北魏陶器的装饰纹样》，《文物世界》2003年第3期。

化时期则是随葬明器,突出反映了商代丧葬观念的变化。民族调查材料也显示,这种习俗在我国东北黑龙江沿岸一些民族地区,至少延续至19世纪末。例如赫哲族、鄂毕乌戈尔族人死后,都要举行隆重的仪式,其间在棺材头前拢火焚烧酒食、房屋模型、烟草等①。所有放在棺材里的东西都要打碎或者折断。这些民族确信应当把器物的灵魂让死者使用,所以一切器物被损坏了,有的同死者一起烧掉。又如鄂温克族的丧葬习俗,至今仍保持若干原始的形态,不论死者是男是女,其随葬品一律都要砸坏一块,因为传说不砸坏随葬品,会对活着的人不利。伊和淖尔1号墓的毁器现象,可能是这种习俗的反映,表达了某种特定的含义。

  伊和淖尔墓葬中,另外一种引人注目的葬俗是下颌托的使用。一般说来,下颌托是一种固定死者下颌的遗物,主要目的是避免逝者的下颌脱落,口部张的太大。这种墓葬风尚在中国古代沿用了很长时间,目前这类器物年代最早的出自新疆小河墓地 M34(图6-27)②,在公元前 1650—前1450年;最晚材料到明嘉靖二十三年(1544年)③,持续了3000余年。1957年,张正岭在唐墓发掘中,首先注意到下颌部分的随葬品,推测是固定下颌之物④。1988年,山西省考古研究所和大同市博物馆联合发掘了大同南郊167座北魏墓葬,在其中的12座墓葬中发现了12件(套)相关器物。1999年,王银田、王雁卿首次公布了大同南郊 M107 中的下颌托情况⑤,2006年出版的考古报告中公布了大同南郊墓地的全部下颌托材料。在第三章葬俗的最后部分,王银田对这批下颌托材料进行了摘要总结,首先对当时国内出土资料进行列表梳理,对下颌托的时代、分布地域、材质等问题进行了概括,纠正了以往命名的错误,提出"下颌托"

---

① 张英:《从考古学看我国东北古代民族"毁器"习俗》,《北方文物》1990年第3期。

② 新疆文物考古研究所:《新疆罗布泊小河墓地2003年发掘简报》,《文物》2007年第10期。

③ 李飞:《颜面——贵州出土的黄金覆面与下颌托(上)》,《当代贵州》2018年第37期,第80页;李飞:《颜面——贵州出土的黄金覆面与下颌托(下)》,《当代贵州》2018年第41期。

④ 张正岭:《西安韩森寨唐墓清理记》,《考古通讯》1957年第5期。

⑤ 王银田、王雁卿:《大同南郊北魏墓群 M107 发掘报告》,《北朝研究》1999年第1期。

的科学定名。在对比新疆的材料后,提出该种葬俗可能来自西域①。这批材料公布后,引发了学界对此类器物的关注和讨论。

图 6-27　新疆小河墓地 M34 出土的下颌托

资料来源:新疆文物考古研究所:《新疆罗布泊小河墓地2003年发掘简报》,《文物》2007年第10期。

宋馨是最早对国内下颌托进行综合研究的学者之一②。2006年,她通过对欧亚草原出土下颌托的系统梳理,提出北魏下颌托中存在中亚金属制作工艺,并认为使用下颌托的习俗并非汉地传统的看法,提出欧洲及中亚地区出土的下颌托与中国出土的下颌托分属两个不同的系统。她特别注意到了古希腊使用下颌托的例证,检索出古希腊祭瓶哭丧仪式的资料(图6-28),提出其他地域使用下颌托可能是受到了古希腊葬俗的影响,亚历山大东征将这种习俗传到了中亚,如阿富汗黄金丘发现的下颌托(图6-29)就是例证。

---

① 山西大学历史文化学院、山西省考古研究所、大同市博物馆:《大同南郊北魏墓群》,科学出版社2006年版,第490—491页。

② Shing Müller, "Chin-straps of the Early Northern Wei: New Perspectives on the Trans-Asiatic Diffusion of Funerary Practices", *Journal of East Asian Archaeology*, Vol.5, 2006, pp. 27-71.

六　伊和淖尔墓群所见北魏时期的文化交流与互动 | 117

图6-28　希腊陶祭瓶上哭丧仪式情景

资料来源：转引自宋馨《中国境内金属下颌托的源流与演变——兼谈下颌托与流寓中国粟特人的关系》，《粟特人在中国——考古发现与出土文献的新印证》，科学出版社2016年版，第513页。

图6-29　阿富汗黄金丘M6所见的下颌托

资料来源：Fredrik Hiebert and Pierre Cambon, *Afghanistan-hidden Treasure from the National Museum Kabul*, National Geographic Washington, D.C., 2006, p.216。

之后，吴小平、崔本信从三峡地区唐宋墓葬下颌托的材料出发，进而将材料梳理范围扩大到全国，提出中国出土的下颌托，其源头在古希腊地区，路线大致是"新疆—大同—西安、洛阳（两京），最后到三峡和南方地区"，推测"其传播应当是随着最初使用这种器具的人群的迁徙才发生的"，还进而论证下颌托的使用是为了防止下颌脱落，推测其与萨满教灵魂不灭观有关，"承担着与丧葬面具相同的角色"①。

冯恩学独辟蹊径，提出下颌托是一种被忽视的祆教遗物，从祭司口罩转化而来，在我国的出现与粟特入华有关②。王春燕沿着这个思路，对伊和淖尔1号墓及辽代早期的吐尔基山墓葬出土的下颌托（图6-30）又有连续的讨论③。

当然，亦有学者对将下颌托与祆教的联系持反对意见。2016年，宋馨再次撰写专文④，她把国内可以确认的粟特人的墓葬进行了统计，发现仅史道德一例使用了下颌托，因此她认为将下颌托和粟特的祆教联系起来有待商榷。她还发现在萨满教最为流行的南西伯利亚和中国东北地区，也没有发现使用下颌托的例证。她受Pierre Cambon提出的"欧亚文化通过漠北草原进行东西文化交流"的观点启发⑤，认为从

图6-30 吐尔基山出土的下颌托

资料来源：塔拉研究员供图。

---

① 吴小平、崔本信：《三峡地区唐宋墓出土下颌托考》，《考古》2010年第8期；吴小平：《论我国境内出土的下颌托》，《考古》2013年第8期。

② 冯恩学：《下颌托——一个被忽视的祆教文化遗物》，《考古》2011年第2期。

③ 王春燕、柏嘎力：《内蒙古伊和淖尔北魏下颌托的前世今生》，《中国文物报》2014年8月15日第6版；王春燕：《关于吐尔基山辽墓金下颌托的一点思考》，《北方文物》2014年第2期。

④ 宋馨：《中国境内金属下颌托的源流与演变——兼谈下颌托与流寓中国粟特人的关系》，《粟特人在中国——考古发现与出土文献的新印证》，科学出版社2016年版，第510—519页。

⑤ Cambon Pierre，*Tillia Tepe*，Paris：Musée Guimet，2006，pp.295-297.

六 伊和淖尔墓群所见北魏时期的文化交流与互动

下颌托的使用，可以看到亚洲中古时期中亚与东亚文化的密切关系，以及中国漠北（草原之路）在文化交流上的重要交通地位①。

同样是在2016年，与大部分学者认为下颌托是一种外来葬俗不同，王维坤、赵今认为下颌托是中国传统丧葬礼仪的组成部分，与传统的覆面、手握和饭含关系密切，使用下颌托的目的是能使填满饭含的口紧闭②。

近期霍巍、庞政对中国境内的下颌托进行了归纳总结，将中国境内的下颌托归为新疆和内地两大系统，均是中外文化交流的产物，并非中原文化传统。新疆出土的下颌托均为纺织品，这是区别于内地下颌托的主要标志。内地下颌托多为女性所用，且与额带和冠饰相连为一体，组合使用，成为逝者头部整体葬具的一个构件，兼具装饰的功能。没有发现下颌托与祆教、萨满等足够的联系证据③。

伊和淖尔1号墓和3号墓的墓主使用了金属下颌托，这在锡林郭勒地区是重要的考古发现，因此引起研究者们的注意。王春燕等认为这两件北魏下颌托是一种被赋予神灵意义的特殊葬具，是祆教文化的遗物，是延续了金属口罩的神仪，功能是保护死者的神灵不受外魔侵犯。文章甫一发表，王银田即撰文《下颌托与祆教无关》④，认为平城时期虽有波斯、粟特使节多次往来的记载，但主要是官方使节，祆教很难对当地文化施加影响，因此他认为下颌托难以和祆教建立联系。付承章则认为，1号墓出土的下颌托应与萨满教灵魂观有密切关系，其功能可能是箍紧头部，保持头骨完整，进而达到护魂的目的。他认为下颌托的使用人群主要为处于当时社会上层的萨满，与祆教祭司的"口罩"并无明显关联；后者的使用主要与祆教的洁净观念有关，而不是为了防止烧燎胡须⑤。因此，

---

① 宋馨：《中国境内金属下颌托的源流与演变——兼谈下颌托与流寓中国粟特人的关系》，《粟特人在中国——考古发现与出土文献的新印证》，科学出版社2016年版，第519页。

② 王维坤、赵今：《再论我国境内出土下颌托的性质及其来源——兼与冯恩学、吴小平二位先生商榷》，《两个世界的徘徊——中古时期丧葬观念风俗与礼仪制度学术研讨会论文集》，科学出版社2016年版。

③ 霍巍、庞政：《试论中国境内出土的下颌托》，《考古学报》2020年第2期。

④ 王银田：《下颌托与祆教无关》，《中国文物报》2014年10月24日第6版。

⑤ 付承章：《对下颌托源头及相关问题的探讨》，《内蒙古民族大学学报》（社会科学版）2016年第6期。

图6-31 伊和淖尔1号墓出土下颌托组合

图6-32 伊和淖尔3号墓墓主

他认为伊和淖尔墓主人可能是萨满。

1号墓的下颌托由额带、V形颊带和托勺三部分构成（图6-31），三者相连为整体，托勺上有精美的动物图案，两条飘逸的龙和两只鹦鹉颠倒对望，造型极其生动，边缘上装饰忍冬纹。

3号墓棺内墓主人的头部戴冠，冠下戴发蓝色的额带，下连2个对称的V形金属颊带，面上覆盖黄色丝织物，胸前佩戴镶宝石金属项圈。铜鎏金的下颌托勺，上有绿色锈，可见凤鸟纹，托勺中间和两侧有3处宝石镶嵌槽，宝石缺失，托勺两侧有若干小孔用以与内衬丝织物缝缀。额带宽3厘米，周长40厘米；下颌托勺长13厘米，宽9厘米，颊带长18厘米（图6-32）。这两件下颌托制作精良，形制接近，与大同南郊M107的形制近似，显示出三者间的关系密切。

根据宋馨、霍巍等的统计分析，下颌托与萨满、祆教关联性不大。根据现在发表的材料，下颌托是一种高等级墓葬的随葬品，主要目的是固定下颌，以防口部张得太开。使用者男性、女性均有，下颌托的额带常与冠饰连在一起，同时起着固定冠饰的作用，这在伊和淖尔3号墓葬中看得很清楚，1号墓因为被盗破坏，情况不明，从收缴的文物中，没有见到冠饰。下颌托勺的图案由繁至简，以平城时代最为讲究、繁缛，1号墓的就是明证。大同南郊M107、M109，伊和淖尔M1、M3等使用下颌托的墓葬，随葬品中多有玻璃、银碗等珍贵西方随葬品,显示二者所属的家族与丝绸之路上诸国有一定贸易上或政治上的接触。

4.墓主的身份与族属

墓主的身份和族属,是墓葬考古研究的重要内容。伊和淖尔墓群地处草原深处,位置特殊,其墓主的身份及族属尤其受到注意。陶器的类型学分析和碳十四的测年,都表明墓地的年代是5世纪中晚期,当时北方广大区域都在鲜卑人建立的北魏政权统治之下。因此,墓主的族属,我们自然会想到是跟鲜卑遗存有关。

关于鲜卑等民族的族属认定,体质人类学、考古学及人类学的专家们做出了各自的努力。伊和淖尔M1由于严重被盗,人骨损坏严重,具有女性特征,但我们无法断定墓主的年龄。出自M2的人骨为男性,年龄介于25—30岁。M4则是一位女性,年龄约为25岁。M5有两具人骨,一位男性,年龄约为40岁,被放置在墓室中;一位女性,年龄约为30岁,位于墓道中。M6残存的人骨为男性,年龄介于25—30岁。基于对人类头骨型态学上的观察,可以认定他们是北亚蒙古利亚种,并且他们死去的时候还相当年轻,没有钝器致伤的迹象。由于M3的人骨在被发现时覆盖着丝绸且尚未移除,我们还缺乏更多关于这副人骨的数据。

考古学者的策略是从遗物出发,根据不同的遗物,从中提炼出某些或者某几类是属于鲜卑的遗存。开鲜卑考古系统研究之先河的是宿白先生。他在1977年发表了著名的"鲜卑遗迹辑录"系列文章,这一系列的文章直到今天,还是指导我们研究的经典之作。其中《东北、内蒙古地区的鲜卑遗迹——鲜卑遗迹辑录之一》[①]和《盛乐、平城一带的拓跋鲜卑——北魏遗迹》[②]两篇文章中,宿白先生对特定地区的鲜卑墓葬进行梳理,主要以墓葬形制和随葬品作为族属的判断依据,并且根据文献的记载,在前者中描绘出了拓跋鲜卑的南迁路线。这样的路线成了一种基本框架,受到后继研究者的支持,并不断的将新的出土材料填入这个框架中。

---

① 宿白:《东北、内蒙古地区的鲜卑遗迹——鲜卑遗迹辑录之一》,《文物》1977年第5期。

② 宿白:《盛乐、平城一带的拓跋鲜卑——北魏遗迹》,《文物》1977年第11期。

在此框架之下，后来的考古学研究者开始进一步厘清鲜卑考古学文化面貌。1994年，赵越在《拓跋鲜卑文化初探》[①]一文中，根据呼伦贝尔地区的考古发现，总结鲜卑墓葬的特征有：骨制弓弭和前高宽、后低窄的木棺，以及桦树皮器、红褐色与黑褐色的素面小型陶器。他还注意到这些有特点的器物，可能和当时鲜卑人的生活环境有很大的关系。1999年，乔梁发表《鲜卑遗存的认定与研究》[②]一文，他将鲜卑遗存分为七群，其中族属性质最明确的就是北朝时期的鲜卑墓葬，可以透过对这些墓葬来具体分析，确认鲜卑文化的自身特点。2001年的一篇文章中，孙危将鲜卑墓葬遗存分为五期，细化了鲜卑各部的迁移过程，并以墓葬中的随葬品作为判断族属与不同族群之间交流关系的证据[③]。2008年的一篇文章中，吴松岩则以盛乐和平城地区有纪年、可判断族属的墓葬来辨别其他没有纪年墓葬之族属，认为由于各墓葬中的陶壶、陶罐形制相似，对区别墓葬的族属意义不大，主要以葬具、陶俑、明器、金属器、殉牲等相关器物和壁画等作为分析依据[④]。

王明珂等人类学家认为族属是一个在历史发展中不断流动、具有新陈代谢的概念：迁徙使得族群面临新的自然环境，交流则使得族群受到其他文化的影响，政权的建立也会使得鲜卑族群尝试着要向汉文化靠拢，这些种种因素都会影响到族属认同的变迁。其在《华夏边缘——历史记忆与族群认同》中提出[⑤]，"许多研究显示，迁徙所造成的资源、环境改变，是导致个人或群体认同变迁的主要因素，也是新族群形成的温床。许多历史学者在重建一个民族迁徙史时，忽略了有多少人离开这群体开始宣称新的认同，或有多少人加入这群体宣称是此群体的成员。他们也忽略了，在不同时代人群中，或因迁徙而生活在不同族群体系的人群中，人们所使用的同一族名所涵括与排除的人群可能也大不相同"。很多现代

---

① 赵越：《拓跋鲜卑文化初探》，《内蒙古文物考古》1994年第1期。
② 乔梁：《鲜卑遗存的认定与研究》，许倬云、张忠培主编《中国考古学的跨世纪反思》，商务印书馆1999年版，第483—508页。
③ 孙危：《内蒙古地区鲜卑墓葬的初步研究》，《内蒙古文物考古》2001年第1期。
④ 吴松岩：《盛乐、平城地区北魏鲜卑、汉人墓葬比较分析》，《北方文物》2008年第4期。
⑤ 王明珂：《华夏边缘——历史记忆与族群认同》，社会科学文献出版社2006年版，第40—41页。

六 伊和淖尔墓群所见北魏时期的文化交流与互动

民族的例子,也证实了这一点,因为我们人类终归是环境的产物。但是当我们研究古代民族的时候,特别是处在像旋涡一样的北方草原地带民族,历史情况要比我们想象的还要复杂得多。因此目前,我们认为比较可靠的方法,还是基于考古材料本身出发,当然需要充分考虑历史的环境因素,赵越在他的文章里也注意到了这个问题。

伊和淖尔墓地位于北魏的六镇和长城地带。据史料记载,六镇人口组成除了大量的镇戍军民外,还有一部分内迁或归附的游牧民族,如敕勒人、柔然人和匈奴人等。这些镇户主要从事游牧生产,是北魏军队所需军马的主要来源。伊和淖尔墓地是如今中国北方草原唯一发现年代为北魏的墓葬。这些墓葬集中在一个地区,且排列有序,显示了一个高标准的结构与配置。很明显,这是一个贵族家族的墓地。墓地结构、棺木、陶器和漆器图样都可以看出鲜卑文化的特征。也有一些较罕见的遗物,像是希腊风格的镀金银碗,被认为可能是来自中亚和西亚。大同附近的北魏墓葬出土有风格类似的碗,被认为呈现了帕提亚或是嚈哒的影响[①]。北魏墓葬中也有很多类似的金属器皿,可能来自中亚的东伊朗世界。M3、M6出土的皮革或是毛皮长袍等衣物、毛靴和皮带可能曾被其他草原族群穿戴过。这么多的证据证明,伊和淖尔墓地的人群有着和北方草原族群有联系的文化传统,并且很有可能通过丝绸之路和草原之路进行贸易。

居住在六镇地区的人群很多元。敕勒、高车人是鲜卑贵族控制的人口中最大宗的。北魏的政策是将游牧族群区分开来,并在此政策之下执行对投降者的控制。"太祖时(公元399年),分散诸部,唯高车以类粗犷,不任使役,故得别为部落。"[②]神䴥二年(公元429年),太武皇帝派出安原(其职位为左仆射)前往巳尼坡讨伐高车人。"高车诸部望军而降者数十万落,获马牛羊亦百余万,皆徙置漠南千里之地"[③],"列置新民于漠南,东至濡源,西暨五原、阴山,竟三千里"[④]。根据此历史背景,包桂红认为伊和淖尔墓群与濡源地望相近,而濡源又与北魏御夷镇相邻,故推断一

---

① 包桂红:《内蒙古锡林郭勒伊和淖尔M1文化因素试析》,《文物》2018年第3期。

② (北齐)魏收:《魏书·高车列传》,中华书局1974年版,第2309页。

③ (唐)李延寿:《北史》卷九十八,中华书局1974年版,第3273页。

④ (北齐)魏收:《魏书·世祖纪》,中华书局1974年版,第75页。

号墓的墓主人可能是生活在御夷镇周边的内附高车人①。

包氏对文献及地望的考订很有参考价值，不过锡林郭勒草原上的人群流动性大，族群复杂，不易辨别。因此对于族属的辨别，墓葬的丧葬习俗和器物特征显得更可靠。经过对比分析，我们认为以1号墓为代表的墓葬属拓跋鲜卑为核心的北魏平城时代典型墓葬遗存。

乔梁将早期鲜卑遗存分为A（扎赉诺尔墓群为代表）、B（完工墓地为代表）、C（榆树老河身中层墓葬为代表）、D（辽宁朝阳及河南安阳）、E（乌兰察布二兰虎沟、三道湾为代表）、F（科右中旗北玛尼吐墓群为代表）、G（科左后旗舍根文化为代表）等七个大群，此外还有巴林左旗南杨家营子和吉林大安渔场遗存②。通过严密的陶器类型学比较，乔梁归纳总结出拓跋鲜卑在埋葬习俗方面的五个可能性特别因素：

①使用头宽脚窄的葬具；

②有殉牲的习俗；

③随葬品有铜鍑和饰件；

④使用骨质的弓弭；

⑤长颈壶和束颈盘口罐，罐口沿下部装饰有戳印或按压齿状纹饰，陶器器表往往装饰有暗纹。

无疑这五项特征在北魏的盛乐及平城时代均有沿用和体现。伊和淖尔墓群，普遍使用头宽脚窄的葬具，出土有长颈壶、耳环等典型陶器、饰品，有殉牲的习俗，基本上涵盖乔梁提出的五个鲜卑墓葬特征。从整体上看，伊和淖尔墓群无论从墓葬形制，还是埋葬习俗都与大同南郊墓群高度一致，可以看出北魏都城平城的对外影响，具备孝文迁都洛阳前

---

① 包桂红根据考古发掘资料结合历史文献记载及墓葬地理位置分析，判断伊和淖尔1号墓及其他四座墓葬是一处内附高车贵族家族集团墓地，墓主人是受北魏统治者册封或嘉赏的贵族将领或其家属。详见包桂红《内蒙古锡林郭勒盟伊和淖尔一号墓墓主人身份探析》，《内蒙古社会科学》2017年第6期。但在之后发表的《内蒙古锡林郭勒伊和淖尔M1文化因素试析》（《文物》2018年第3期）一文中，她认为M1具有鲜明的拓跋鲜卑文化特点，并且包含了中原汉文化及欧亚草原的多种文化因素，却并未提及高车的文化因素。

② 乔梁：《鲜卑遗存的认定与研究》，许倬云、张忠培主编《中国考古学的跨世纪反思》，商务印书馆1999年版，第483—508页。

的平城时代的典型特征。

在资料的整理过程中，我们还发现一个有趣的现象，伊和淖尔1号墓与固原冯始公漆棺墓、大同南郊M107等墓葬具有很强的相似性。这种相似性一方面可以解读为三地之间的紧密联系；另一方面或许也反映了墓主人之间的亲缘关系。因此，冯始公是鲜卑贵族，担任原州将领，镇守北魏的边防，我们认为伊和淖尔墓主人是拓跋鲜卑贵族，是负责镇守北方六镇的高级官吏，可能更接近历史事实。

（四）玻璃器所见的中西文化交流

"凝霜不足方其洁，澄水不能喻其清"，西晋人潘尼赋中说的这种宝物就是玻璃。玻璃是"经过熔融后冷却下来，保持液体结构的固体"，属非晶体物质。玻璃有天然玻璃，如火山喷发后急速冷却的黑曜石（obsidian）和天空的流星经过大气层以及与大地撞击后产生高温和高压下形成的玻璃陨石（tektite）。玻璃在古代文献中有流离、琉璃、颇黎、陆离、药玉、璊玉、玻璨、料器等名称，是人类文明发展史上最早诞生的人工材料之一。古埃及与西亚地区于公元前3000年前后出现具原始玻璃性质、被称为费昂斯（Faience）或釉砂的物质，以及烧成温度较高的玻砂（Frit）制成的物件。费昂斯被看作是古玻璃的先驱。[①] 人工制造的玻璃最早发现于两河流域的美索不达米亚平原，年代约为公元前2500年。中国最早的玻璃，年代可追溯至战国时期[②]。古埃及的玻璃制品最早流行单色珠，稍后出现了彩色珠。公元前10世纪后流行镶嵌珠（又称蜻蜓眼珠Eye Bead）。公元前7世纪，在蜻蜓眼珠的基础上腓尼基人创造出了玻璃人头珠子和坠子（也称人头珠Head Bead），从公元前1世纪开始，罗马帝国开始流行一种利用马赛克玻璃工艺制作的带有人面形象的玻璃珠饰，称为马赛克人面纹玻璃珠（Mosaic Face Bead）。罗马帝国使玻璃的吹制技术得到流行，同时发展雕花玻璃、套色玻璃、绞丝玻璃等技术。

[①] 伏修锋、干福熹：《中国古代釉砂和玻砂》，《硅酸盐学报》2006年第4期。

[②] 张福康、程朱海、张志刚：《中国古琉璃的研究》，《硅酸盐学报》1983年第1期。

罗马玻璃技术传至波斯帝国，萨珊王朝（公元4—8世纪）发展了切割和磨花技术，形成了萨珊玻璃。萨珊玻璃通过地处中亚和南亚的贵霜帝国向东传播。贵霜帝国是由在西汉初被中国北方匈奴人所驱赶的月氏人，进入中亚和南亚所建。东汉以后，从大月氏人带来的物品中玻璃为产于大秦（罗马）和安息的主要物产之一。

伊和淖尔墓地仅在1号墓出土了一件宝蓝色玻璃碗[①]（图6-33），高4.3厘米，口径9.6厘米，底部直径4.3厘米。马丽亚·艾海提、金诚实等利用便携式XRF检测仪，检测了伊和淖尔1号墓出土的这件玻璃碗的化学成分[②]；还检测了半月形鎏金银项圈镶嵌的蓝玻璃。测试结果显示，这两件均属萨珊植物灰玻璃。

依据化学成分的不同，国际学界把全世界的古代玻璃分成三大类型，即钠钙玻璃、铅钡玻璃、钾钙玻璃。根据助溶剂的不同，钠钙玻璃又可进一步分为植物灰和苏打两类。

植物灰玻璃的助熔剂通常是从植物燃烧后的灰烬中提取的。这种工艺始于埃及和两河流域的青铜时代晚期，随后传至帕提亚王国，萨珊帝国和阿拉伯帝国。在罗马帝国时期的地中海地区，玻璃主要以苏打玻璃为主。

钾钙玻璃主要流行于古印度。汉代的两广地区以及交趾地区（现在越南北部）也有烧造，但是它们与古代印度玻璃之间的关系仍然不清楚。不同于西方钙纳玻璃的助溶剂，中国的本土玻璃采用铅铋玻璃工艺，不能燃烧透明玻璃，通常称为"料器"。

图6-33 伊和淖尔1号墓出土玻璃碗

---

① 中国人民大学历史学院考古文博系、锡林郭勒盟文物保护管理站、正镶白旗文物管理所：《内蒙古正镶白旗伊和淖尔M1发掘简报》，《文物》2017年第1期。

② 马丽亚·艾海提、金诚实、静永杰：《内蒙古北魏墓出土萨珊玻璃器及其相关问题》，《文博》2017年第4期。

③ 中国人民大学历史学院考古文博系、锡林郭勒盟文物保护管理站、正镶白旗文物管理所：《内蒙古正镶白旗伊和淖尔M1发掘简报》，《文物》2017年第1期，封面。

六 伊和淖尔墓群所见北魏时期的文化交流与互动

伊和淖尔1号墓出土的这件蓝色玻璃碗，氧化钾（K_2O）含量为2.39%—2.88%。美国康宁玻璃博物馆罗伯特·布里尔的研究成果表明[①]，氧化钾含量在2%—4%的古玻璃器属于萨珊植物灰玻璃。鎏金银项圈现有4块玻璃片的化学成分，经过检测，其氧化钾（K_2O）和氧化镁（MgO）含量都小于2%。罗伯特·布里尔认为这种化学成分的玻璃属于罗马苏打玻璃。马丽亚·艾海提等对在萨珊波斯王朝都城——阿尔达希尔花拉（Ardashir Khwarrah）古城内采集到一块萨珊时期玻璃母的化学成分检测，氧化钾的含量为3.52%。M1出土蓝玻璃碗的氧化钾含量在2.47%—2.70%之间，出土的鎏金银项圈上镶嵌有萨珊植物灰玻璃，因此其起源应为萨珊波斯王国。另外，这个半月形的金银领子的卷草纹图案与伊和淖尔1号墓出土的鎏金人物银碗也几乎相同。

根据近年的考古发掘，学界一般认为罗马玻璃和萨珊玻璃及其制作方式，在魏晋南北朝时期被引入中国，并为世人所乐见。北魏太武帝拓跋焘（408—452年）在位年间，玻璃制造技术在我国传播，并在首都平城（今大同）建立了玻璃作坊。《魏书·西域传》"大月氏"条中就记载了平城产的五色玻璃，"（魏）太武时，其国（月氏）人商贩京师，自云能铸石为五色琉璃。于是采矿于山中，即京师铸之，既成，光泽乃美于西方来者。乃诏为行殿，容百余人，光色映彻，观者见之，莫不惊骇，以为神明所作"[②]，使用吹制技术和无模成型的最早的玻璃器皿当属于魏晋、南北朝和隋代（公元3—6世纪）。

据《洛阳伽蓝记》记载，袭爵河间王的北魏宗室元琛，奢靡生活，常与其他豪族斗富，家中所藏的金银器及玻璃器数不胜数[③]，由此得知外来的金银器和玻璃器在当时弥足珍贵，是一种身份、地位的象征。

根据历史记载和考古发现，公元前5—前4世纪的地中海地区的蜻蜓眼、罗马人在公元1世纪吹制的玻璃产品，还有之后4—6世纪伊朗人或美索不达米亚人的刻花玻璃（琉璃碗），以及拜占庭晚期和伊斯兰

---

① F.X.Gan, Robert H.Brill and S.Y.Tian (ed.), *Ancient Glass Research along the Silk Road*, Singapore: World Scientific Puhlishing Co.Pte.Ltd., 2009, pp.109-147.

② （北齐）魏收：《魏书》列传第九十，中华书局1974年版，第2275页。

③ （北魏）杨衒之撰，周祖谟校释：《洛阳伽蓝记校释》，中华书局1963年版，第148—152页。

时期吹制的玻璃制品，通过多条交通线路被带往了东亚地区，受到该地的高度重视。在这当中必定存在有波斯、粟特等地商人所建立的"人物链"，商人们几百年来穿越大陆中心，这样的活动不只形成了源自东方的"丝绸之路"，更出现了源自西方的"玻璃之路"。粟特商人马尼亚克（Maniach）在丝路的国际贸易中就扮演了重要的角色，被西突厥的室点密可汗（Dizaloubos）派遣为经济事务的主责，为了销售中国丝绸产品而在西突厥本营的尤达斯山谷（Yulduz Valley）、泰西封（Ctesiphon，萨珊王朝的首都）、拜占庭（东罗马帝国首都）等地之间旅行。作为交换，由东罗马帝国所派遣的希腊人泽马奇斯（Zemarchos）也领导着相关事务并拜访西突厥可汗的大本营。这个历史事件证明：丝绸之路确实在骑马游牧民族与定居文明的堡垒城市之间构成了链接[1]。

从考古发掘来看，出土的西方玻璃器皿的墓葬等级相对较高。例如，北京西郊西晋华芳墓中出土的萨珊特征玻璃碗[2]，湖北鄂城西晋墓出土的玻璃碗[3]，南京象山东晋墓中出土的罗马磨砂玻璃杯[4]，辽宁北票北燕冯素弗墓中出土的玻璃钵、鸭形玻璃注、玻璃碗（图6-34）等[5]，山西大同七里村北魏墓出土的玻璃碗（图6-35）[6]、大同南郊北魏墓出土的玻璃器（图6-36）[7]，北周李贤夫妇墓出土的玻璃碗（图6-37）[8]，等等。

西方玻璃器的传入，对华夏民族的审美观产生了一定的影响。最初

---

[1] ［日］江上波夫：《丝绸之路与日本》，《丝绸之路文明展——绿洲路线与草原路线》序言，奈良县立美术馆主编并发行，1988年，第12—24页。

[2] 北京市文物工作队：《北京西郊西晋王俊妻华芳墓清理简报》，《文物》1965年第12期。

[3] 南京大学历史系考古专业、湖北省文物考古研究所、鄂州市博物馆编，中国社会科学院考古研究所编辑：《鄂城六朝墓》，科学出版社2007年版，第304页。

[4] 南京市博物馆：《南京象山5号、6号、7号墓清理简报》，《文物》1972年第11期。

[5] 黎瑶渤：《辽宁北票县西官营子北燕冯素弗墓》，《文物》1973年第4期。

[6] 大同市考古研究所：《山西大同七里村北魏墓群发掘简报》，《文物》2006年第10期。

[7] 山西大学历史文化学院、山西省考古研究所、大同市博物馆：《大同南郊北魏墓群》，科学出版社2006年版，第88页。

[8] 宁夏回族自治区博物馆、宁夏固原博物馆：《宁夏固原北周李贤夫妇墓发掘简报》，《文物》1985年第11期。

六 伊和淖尔墓群所见北魏时期的文化交流与互动

1. 玻璃钵

2. 玻璃钵

3. 鸭形玻璃注

4. 玻璃碗

图6-34 冯素弗墓出土玻璃器物

资料来源：刘宁供图。

图 6-35　山西大同七里村北魏墓M6出土玻璃碗

资料来源：李树云供图。

图 6-36　大同南郊北魏墓出土的玻璃器

资料来源：李树云供图。

图 6-37　北周李贤夫妇墓出土玻璃碗

资料来源：朱存世供图。

六 伊和淖尔墓群所见北魏时期的文化交流与互动

提倡的玻璃都是仿玉而做，逐渐被透明玻璃取代。中国制造的玻璃器皿的主要颜色是绿色、蓝色和其他深色。西方玻璃器皿具有多种颜色，并且主要是透明的。山西大同七里村M6出土的玻璃碗，清澈透明，透明度很高。尽管玻璃杯中有些气泡，但它们的制作工艺精美而精湛。伊和淖尔1号墓出土的这件玻璃碗，器型上与之非常接近。史载太武帝时期（424—452年），平城已经引进了西方的玻璃生产技术和工艺，并且能够独立生产。《洛阳伽蓝记》卷四记载：河间王"琛常会宗室，陈诸宝器，金瓶银瓮百余口，瓯、檠、盘、盒称是。自（其）余酒器，有水晶钵、玛瑙琉璃碗、赤玉卮数十枚。作工奇妙，中土所无，皆从西域而来"。[①]潘尼的《琉璃碗赋》说："览方贡之彼珍，玮兹碗之独奇，济流沙之绝险，越葱岭之峻危，其由来阻远。"

根据测定，我们得知伊和淖尔1号墓出土的这件萨珊蓝玻璃碗，当即《洛阳伽蓝记》所言"从西域而来"的玻璃碗。当然，根据文献记载

图6-38 大同迎宾大道北魏墓出土的玻璃壶

资料来源：李树云供图。

[①] （北魏）杨衒之撰，周祖谟校释：《洛阳伽蓝记校释》，中华书局1963年版，第165页。

和近来平城的考古发现证实，北魏自己也生产部分玻璃器。新近的研究发现，北魏首都平城（大同）的大部分玻璃属于钠钙玻璃系统，铅的含量低，钾含量多一些。特别是迎宾大道发现的一件玻璃壶（图6-38），与墓葬中出土的灰陶壶形制完全相同，因此平城的玻璃器很可能是中亚的工匠在大同用当地原料、西方的玻璃工艺制造的[①]。玻璃器从最初的贸易引进，到逐渐在本土生产制造，走进北魏的社会生活，最终形成具有北魏特点的玻璃器。中国玻璃自战国初年出现以来，始终持续、缓慢发展，并与波斯、罗马等世界主流玻璃业保持交流，到北魏时期形成了自己的特色。

（五）金属器制作技术所见的中西文化交流

魏晋南北朝时期，是中国历史上文化大交流、大融合时期，也是中国冶金技术吸收、融合、提高、成熟的时期。该时期金银器的制造为隋唐时期中国金银器的鼎盛创造了有利的条件，因此魏晋南北朝时期在中国冶金史上具有重要的地位。

锡林郭勒及周边地区金属器的研究，学者主要集中在研究金银器的造型、纹饰、工艺，以及民族文化与中西方文化融合与交流方面。从新石器时代后期出现金属冶炼技术[②]。在夏早期至商晚期，生活在北方草原地区的先祖不仅掌握了青铜的冶炼技术，而且能铸造多类器物。金银器就是在青铜文明发展到一定程度的时候产生的，并形成了最初的类型。随着青铜文明的高度发展，金银器的制作和装饰水平也达到了一个比较高的阶段，早期东西方文化交流是依靠北方草原游牧人作为中介进行的[③]。

张景明将鲜卑的金银器分为装饰品和生活器皿两大类，以装饰品居

---

① 安家瑶：《丝绸之路与玻璃器》，《文物天地》2021年第12期。
② 北京钢铁学院《中国冶金简史》编写小组：《中国冶金简史》，科学出版社1978年版，第9—10页。
③ 张景明：《论金银器在草原丝绸之路文化交流中的作用》，呼和浩特市人民政府、内蒙古自治区社会科学院等编《内蒙古第四届草原文化研讨会论文集》，内蒙古教育出版社2008年版，第333—350页。

多，金银器的族属可以分拓跋鲜卑和慕容鲜卑[①]。拓跋鲜卑的金银器造型，以素面较多，动物造型只见羊，分立式和卧式，采用锤鍱工艺做成主体造型；慕容鲜卑多戴步摇冠饰[②]，造型演变为牛首、马首，为草原上常见的动物；采用模铸、焊接、金珠细工、镶嵌、錾、冲等工艺，尤其是金珠细工和镶嵌的统一结合，成为北魏金银器工艺的一个显著的特征，并认为东汉至北朝时期鲜卑的金银器，可以反映出中西文化和南北文化交流的状况。

李秀辉对内蒙古乌兰察布盟商都县东大井和察右中旗七郎山拓跋鲜卑墓地出土的28件金属器进行了分析研究[③]。结果表明，大部分铜器为铅锡青铜，进行金相检测的铜器都是铸造成型，一件镀金铜饰件为热锻加工而成。由此推断，北方少数民族使用铅锡青铜制作铜器是普遍现象。七郎山墓地发现了两件黄铜器物，是迄今内蒙古高原地区考古发现的年代较早的黄铜器物，反映了锡林郭勒周边的草原地区在当时已开始使用黄铜制品。

鲜卑金银器的镶嵌技术亦有其时代特色。夏鼐先生认为镶嵌之术，先秦已经产生，但镶宝石、珠饰以晋代为盛。并有镶金刚石者是由希腊、罗马东向输入中国和东南亚[④]。张景明认为内蒙古和林格尔县另皮窑[⑤]墓葬出土的野猪纹包金铁带扣、带具，表面镶满宝石和绿松石，从而使野猪纹和镶嵌都起主体装饰的作用。这与北方草原传统的镶嵌工艺有明显的区别，肯定与中西方文化交流有着密切联系[⑥]。

---

① 张景明：《鲜卑金银器及相关问题》，《内蒙古文物考古》2002年第1期。

② 陆思贤、陈棠栋：《达茂旗出土古代北方民族金龙等贵重文物》，《内蒙古社会科学》1983年第4期。

③ 李秀辉：《内蒙古东大井和七郎山鲜卑墓地出土金属器物的金相学研究》，北京科技大学冶金与材料史研究所、北京科技大学科学技术与文明研究中心编《中国冶金史论文集》，科学出版社2006年版，第221—229页。

④ 夏鼐：《北魏封和突墓出土萨珊银盘考》，《文物》1983年第8期。

⑤ 内蒙古自治区博物馆：《和林格尔县另皮窑村北魏墓出土的金器》，《内蒙古文物考古》1984年总第3期。

⑥ 张景明：《中国古代北方草原的金银器与中西文化交流》，大连大学中国古代社会与思想文化研究中心编《中国古代社会与思想文化研究论文集》，黑龙江人民出版社2006年版，第314—335页。

内蒙古伊和淖尔墓葬出土文物共192件，文物种类有陶瓷器、漆器、铁器、铜器、金银器、玻璃器、玉石等，其中铜器67件，金银器84件。[①] 谢欣芮等对伊和淖尔1号墓出土的27件样品进行了分析检测[②]，对其中13件铜器和4件金器进行取样分析，剩余10件金器保存完好，采用无损方法进行检测，结果显示：

第一，取样分析的11件鎏金铺首衔环材质均为铅锡青铜，基体全部铸造成型，鎏金层表面均经过热锻加工，部分样品可见冷加工痕迹，用来固定铺首的两件铜钉为黄铜制品，含锌量平均20.1%，热锻加工制成，为探讨黄铜器物出现的原因与可能的冶炼技术提供了重要的实物证据，根据对铺首衔环表面特征的观察及金相组织的鉴定结果，可以判断内蒙古正镶白旗伊和淖尔M1出土铜器选用的材质以铅锡青铜为主，制作方法主要采用铸造成型，人物银碗主体为铸造，还采用了錾刻、浮雕、鎏金等制作工艺。

第二，取样分析的4件金器全部为金银铜合金，且均为热锻成型。无损分析的10件金饰品大多为低银的金银合金。

第三，墓葬出土的铺首衔环均采用了鎏金装饰技术，以达到美化器物外观的目的，反映了北魏时期的鲜卑人已经熟练掌握鎏金的铜器表面装饰技术。

约在公元前4世纪末金珠工艺在中国出现。目前的考古发现来看，金丝和焊珠工艺在甘肃马家塬战国戎人墓地中就有发现[③]，秦人墓地中也有发现，西汉时期该工艺出现在中原地区的金器上，东汉时向南传播直至长江、珠江流域。

2021年8月至9月，咸阳市文物考古研究所为配合塔儿坡村棚改项目的建设，在建设用地内发现了3座古秦墓，其中M5出土了一组9枚小型金饰品，为纯金制作。其中第一类呈半球状，中空，背面有扣，顶部有

---

① 中国人民大学历史学院考古文博系、锡林郭勒盟文物保护管理站、正镶白旗文物管理所：《内蒙古正镶白旗伊和淖尔M1发掘简报》，《文物》2017年第1期。

② 谢欣芮、李延祥、静永杰、王晓琨：《内蒙古正镶白旗伊和淖尔M1出土部分金属器的初步研究》，《草原文物》2020年第2期。

③ 黄维、陈建立、王辉、吴小红：《马家塬墓地金属制品技术研究——兼论战国时期西北地区文化交流》，北京大学出版社2013年版，第36—51页。

六 伊和淖尔墓群所见北魏时期的文化交流与互动 | 135

一圆圈纹，内圈饰一圈金丝条，外圈饰绳索纹金丝条。腹部分布有4个水滴纹，内圈饰一圈金丝条，外圈饰绳索纹金丝条。水滴纹间等距离分布有四组金珠组成的纹饰，每组纹饰用四个金珠焊接在一起。底部边缘有两圈金丝组成的绳索纹（图6-39）。同类型金泡饰在广州南越王墓（图6-40）①、江苏盱眙县大云山1号江都王墓②和山东浮来山城阳国西汉墓③均有发现。

类似的金器在以往的秦墓中发现较少。这组金丝焊珠金饰的出土，说明战

图6-39 陕西塔尔坡秦墓M5金饰细部①

资料来源：谢高文、赵旭阳、武海：《陕西塔儿坡战国秦墓新发现金饰品见证中西文化交流》，文博中国公众号，2021年11月23日。

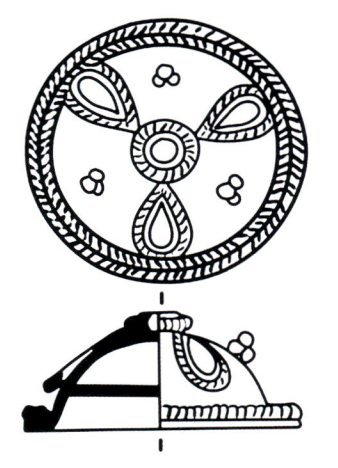

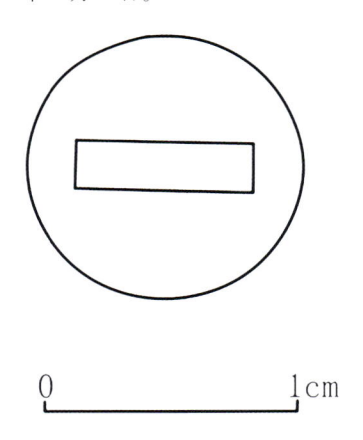

图6-40 广州南越王墓出土金花泡（C112、D138、E151）

资料来源：广州市文物管理委员会、中国社会科学院考古研究所、广东省博物馆：《西汉南越王墓》，文物出版社1991年版，第121、212、250页。

---

① 广州市文物管理委员会、中国社会科学院考古研究所、广东省博物馆：《西汉南越王墓》，文物出版社1991年版，第212页。

② 南京博物院、盱眙县文广新局：《江苏盱眙县大云山西汉江都王陵一号墓》，《考古》2013年第10期。

③ 刘云涛、王健、何绪军：《山东莒县浮来山西汉城阳国墓葬发掘简报》，《东南文化》2015年第4期。

图6-41 阿富汗蒂拉丘地1号墓出土的圆箍饰

资料来源：清华大学艺术博物馆编：《器服物佩好无疆：东西文明交汇的阿富汗国家宝藏》，上海书画出版社2019年版，第32页。

图6-42 伊和淖尔1号墓出土的耳环

国时秦人可能已经掌握了这类金器细工制品的制作技术。其次，焊珠工艺起源于西亚[①]，后经中亚草原传至中国新疆和内蒙古草原地区，秦墓中出土这类金器说明秦人很早就与中亚、西亚有间接或者直接的往来关系，这对于探索前"丝绸之路"时期中西文化交流及传播路径具有实证意义。

北魏时期比较流行金珠细工工艺，金珠颗粒饱满圆润，工匠们将之与镶嵌工艺巧妙地结合之后，使金器增加了三维效果，这就是通常被描述为"粟粒纹""联珠纹"的装饰式样，当时这种技术流行于波斯帝国，对周边地区产生了广泛的影响。1世纪的阿富汗蒂拉丘地（黄金丘）墓地普遍采用金珠工艺（图6-41），伊和淖尔墓葬中发现多件器物使用该工艺的例子，如1号墓出土的金耳环，运用了金珠并镶嵌宝石工艺（图6-42）。我国目前发现的南北朝时期金珠制品，也多集中出现在北方地区。比如内蒙古达茂旗西河子出土的牛首鹿角金步摇冠饰、马首鹿角金步摇冠饰（图6-43）[②]；包头市美岱村发现的嵌绿松石立羊金戒指（图6-44），

[①] Wolters, J., "The Ancient Craft of Granulation", *Gold Bull*, Vol.14, 1981, pp. 119–129. 最早实例为苏美尔文明时期乌尔王陵中出土的金饰件。

[②] 陆思贤、陈棠栋：《达茂旗出土古代北方民族金龙等贵重文物》，《内蒙古社会科学》1983年第4期。

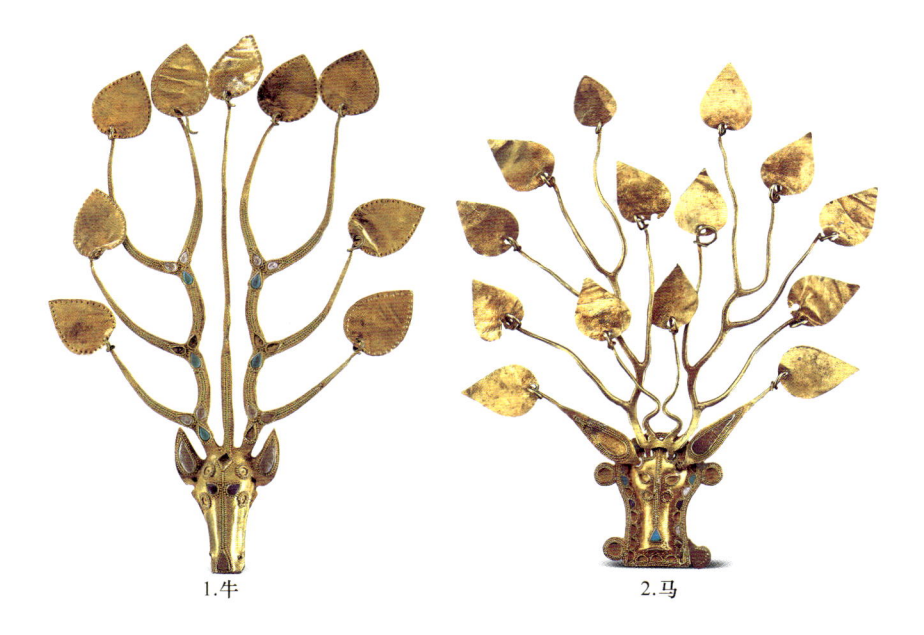

六　伊和淖尔墓群所见北魏时期的文化交流与互动 | 137

1.牛　　　　2.马

图6-43　达茂旗西河子出土牛首、马首鹿角金步摇

资料来源：孔群供图。

图6-44　包头立羊金戒指

资料来源：孔群供图。

其上多镶嵌不规则形宝石，其风格与中原差异较大[①]；新疆伊犁昭苏县公元6—7世纪前后的波马古墓葬出土了5件器物，也镶嵌宝石和使用金珠工艺，如宝相花金盖罐、虎柄金杯、金面具以及金戒指等[②]。

联珠纹（或称粟粒纹）由焊接或錾刻出的小圆珠、圆圈连续排列，多装饰于口沿、边缘和器物的棱角处。出现的位置和联珠的大小，伊和淖尔1号墓器物的联珠纹可分成浮雕和錾刻两种，装饰风格符合中亚以及北方草原民族的特点。金珠的制作工艺，更接近中亚的通常做法。5世纪以后，丝绸之路的中国沿线及其北方草原广大地区，出土了大量联珠纹图案，这种装饰纹样的大量出现，情况比较多样，有的直接从中亚的粟特、西亚的波斯地区传入，有的是继承与发展了中国传统纹样，也有的是中国工匠仿照中亚图样制作的，总之联珠纹纹样备受中国当时社会的喜爱。一直到唐代中期以后，联珠纹才被卷草纹、宝相花等其他纹样所替代，并在很长一段时间成为中国纹饰的主流样式。

根据谢欣芮等的检测，1号墓固定铺首的钉子是黄铜材质，这是一个重要的发现，也是中国目前发现时代较早的黄铜制品。根据马越等的统计，中国考古发掘获得的明代以前的黄铜制品仅17件，且多为小件器物，出现具有很大的偶然性[③]。中国考古发掘最早的黄铜器物是1974年在山东胶县三里河龙山文化地层中发现的两段黄铜堆[④]。姜寨一期文化发现了迄今最早的黄铜片及黄铜管状物[⑤]，早期黄铜是采用了含锌的共生矿或混合矿冶炼而偶然得到的。新疆营盘墓地发现了公元4世纪的黄铜戒指、耳环及镯各1件[⑥]。

[①] 内蒙古文物工作队：《内蒙古呼和浩特美岱村北魏墓》，《考古》1962年第2期。

[②] 安英新：《新疆伊犁昭苏县古墓葬出土金银器等珍贵文物》，《文物》1999年第9期。

[③] 马越、李秀辉：《中国古代黄铜制品与冶炼技术的研究状况分析》，《中国科技史杂志》2010年第2期。

[④] 中国社会科学院考古研究所：《胶县三里河》，文物出版社1988年版，第196—199页。

[⑤] 韩汝玢、柯俊：《姜寨第一期文化出土黄铜制品的鉴定报告》，半坡博物馆等《姜寨—新石器时代遗址发掘报告》，文物出版社1988年版，第544—548页。

[⑥] 韩汝玢等：《中国古代铜器的显微组织》，《北京科技大学学报》2002年第2期。

六 伊和淖尔墓群所见北魏时期的文化交流与互动

李秀辉在对内蒙古察右中旗七郎山墓地出土器物进行检测分析时，也发现了两件黄铜器物（指环和饰件各1件）。两件不同题材铺首上的铜钉都为黄铜制品，那么可以推断出同类型铺首上的铜钉也为黄铜制品，总共32件，由此可知北魏时期，伊和淖尔地区已经开始使用黄铜制品制作小型器物，1号墓鉴定出的黄铜制品，是迄今中国考古发现的年代较早的黄铜器物。

黄铜在古文献中常被称为"鍮石"，是一种极其珍贵的金属，该词可能出自波斯语，最早见于东汉至三国的汉译佛书中。古波斯和罗马人炼制黄铜早于中国，我国古代早期的鍮石主要通过与西域国家贸易或西域国家进贡获取的，我国大约直到在五代至宋时炼丹家才摸索出用炉甘石和红铜炼制鍮石的方法①。因此，伊和淖尔1号墓发现的黄铜，应该是北魏与周围各部族以及西方之间的文化交流的产物。

伊和淖尔1号墓还出土了一件银质（M1：181）双耳杯，从侧面看大体呈舟形，两头高，中间低，两侧焊接两耳（把手），两耳錾刻忍冬纹，并用铜鎏金，边缘饰一圈联珠纹，耳杯的底部呈椭圆形（图6-45）。

图6-45 伊和淖尔1号墓出土耳杯

固原雷祖庙发现的冯始公墓，以漆棺画闻名。棺盖漆画上各有一垂帐房屋，屋下各一人端坐，旁有侍从，有"东王公"榜题。画面中间满布缠枝卷草纹，若干近菱形单元内填充飞禽走兽。左右侧板图案有孝子连环画、联珠龟甲纹、狩猎图等。前挡为宴饮图，屋内长方形榻上一中

---

① 马越、李秀辉：《中国古代黄铜制品与冶炼技术的研究状况分析》，《中国科技史杂志》2010年第2期。

年男子屈膝斜坐，右手执耳杯，左手执麈尾，下方两侧各一菩萨①。1981年随葬品中也出土了一件银耳杯（图6-46），与伊和淖尔1号墓的相似。也是手工打制而成，制成后焊接鎏金铜双耳，通体舟形，平面椭圆状，两端稍高，中部较低。口沿中部两侧亦各有一月牙形耳，边缘装饰一圈联珠纹，椭圆形底座中部内凹，边缘饰有一周12枚联珠纹。固原冯始公墓漆棺画中人物手持的小杯，发掘者认为模仿的当是波斯萨珊王朝的物件，墓中出土的联珠银耳杯则是萨珊器中常见的舟形杯②。出现萨珊王朝的银耳杯，是萨珊宴饮风尚对北朝时期上层贵族生活重要影响的体现。固原漆棺墓的卑路斯银币的埋藏时间，与卑路斯去世时间大致相当，这似乎表明没有经过嚈哒人③这一中间环节，漆画上的忍冬纹、联珠纹、狩猎图等也表现了和萨珊波斯千丝万缕的联系。谢欣芮等根据制作工艺及形状，也支持该杯是由萨珊式舟形杯演化而来④。

1981年，在大同市小站村花圪塔台北魏墓中也出土了一件银耳杯（图6-47）⑤，器形近似汉代的耳杯造型，形如元宝，两端上翘。杯长12.9、

图6-46 雷祖庙漆棺画墓出土银耳杯

资料来源：罗丰供图。宁夏固原博物馆编：《固原文物精品图集》中册，宁夏人民出版社2011年版，第105页。

---

① 固原县文物工作站：《宁夏固原北魏墓清理简报》，《文物》1984年第6期。
② 罗丰：《胡风汉化——北魏漆棺画墓研究》，http://www.ihss.pku.edu.cn/templates/learning/index.aspx?nodeid=123&page=contentpage&categoryid=0&contentid=1097。
③ 孙机先生对固原这座漆棺墓有专论，他从棺板墓主人一手执杯、一手拿小扇的姿势判断，墓主受到了嚈哒贵族的生活风尚的影响，详见孙机《固原北魏漆棺画研究》，《文物》1989年第9期。
④ 谢欣芮、李延祥、静永杰、王晓琨：《内蒙古正镶白旗伊和淖尔M1出土部分金属器的初步研究》，《草原文物》2020年第2期。
⑤ 马玉基：《大同市小站村花圪塔台北魏墓清理简报》，《文物》1983年第8期。

六 伊和淖尔墓群所见北魏时期的文化交流与互动

宽 7.2、两端高 4.3、中部高 3.6 厘米。杯底有椭圆形圈足，长 4.3、宽 3.9、高 0.4 厘米，装饰有联珠纹。左右两耳在低于口沿 0.4 厘米处，耳最长 5.8、最宽 1.1 厘米，耳的两边布双排联珠纹。此杯是造型精美，保存完好，堪称汉代耳杯基础上的创新之作。

图 6-47　山西大同市小站村出土银耳杯

资料来源：曹臣明供图。

上面提到的三件银耳杯，形制相似，双耳都装饰有联珠纹。特别是宁夏固原出土的那件银耳杯，与伊和淖尔 1 号墓出土的这件银耳杯形制非常接近：双耳使用鎏金工艺，且装饰来自波斯或受波斯影响的忍冬纹和联珠纹。其中忍冬纹为叶状植物纹样，是西方传入中国的重要纹样之一，大约东汉末年时由波斯传入中国，后衍生出的各种形态在魏晋南北朝时的各类器物上被广泛应用。忍冬纹在北朝的佛教艺术中最为流行，北朝以后不再盛行，简化和变化为其他样式。其构成特点是：以 S 形为基本造型，两边分别生长出单叶或双叶，纹样相背或相向的，三曲至五曲的半片叶居多，有的两叶对卷，有的与枝蔓结合对称着侧卷。根据王雁卿等对鲜卑纹饰的研究，佛教艺术的东传及云冈石窟的开凿，北魏陶器上新出现了忍冬花纹带[①]。主要是用带阴文忍冬花纹图案的陶质印模，滚印在陶器器壁的颈肩处、肩中部、肩腹部，功用主要是用作分界线，以划分纹饰区域，花纹以大约 6.5 厘米为一个单位连续滚印，多的滚印四条忍冬花纹。

忍冬纹等植物花纹的出现有着不寻常的意义。周汉以来陶器上几何纹、云气纹、雷纹、动物纹等装饰纹样逐渐被暗纹而成、植物花纹、水波纹等所取代，且忍冬花纹同石窟的雕刻纹饰一样，呈现出带状装饰的特点，这为北魏时期装饰纹样的主流，植物花纹的出现影响到以后各代装饰纹样，确立了植物纹样装饰的基调。

[①] 王雁卿、刘贵斌、高峰：《北魏陶器的装饰纹样》，《文物世界》2003 年第 3 期；王雁卿：《北魏平城时期的装饰纹样》，王银田等《北魏平城考古研究——公元五世纪中国都城的演变》，科学出版社 2017 年版，第 67—143 页。

北魏太和八年（484年）的大同司马金龙墓的盘口罐，肩腹部滚印陶索纹，肩部划网状暗纹，腹部划竖向暗纹。大同南郊北魏墓群出现多个肩、腹部印忍冬花纹的陶器；洛阳孟津北魏墓的陶壶肩部施卷草纹四周，东魏茹茹公主墓出土的陶罐的肩部饰卷草纹三周。伊和淖尔1号墓泥质灰陶壶（M1∶1）的口至肩部，每间隔0.5厘米饰宽0.4厘米的竖条状刻划点纹，肩部饰网格暗纹，其下饰凹弦纹一周，再下饰一周小短折线暗纹，下夹忍冬纹带一周，下饰相对方向的折线纹两组，再下是施压划竖向暗纹到底。这种陶器纹饰的风格，与司马金龙墓的年代非常接近，是平城时代典型的装饰纹样。

综上来看，宁夏固原冯始公墓、山西大同小站村与伊和淖尔1号墓出土的双耳杯，器型接近一致，都是中国传统器型明显受到了萨珊波斯纹饰的影响，呈现出来类似舟形的耳杯，正是这种中西文化的结合，才使得随后盛唐金银器的朝气蓬勃景象成为可能。通过上述三件器物在固原、大同和锡林郭勒三地的发现，也反映了高平[①]、平城、锡林郭勒草原三地之间的相互文化融通，高平是丝绸之路上重要节点。近些年考古发现了很多西方特点的重要文物，如北魏冯始公墓出土的漆棺画、北周李贤墓出土的中亚风格鎏金银瓶等。平城是北魏的首都，4—5世纪是平城时代，其文化核心彰显，对四边都有很强的辐射作用。锡林郭勒发现与两地相似的耳杯，也凸显了从草原到平城进而到高平的交流畅通。

（六）人物银碗所见的中西文化交流

《南齐书·魏虏传》对北魏宫廷的陈设和用具有这样的记载，"（鲜卑）坐毡氍毹，前施金香炉、琉璃杯、金碗、盛杂口食器，设客长盘一尺，御馔圆盘广一丈"[②]。上述的记载可以看出，稀有且漂亮的异域商品深得鲜卑宫廷贵族的青睐。例如来自突厥斯坦、阿富汗、印度西北、波斯等地区织工紧密的羊毛织品、地毯、毛毡；伊朗的绿松石；阿富汗的青金石、石榴石；印度的龟壳和象牙；东地中海和伊朗的金银碗、盘、蜻

[①] 北魏太延二年（436年），设置高平镇，正光是北魏孝明帝第三个年号五年（524年）改为原州，治高平，高平即今宁夏固原。（北齐）魏收：《魏书·地形志》，中华书局1997年版，第2622页。

[②] （南朝梁）萧子显：《南齐书·魏虏传》，中华书局1972年版，第986页。

六 伊和淖尔墓群所见北魏时期的文化交流与互动 | 143

蜓眼珠、玻璃器,以及来自中国内地的丝绸、漆器、陶瓷器、铜镜等。

锡林郭勒的伊和淖尔墓群就发现了许多奇珍异宝,其中颇为引人注目的是一件人物装饰的高浮雕鎏金人物银碗,我们将类似的人物装饰的容器进行了收集整理,发现了不少中西交流的因素和往事,耐人寻味。

人物装饰的金属容器,主要涉及银碗、银盘、银(铜)杯等器物,均系金属容器。主要特点是内部素面,外部多以忍冬纹(亦称"阿堪突斯花纹")配以4—5个人物进行装饰,有的人物向左或向右90°侧转,这类器物因为数量少、制作精,而备受学界的重视。

1.人物银碗(盘/杯)的发现

迄今为止,此类器物在大同(北魏平城)出土7件,甘肃博物馆1件,在纽约大都会博物馆等国外博物馆有6件,加上伊和淖尔M1新出土的银碗,共计15件器物。

(1)鎏金刻花银碗

1970年,于山西大同轴承厂内工农路北侧的北魏遗址出土[1]。

侈口,颈微凹,腹壁至底呈弧形,底圆,有同心圆凸线两道。器腹有四个对称分布的忍冬纹,忍冬的枝叶繁茂,每个忍冬纹中部有一束腰;四个忍冬纹将器腹四等分,每一等分当中一圆环,在圆环内素地上捶雕一个半身像。头部为侧面(相邻两个人像的侧身方向相反),胸部是正面,人像作扭头向侧方直视的姿态。面部表现为大眼,中等高度的鼻子,阔唇。发呈波状,前覆额,后披于颈项。头顶有圈形冠。颈上挂联珠项链一条。上衣两肩各有五圆圈,圈心有点,胸部散布细点,表示锦袍上的珠饰之类饰物。银碗通高5厘米,口径8.5厘米(图6-48、图6-49)。

(2)鎏金錾花银碗

1988年,于山西大同南郊M107出土,编号M107:16[2]。

这件器物口沿处敞开,腹部圆形,底部呈圜形。口沿下面略有内收,口沿以下及上腹部各装饰有一圈联珠纹,两圈联珠纹带之间的颈部,宽约1厘米,中间没有其他装饰;腹部共有4组忍冬纹,将腹壁四等分,每

---

[1]《无产阶级文化大革命期间出土文物展览简介》,《文物》1972年第1期。
[2] 山西省考古研究所、大同市博物馆:《大同南郊北魏墓群发掘简报》,《文物》1992年第8期。

144 | 无问西东

图6-48 大同轴承厂出土银碗正面

1

2

3

4

图6-49 大同轴承厂出土银碗人物

六 伊和淖尔墓群所见北魏时期的文化交流与互动 | 145

一等分之间的小叶纹之上托起一个圆环,共四个圆环,圆环内各有一人头像。头像皆侧身,两两相对或相背,面部表现为鼻子高度中等(原报告上没有这几个图像的细部线图,照片也不是很清楚,因之难以分辨,故主要根据原报告),眼睛深陷,上衣均是V字领,但形象各不相同。其中一人侧身向右,卷发遮耳及领,相貌年轻。与之相对一人头发较短,颅后发留至颈部,露耳,下颌胡须上翘。另一组向左之人,长发卷曲,遮额及颈,相貌年轻,与之相对的一人短发,颅后发留至颈部,露耳,前额后倾。圜底中部有两圈同心圆凹弦纹,内圈素面内凹,两圈之间用一种由两条小锯齿纹组合的纹饰分割成八等分,每等分内的图案相同,似一忍冬纹小叶片。银碗口径10.2厘米,通高4.6厘米(图6-50、图6-51)。

图6-50 大同南郊M107出土的银碗

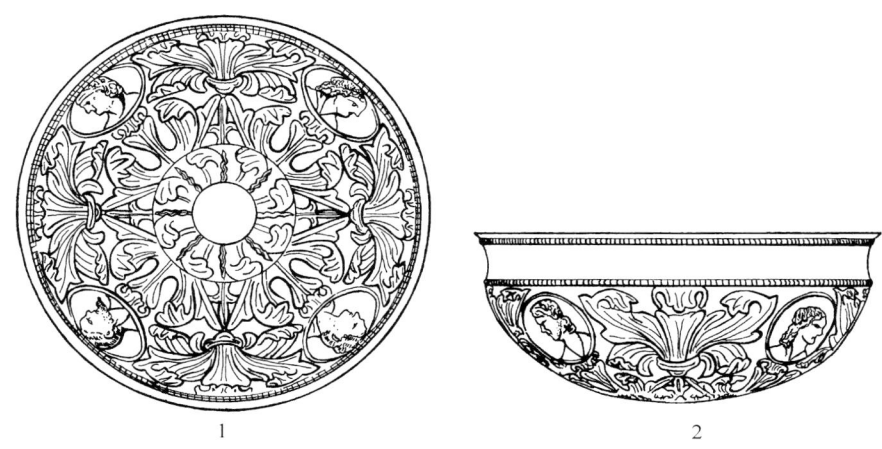

1　　2
图6-51 大同南郊M107出土的银碗(线图)

图6-52 伊和淖尔M1出土的人物银碗

图6-53 伊和淖尔M1出土的人物银碗（线图）

（3）鎏金高浮雕人物银碗

2010年，于内蒙古锡林郭勒盟正镶白旗伊和淖尔M1出土，编号为2010BYM1：16①（图6-52）。整体上采用铸造工艺，银铜合金，部分地方鎏金，实用器。敞口，圆腹，圈底，碗的内部素面，外部有复杂装饰。口沿下有两周凸起的联珠纹（是由凸弦纹竖向捶切而成），其下高浮雕4个上半身人物像，底部的中心是五个同心圆。外腹部伸展出四组忍冬叶纹，将腹壁分成四等分，每一等分之间的小叶纹之上托着一个椭圆形环。椭圆形环内各有一个半身人像，皆高浮雕状，凸出银碗表面1—1.5厘米。人像皆侧身，每个人像侧身的方向与其相邻的两个人物像相反或相对。面部特征中，鼻梁高度中等，眼睛深陷程度中等，细长颈；三女一男②（图6-53）。三女子（图6-54）相貌年轻，发式各不相同，上衣均是V字领，男子肖像（图6-55）画呈中年相貌，头发较短，下颌蓄胡须。银碗口径14.2厘米，高4厘米。

---

① 中国人民大学历史学院考古文博系、锡林郭勒盟文物保护管理站、正镶白旗文物管理所：《内蒙古正镶白旗伊和淖尔M1发掘简报》，《文物》2017年第1期。

② 葛承雍认为此装饰母题应为希腊罗马式的神话人物，参见葛承雍《从出土汉至唐文物看欧亚文化交流遗痕》，《故宫博物院院刊》2015年第3期；陈永志等认为四个凸起的"浮雕"描绘的是希腊神话人物：宙斯、赫拉、阿芙罗狄蒂和阿西娜，详见Chen Yongzhi, Song Guodong, Ma Yan, "The Results of the Excavation of the Yihe-Nur Cemetery in Zhengxiangbai Banner（2012-2014）", *The Silk Road*, Vol.14, 2016, pp.42-57。

六 伊和淖尔墓群所见北魏时期的文化交流与互动 | 147

1

2

3

图6-54 伊和淖尔M1出土的人物银碗上的女性人物

图6-55　伊和淖尔M1出土的人物银碗上的男性人物

（4）半身像银碗

美国纽约大都会博物馆1970.5号藏品，出土地点不详，1970年收藏①。

碗的内部及剖面情况不详，碗的外部主要是人物图像和忍冬纹。具体情况是，4个忍冬纹将整个碗面平分呈4个部分，忍冬纹的线条粗硬，忍冬纹底部有一圆球，中心有点，每个忍冬纹上部左右两侧枝叶上各结一圆形果实。被平分的4个部分中各有一个圆环，而整个碗面的最中心亦有1个圆环，共计5个圆环（圆环有窄的联珠纹）。圆环之中，各有1个图像，5个形象的面貌基本一致，可能是同一人，头侧转向一边，最中心的人物转向右边，其他4个头像，头侧转的方向左右两两相对。人物面部表现为高鼻、大眼、小嘴。头戴球形冠，冠后有飘带一条。头戴似金属状帽子，帽子上有两条连珠链，头上有10条辫饰或者辫子，4条垂在肩部（左右肩部各2条），4条垂在胸前，另外2条垂于脸颊。颈部细长，颈上挂联珠项链一条。胸部突出，下部用类似莲花叶子进行装饰。碗的内部有题记。直径23.6—24.1厘米，高8.1厘米，厚0.62厘米，重1235克（图6-56、图6-57）。

（5）鎏金人物银碗

美国辛辛那提艺术博物馆收藏，传出土于伊朗②。

---

① 资料来源于纽约大都会博物馆官网。
② Prudence O. Harper & Pieter Meyers, *Silver Vessels of the Sasanian Period*, Vol. 1, Royal Imagery, New York: The Metropolitan Museum of Art, 1981, pp.25-26.

六 伊和淖尔墓群所见北魏时期的文化交流与互动 | 149

图6-56　大都会博物馆
1970.5号藏品

图6-57　大都会博物馆
1970.5号藏品（线图）

资料来源：金文娟绘制。

银碗内心有一圆形半身男性人物像，面朝右侧，胸部为正面，被分成四瓣。螺发向后绾成球状，大眼，高鼻，尖状胡须，戴椭圆形耳饰，颈部缀项链，肩部有圆形饰，波状衣纹。人物下方有阿堪突斯叶。徽章外侧有8周小圆盘形装饰，呈同心圆式分布，外凸内凹（图6-58）。

图6-58　辛辛那提艺术博物馆银碗

图6-59　弗里尔美术馆鎏金银碗

（6）鎏金人物银碗

美国弗里尔美术馆藏[①]，据说与辛辛那提银碗被发现于同一个窖藏之中。

---

① Prudence O. Harper & Pieter Meyers, *Silver Vessels of the Sasanian Period*, Vol. 1, Royal Imagery, New York: The Metropolitan Museum of Art, 1981, p.26.

碗内心有一圆形徽章，徽章内饰一半身男性人物像，面朝右侧，胸部为正面，被分成四瓣。螺发向后呈放射状，杏仁眼，高鼻，铲形胡须，戴椭圆形耳饰，颈部缀项链。人物下方有阿堪突斯叶。徽章外侧装饰凸棱纹，放射状分布（图6-59）。

（7）鎏金錾花高足银杯

1988年，于山西大同南郊M109出土，编号M109：2①。

敞口，圆腹，高圈足。口沿下部稍微内收，口沿下及上腹部各有一周联珠纹。腹部有4组伸展的忍冬纹，等距离分布，将腹壁四等分；忍冬纹之间的4个空处，各有1个圆环，圆环之内各有一个侧面人头像。4人的头像两两相对或相背，鼻子高度中等，眼窝深度亦中等，头戴帽，穿着圆领衣，形象各不相同。一人侧身向左，头戴鸟形冠，长发卷曲，披至后背，耳下似有垂饰，高颧骨，鹰钩鼻，穿着圆领上衣。与其相对的一人，卷发遮额、耳及领，头戴竖条纹小圆帽，尖鼻尖下颔。另2个相对的人物，一人头戴有帽檐的圆帽，帽檐短而厚，露耳，帽下颈部露出卷发，帽上有图案，但图案不清。与其相对的一人卷发遮额、耳及领，头戴竖向条纹状小软帽，扬眉、尖鼻、尖下颔，胡须上扬。银杯把高1.5厘米，杯口直径9.3厘米，通高6.2厘米（图6-60、图6-61）。

（8）鎏金高浮雕铜杯

1970年，于大同市南郊北魏遗址窖藏出土②。

敞口，颈微凹，圆腹，圜底，细柄，柄中段突起一圈，高圈足。口沿下有高浮雕动物八个（一个已失），两两相对，腹部有浮雕人物及人头各4个。杯身纹样采取四

图6-60　大同南郊M109出土的银杯
资料来源：曹臣明供图。

---

① 山西省考古研究所、大同市博物馆：《大同南郊北魏墓群发掘简报》，《文物》1992年第8期。

② 出土文物展览工作组：《文化大革命期间出土文物》第一辑，文物出版社1972年版，第150页；《无产阶级文化大革命期间出土文物展览简介》，《文物》1972年第1期。

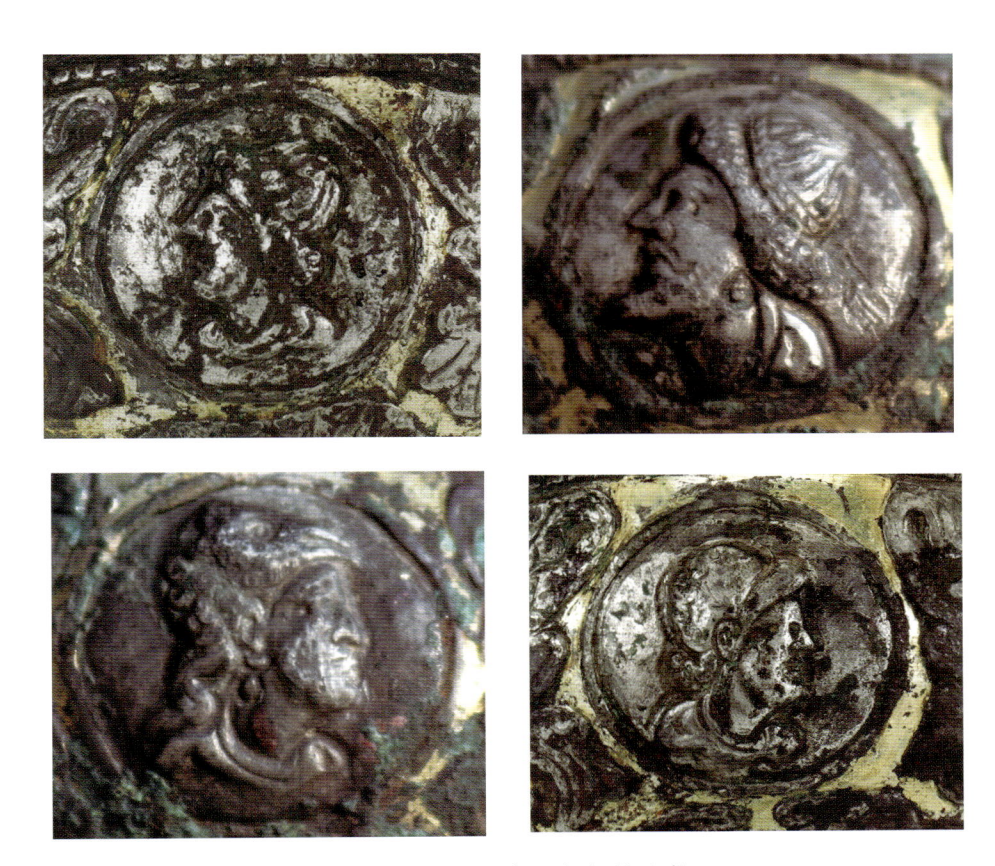

六 伊和淖尔墓群所见北魏时期的文化交流与互动 | 151

图6-61 M109出土银杯的人物

等分法，以四个阿堪突斯叶纹间隔四个高浮雕全身人像的格式，浮雕突出，阿堪突斯叶翻转，人物有希腊人物特点，面型长圆，衣纹流动[①]，与罗马长袍相似（图6-62至图6-64）。

（9）鎏金镶嵌高浮雕高足铜杯

1970年，于大同市南郊北魏遗址窖藏出土[②]。

斜直腹，在身柄相接处内折，纵剖面呈倒梯形，柄足一体，由杯身

[①] 孙培良：《略谈大同市南郊出土的几件银器和铜器》，《文物》1977年第9期。
[②] 出土文物展览工作组：《文化大革命期间出土文物》第一辑，文物出版社1972年版，第152页；《无产阶级文化大革命期间出土文物展览简介》，《文物》1972年第1期。

1 正面

2 侧面

图6-62 大同南郊北魏遗址鎏金高雕高足铜杯

六 伊和淖尔墓群所见北魏时期的文化交流与互动

图6-63 大同南郊北魏遗址鎏金高雕高足铜杯（人头）

资料来源：李静杰：《中国出土古希腊罗马器物辨析》，《艺术设计研究》2019年第4期。

图6-64 大同市南郊北魏窖藏鎏金镶嵌浮雕高足铜杯（线图）

资料来源：张文治绘制。

直接向底部延伸出高圈足,高圈足系后配①。杯口略敞,下有两圈细小密排在一起的联珠纹,构成一条窄带,带中是由柔软的叶子组成的卷叶形装饰。窄带之下是杯子的主纹饰,最上面紧挨着第二圈联珠纹的,是均匀等距分布的一圈镶嵌宝石的大珠子。这圈大珠子下,四个高浮雕全身人像间隔在四个阿堪突斯叶子之间,仅保留一个,其余三个缺失。人物穿着近乎着地的长袍,两脚分开,双手置于胸前,右手握住左手的腕部,脸稍微朝向右侧,面部较宽,细长眉,其他特征不清楚。圈足上亦施植物纹饰。铜杯高9.8厘米,口径11.2厘米,足径6.8厘米。(图6-65、图6-66)。②

图6-65 大同南郊北魏遗址鎏金镶嵌高足铜杯　　图6-66 大同南郊北魏遗址鎏金镶嵌高足铜杯(线图)

(10)鎏金铜杯

1970年,于大同市南郊北魏遗址窖藏出土。③

此铜杯杯身桶状,敞口,唇部有一圈联珠纹,杯壁略内凹。杯身底

---

① 出土文物展览工作组:《文化大革命期间出土文物》第一辑,文物出版社1972年版,第25页。

② 孙培良:《略谈大同市南郊出土的几件银器和铜器》,《文物》1977年第9期。

③ 出土文物展览工作组:《文化大革命期间出土文物》第一辑,文物出版社1972年版,第151页;《无产阶级文化大革命期间出土文物展览简介》,《文物》1972年第1期。

六 伊和淖尔墓群所见北魏时期的文化交流与互动 | 155

部呈球状内收,下饰一圈联珠纹。细短柄,高圈足,圈足上亦装饰植物纹饰。杯身纹样为写生手法的缠枝葡萄纹,枝叶与果实交叉排列,并分布有攀枝裸体童子五人,头发卷曲,椭圆形脸,有的攀援葡萄藤,有的手提或者肩扛葡萄。①(图6-67至图6-69)

图6-67　大同南郊北魏遗址戏童葡萄纹鎏金高足铜杯

图6-68　大同南郊北魏遗址戏童葡萄纹鎏金高足铜杯(线图)

资料来源:曹臣明供图。

图6-69　戏童葡萄纹

---

① 孙培良:《略谈大同市南郊出土的几件银器和铜器》,《文物》1977年第9期。

（11）高足人物银杯

美国纽约大都会博物馆2000.503号藏品，2000年入藏。

此银杯口沿下及腹部有两道联珠纹，两道纹饰之间有两条凸弦纹。腹部联珠纹下为主图案，4个忍冬纹，间以4个侧身人物像。忍冬纹的叶子巨大，人物像在圆环内，偏小，但明显凸出，浅浮雕状，巨大叶子中部偏下有一束口。人物仅见一男性形象，鼻高中等，大眼，头戴冠（形制不清），上身着圆领衣，其他不详。银杯通高5.8厘米（不包括足，高3.5厘米），杯口直径8.5厘米（图6-70、图6-71）。

图6-70　纽约大都会博物馆2000.503号藏品

图6-71　纽约大都会博物馆2000.503号藏品（线图）

资料来源：金文娟绘制。

（12）鎏金人物银杯

发现于格鲁吉亚的萨格维西（Sargveshi）[①]。

杯体口沿下与颈腹交接处施三道联珠纹，颈部饰S形蔓藤花纹及鸟、兽等。联珠纹下有4个阿堪突斯叶作四等分，两个叶中间各蹲立一鸟，每一等分中有一圆形人物半身像。人物像三男一女，其中两个均为萨珊国王巴赫拉姆二世（BahramⅡ，274—293年在位），另两个分别是他的妻子和儿子。[②]国王的两个头像相对，并且均面向右侧，胸部正面，球形冠，脑后有一对飘

---

① Prudence O. Harper & Pieter Meyers, *Silver Vessels of the Sasanian Period*, Vol. 1, Royal Imagery, New York: The Metropolitan Museum of Art, 1981, p.25.

② 转引自付承章《再论大同南郊北魏遗址所出人物纹银碗——兼谈东信家居广场所出银戒指》，《中国国家博物馆馆刊》2019年第9期。

六 伊和淖尔墓群所见北魏时期的文化交流与互动

带,头发向后绾成球状,右手抬起至吻部,双拳握紧,食指伸出,分别指向王后和王子。王后和王子均面朝左侧,胸部为正面。王后头戴高冠,右手持一四瓣花。王子戴一马头形冠,脑后有一对飘带,头发放射状向后,没有胡须,右手紧握一圆环。所有人物均佩戴项链。人物下方各有五片阿堪突斯叶(图6-72、图6-73)。

1 正面   2 侧面

图6-72　萨格维西鎏金人物银杯

资料来源:付承章供图。

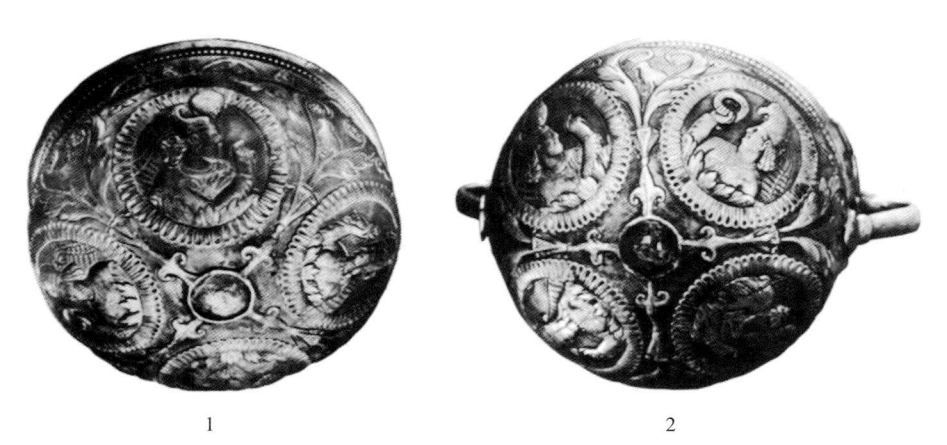

1   2

图6-73　萨格维西鎏金人物银杯底部

资料来源:付承章供图。

（13）鎏金人物银盘

1981年，于大同北魏封和突墓出土①。

银盘内部中央有敲花凸面人像，络腮长髯，深目高鼻，面部瘦削，头戴冠，耳、项都佩戴联珠纹饰物，着紧身衣裤，配飘带，右手提在腰间握长柄武器，一边行进一边扭头回望，其周围植物丛中还有三头野猪，画面整体为一幅狩猎图。盘高4.1厘米，口径18厘米；圈足高1.4厘米，直径4.5厘米（图6-74、图6-75）。

图6-74　大同北魏封和突墓鎏金银盘

图6-75　大同北魏封和突墓鎏金银盘（拓片）

（14）鎏金银盘

1988年，于甘肃省靖远县出土②。

银盘内纹样呈同心圆状布局，共分三层。外层宽8.6厘米，饰葡萄卷草纹和小动物。中层宽2厘米，主要纹样为十二等分的动物（左）与人头像（右）组合，动物有鹅、鹰、鱼、鸡、鸮等，人像男性、女性均有，多着通肩大衣。内层直径9.5厘米，是主画面所在，为一凸起的圆形银片经模

---

① 大同市博物馆、马玉基：《大同市小站村花圪塔台北魏墓清理简报》，《文物》1983年第8期。

② 甘肃省博物馆、初师宾：《甘肃靖远新出东罗马鎏金银盘略考》，《文物》1990年第5期。

压（或从反面锤打）呈高浮雕纹样。内层主体是一位男性，面部模糊不清，卷发，下颏无须，上身全裸，小腹及以下掩裹大巾，巾角反绕双肘飘拂在体侧，右肩扛有两端装饰花蕾的"权杖"，倚坐在一大型猫科动物背上，神态优雅，动物面部似睁目怒吼，颈部鬃毛丛生，肢体饰圆斑纹。盘高4.4厘米、直径31厘米，圈足高0.9厘米、直径11厘米（图6-76、图6-77）。

图6-76　甘肃靖远鎏金银盘
资料来源：甘肃省博物馆藏品。

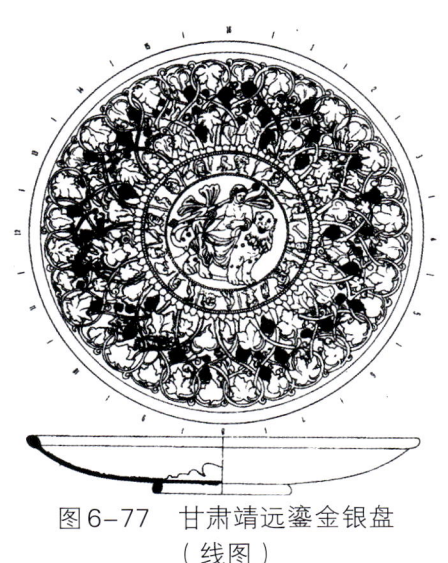

图6-77　甘肃靖远鎏金银盘（线图）

（15）鎏金人物银盘

于格鲁吉亚姆茨赫塔（Mtskheta）出土[①]，现藏于第比利斯历史博物馆。

圆盘内心有一圆形，内有一半身男性人像，面朝右侧，胸部为正面。深目高鼻，胡须略呈圆角梯形状，头戴高帽，顶部向前弯曲，帽边饰联珠纹，内有新月，脑后飞扬一对飘带，头发向后呈放射状，颈部缀联珠项链，右臂抬至鼻前，三指伸出，手持一物。人物下方环绕阿堪突斯叶。徽章外侧有4周小圆盘形装饰，同心圆式分布，外凸内凹。这件器皿出自

---

① Prudence O. Harper & Pieter Meyers, *Silver Vessels of the Sasanian Period*, Vol. 1, Royal Imagery, New York: The Metropolitan Museum of Art, 1981, pp.24-25.

一座女性墓葬，与之同出的还有一枚罗马皇帝瓦勒里安（Valerian）于公元253—260年期间铸造的金币（图6-78、图6-79）。

图6-78 姆茨赫塔鎏金银盘　　图6-79 姆茨赫塔鎏金银盘细部

2. 人物银碗的分组

以上是我们对这15件器物的描述，依据它们的忍冬纹纹样、人物形象及装饰特点，我们将这15件器物分成四个组。

第一组：6件，以大都会1970.5号藏品为代表，还包括北魏封和突墓、格鲁吉亚萨格维西、格鲁吉亚姆茨赫塔（Mtskheta）出土的器物，以及辛辛那提美术馆和弗里尔美术馆藏品。主要特点：忍冬纹粗硬，枝叶不翻转；戴冠，脑后有飘带，头上有辫饰品或者辫子。

第二组：1件，大同轴承厂器出土器物为代表。主要特点：忍冬纹粗大，枝叶不翻转；男性，戴冠。

第三组：6件，大同M109：2、大都会2000.503藏品、甘肃靖远银盘和大同南郊北魏遗址窖藏3件。主要特点：忍冬纹柔软且程式化，枝叶翻转，束口在中部偏下；人物戴冠。

第四组：2件，伊和淖尔M1：16；大同M107：16。主要特点：忍冬纹柔软且程式化，枝叶翻转，束口在中部；人物多不戴冠。

第一组的大都会博物馆1970.5号藏品，五个人物形象为同一个人的可能性非常大，另外人物头上戴冠，并且脑后有飘带，头上有辫饰品或

六 伊和淖尔墓群所见北魏时期的文化交流与互动

者辫子，这是其他几组器物的人像都没有的；第二组的器物总体上跟第一组接近，特别是忍冬纹的装饰图样基本相同，人物也普遍佩戴帽子；第三组的两件器物，忍冬纹纹样及线条细腻成熟，呈现出程式化的特征，并且上部的枝叶出现显著的翻转痕迹，束口位置多在中部偏下；第四组两件器物的设计风格非常接近，可能是因为时代发展的差异，两者略有区别。

以上4组各有特点，但总体上看，前两组特征趋向一致，人物脸型普遍为方形，颈上有联珠串饰，忍冬纹纹饰粗大，枝叶没有翻转；后两组的特点相近，人物脸型呈瘦长形，颈上无串饰，忍冬纹线条流畅，上枝枝叶翻转，反映出技艺高度成熟。因此，似乎前、后两组可以合并为两个大组。从两个大组整体特征上看，可能蕴含着两组器物出自两个地区，而且是文化联系很密切的两个地区的意味。

3.以往学界的认识

上述15件器物，由于有着典型异域风格的人物形象，而受到学界的密切关注和讨论。大同轴承厂及南郊发现的3件银碗及银杯等器物，最早见诸报端，1977年孙培良最先撰文讨论大同轴承厂出土的鎏金錾花银碗的来源问题，他认为该器物原产于萨珊波斯，其上的人物与安息王朝钱币上的人物一致，疑似来自波斯东部的呼罗珊地区，并且认为这件器物应该是在迁都洛阳以前流入平城的。夏鼐随后发文认为该器物是中亚或西亚输入的产品，有强烈的希腊化风格，不是萨珊式的。

1986年，宿白在编辑《中国大百科全书·考古学》卷词条时，将这个银碗的年代定为5世纪末6世纪初。1988年，这件银碗赴日本展出中，有学者认为这件器物可能是拜占庭的制品。孙机认为该鎏金錾花银碗与列宁格勒艾尔米塔日博物馆所藏5世纪制作的嚈哒银碗相似，认为可能是嚈哒制品[1]。俄罗斯列宁格勒艾尔米塔日博物馆马尔萨克认为高足高浮雕人物鎏金银杯（大同南郊M109：2）具有明显的希腊风格。甘肃靖远县银盘人物形象，由于具有明显的希腊特征，研究者多认为是

---

[1] 孙机：《固原北魏漆棺画研究》，《文物》1989年第9期。

与古希腊神话相关①。

封和突墓出土的银盘人物，学界素有讨论。夏鼐注意到人物头上没有萨珊朝诸王常见的球形王冠，身上也没有花纹华丽的锦袍，认为人物可能是萨珊贵族②。马雍根据人物的面貌特征，认定其为萨珊的第四代国王巴赫拉姆一世③；哈帕（P.O.Harper）认为其可能是萨珊国王沙普尔一世的子孙④；齐东方认为可能是猎者⑤；付承章则认为可能是萨珊第二等级的某位王子⑥。

伊和淖尔1号墓出土的银碗人物身份，葛承雍认为是希腊罗马式的神话人物⑦；陈永志等认定四个人物分别是古希腊神话的宙斯（Zeus）、赫拉（Hera）、阿芙洛狄特（Aphrodite）和雅典娜（Athena）⑧，但并未做详细

---

① 初师宾认为十二尊神像疑为"奥林匹斯十二主神"，内层可能为光明之神阿波罗，或为酒神狄俄尼索斯；日本学者石渡美江认为中心为酒神狄俄尼索斯，周围为狄俄尼索斯的眷族，眷族男性如萨提尔（Satyr）、西勒诺斯（Silenus）、潘（Pan），眷族女性如迈那得斯（Maenads），还有取材自狄俄尼索斯宴飨中"酩酊大醉的赫拉克勒斯"，详见石渡美江《甘肃靖远出土镏金银盘的图像和年代》，刘志华译，《丝绸之路》2003年第S2期。林梅村则认为盘口沿下所书文字为大夏（即巴克特里亚）文，"价值490金币"之义，推测此盘是彼时统治巴克特里亚的嚈哒金银器，详见林梅村《中国境内出土带铭文的波斯和中亚银器》，《文物》1997年第9期。王灿对汉唐时期中国境内考古发现的25件器物上的希腊式人物形象进行了梳理归纳，她认为盘心人物为希腊神话中的酒神狄俄尼索斯，周围十二人像虽不能完全确定身份，也为典型希腊神话中的人物，归入其分类的"完全希腊式"。详见王灿《汉唐时期中国境内考古发现的希腊式人物形象研究》，中国人民大学，硕士学位论文，2021年。

② 夏鼐：《北魏封和突墓出土萨珊银盘考》，《文物》1983年第8期。

③ 马雍：《北魏封和突墓及其出土的波斯银盘》，《文物》1983年第8期。

④ Prudence O.Harper, "An Iranian Silver Vessel from the tomb of Feng Hetu", Bulletin of the Asia Institute, New Series, In honor of Richard Nelson Frye, *Aspects of Iranian Culture*, Vol.4, 1990, pp.51-59.

⑤ 齐东方：《中国古代的金银器皿与波斯萨珊王朝》，叶奕良主编《伊朗学在中国论文集》，北京大学出版社1993年版，第51页。

⑥ 付承章：《大同北魏封和突墓银盘考》，陈晓露主编《芳林新叶——历史考古青年论集》第二辑，上海古籍出版社2019年版，第250—259页。

⑦ 葛承雍：《从出土汉至唐文物看欧亚文化交流遗痕》，《故宫博物院院刊》2015年第3期。

⑧ Chen Yongzhi, Song Guodong, Ma Yan, "The Results of the Excavation of the Yihe-Nur Cemetery in Zhengxiangbai Banner (2012-2014)", *The Silk Road*, Vol.14, 2016, pp. 42-57.

六 伊和淖尔墓群所见北魏时期的文化交流与互动

讨论。李静杰对1号墓银碗的相关问题进行了详细的讨论,认为1号墓银碗人物系典型古希腊罗马人物造型,如莨苕叶丛和圆圈中人物胸像组合,圆圈中人头扭向侧面或侧前方,还有波状发髻、高挺鼻梁等特征,均契合罗马帝国遗存特征,而有别于波斯萨珊。他把大同轴承厂、M107和伊和淖尔1号墓出土的3件银碗进行比较后,认为三者莨苕叶丛、人物形象和表现形式极其接近,艺术设计和制作工艺几乎相同,可能基于相近样本,由同一或关系密切作坊制作,又作为同一批次商品或贡品,输入当时北中国政治文化中心平城(今大同),之后转入贵族之手并成为随葬品,或出于偶然原因封存于遗址窖藏。伊和淖尔等3件器物是中古中国与地中海世界文化交流的重要物证①。

《魏书·西域传》记载,"太延中(435—440年),魏德益以远闻,西域……诸国王始遣使来献。……遣散骑侍郎董琬、高明等多赍锦帛,出鄯善,招抚九国,……与琬俱来贡献者十有六国。自后相继而来,不间于岁,国使亦数十辈矣。"②葛承雍、李静杰等许多研究者也都注意到,上述人物银碗的发现与北魏和西域的互动关系密切。439年,北魏灭卢水胡沮渠氏北凉政权,统一中国北方,俘虏了大量来西域贩货的粟特胡商,他们继续通过姑臧③至平城的路线,给北魏带来了在丝绸之路上转售的东罗马金银器④。

谢欣芮注意到1号墓银碗底部有置圈足痕迹⑤,据此认为不排除此碗曾是高足杯的可能。高足杯形似碗或浅钵、大小大致相当,最初是罗马风格的器物,拜占庭时期沿用⑥,器物上的人物像会采用高浮雕手法,如本文编号8、9的两件(1970年大同市南郊北魏遗址窖藏出土)⑦和伊和淖

---

① 李静杰:《中国出土古希腊罗马器物辨析》,《艺术设计研究》2019年第4期。
② (北齐)魏收:《魏书》卷一〇二,中华书局1987年版,第2259、2260页。
③ 姑臧,今甘肃省武威市凉州。
④ 葛承雍:《从出土汉至唐文物看欧亚文化交流遗痕》,《故宫博物院院刊》2015年第3期。
⑤ 谢欣芮:《内蒙古正镶白旗伊和淖尔北魏墓葬出土金属器的科学分析与制作技术研究》,北京科技大学,硕士学位论文,2014年。
⑥ 齐东方:《唐代金银器研究》,中国社会科学出版社1999年版,第212页。
⑦ 出土文物展览工作组:《文化大革命期间出土文物》,文物出版社1972年版,第88—91页。

尔1号墓出土的这件银碗（本文编号3）。这个观察结果从侧面也说明了这些银碗与希腊—罗马、中亚可能都密切相关，来源的复杂性可能超乎我们现在的想象。

　　对于上述器物的来源地，出现这样的学术争论是很正常的，一是因为中亚及西亚地区，自古就是多民族汇聚之地，安息、贵霜、萨珊、嚈哒等多个民族在此上演着你来我往的故事，各种文化跌宕起伏、此消彼长，因此在考古遗址中经常会有你中有我、我中有你的现象出现；二是以往中亚及西亚的考古材料不是很充分，因此认识上有偏差也在所难免。目前，多件类似器物的发现对于讨论它们之间的差异与变化规律，似乎有了更好的时机，也可以借此推进对这个问题的认识。

　　以上诸位学者关于银碗来源的看法，核心观点之一是与萨珊波斯有或多或少的关系。我们曾通过日本龙谷大学徐光辉教授，就伊和淖尔1号墓银碗来源请教日本学者，他们也倾向于认为该银碗属萨珊波斯产品。如日本MIHO博物馆中西亚考古专家稻垣肇（Inagaki Hajime）认为伊和淖尔M1出土的银碗制作风格多见于3—5世纪的阿富汗等中亚地区萨珊银器上，而且比1988年大同南郊者要早，但略晚于纽约大都会博物馆所藏脚杯（即美国纽约大都会博物馆2000.503号藏品），其年代大致在4世纪；奈良国立博物馆原考古部长井口喜晴也认为伊和淖尔M1出土的银碗属于萨珊。

4. 我们的分析

　　萨珊波斯帝国（224—651年）是最后一个前伊斯兰时期的波斯帝国，与罗马帝国及后继的拜占庭帝国共存超过400年；统治领土包括今伊朗、阿富汗、伊拉克、叙利亚、高加索地区、中亚西南部，乃至印度的一部分。萨珊王朝被认为是伊朗或波斯最具重要性和影响力的历史时期之一。由于陆上丝绸之路的一条贯穿萨珊境内，因此萨珊成为中国和西方罗马及拜占庭帝国之间必不可少的媒介，它接受拜占庭帝国和中国的文化成果，也将自己的文明成果传播到这两个国家。

　　让我们先看看萨珊波斯此类器物的一些基本特点。对此，我们查阅了萨珊波斯艺术方面的相关著作，尤其是关于银器方面的著作，如《波斯艺术》(The Arts of Persia)、《帕提亚和萨珊时期的波斯艺术》(Persian

六　伊和淖尔墓群所见北魏时期的文化交流与互动 | 165

Art：*The Parthian and Sassanian Dynasties*)、《美索不达米亚和伊朗的帕提亚和萨珊王朝》(*Mesopotamia and Iran in the Parthian and Sasanian Periods*) 等。经过查阅，我们发现人物形象是萨珊银器上常见的题材，其主要特点有：男性人物普遍蓄须，头戴球形冠（高等级人物），脑后多有飘带，无论男性还是女性，颈部普遍佩戴联珠项链。女性有辫饰品或者辫子垂于两侧；如纽约大都会博物馆的55.57号藏品（图6-80）、1970.6号藏品（图6-81）和1994.402号藏品（图6-82）、*The Arts of Persia* 中第64页的图七（图6-83）等。

图6-80　大都会博物馆55.57号藏品

图6-81　大都会博物馆1970.6号藏品

中国的古代文献《周书·异域下》及《北史·西域传》记载："波斯国……国人号王曰翳嚣，妃曰防步率，王之诸子曰杀野。大官有摸胡坛，掌国内狱讼；泥忽汗，掌库藏关禁；地卑勃，掌文书及众务。次有遏罗诃地，掌王之内事；萨波勃，掌四方兵马。其下皆有属官，分统其事。"① 鲁考宁（V.G.Lukonin）将萨珊波斯王朝的上层阶级划分为四个等级②：第一等级为国王（shahrdaran）；第二等级为王子或其他皇室成

---

① （唐）令狐德棻等：《周书》卷五十《异域下》，中华书局1974年版，第919页；（唐）李延寿：《北史》卷九十七《西域传》，中华书局1972年版，第3222—3223页。

② V.G.Lukonin, *Parthian and Sassanid Administration*, *Cambridge History of Iran*, Ⅲ, Chapter 18 (in Press), 1967, p.231.

图6-82　大都会博物馆1994.402号藏品

图6-83　萨珊波斯国王形象
资料来源：R.W. Ferrier, *The Arts of Persia*, Yale University Press, New Heven & London, 1989, p.64。

员（waspuhrakan）；第三等级为大贵族（wazurgan）；第四等级为小贵族（azatan）。划分等级的依据主要是所戴头饰。例如，飘带是萨珊艺术的标志性之一，更是皇室及神灵的特权与象征①，其长度、具体位置、朝向等多有变化，一般成对出现。而圆帽上方多球形饰，则一般是国王的饰物。

据此，第一组的这件银碗具备这些特征。此外，关于这件器物的年代，根据纽约大都会博物馆170.5藏品上的题字，有研究者将它的年代确定为3—4世纪，属于萨珊早期的制品。

第二组与第一组有着很大的联系，具有相同的产地和渊源，都具有联珠纹串饰，忍冬纹纹样没有程式化，上端的枝叶亦没有翻转。因此，我们认为它也是萨珊的制品，可以与第一组归为一类器物，即A类银碗，只不过时代上可能晚于第一组。至于第三组和第四组，我们认为它们之间有很大的共同性，可以归为一类，即B类银碗。B类银碗与A类银碗

---

① Judith A. Lerner, *Animal Headdresses on the Sealings of the Bactrian Documents*, Exegisti monumenta. Festschrift in Honour of Nicholas Sims-Williams（2009），p.217.

六 伊和淖尔墓群所见北魏时期的文化交流与互动

在整体设计风格上有一致的方面，暗示B类器物的设计是受A类即萨珊影响产生的，但是两类之间又有着很大的差异性。如在人物的形象方面，A类多方脸形，与传统萨珊人物接近；B类多瘦长形脸，与希腊的人物造型接近①；B类银碗的人物颈部普遍没有佩戴联珠串饰。在忍冬纹纹样方面，B类器物上的忍冬纹纹样高度程式化，上端的枝叶普遍翻转，这与A类也不一样。因此，我们认为B类银碗是非典型萨珊器物。据Boris I. Marschak考证，大同M107：16的忍冬纹具有平边框和叶萼（花瓣下部的一圈叶状绿色小片），这些特征都是从古希腊时期Megara碗的风格直接继承过来。

与萨珊有非常大的联系，又具有希腊文化渊源的区域，我们考察后认为萨珊帝国的属国巴克特里亚地区最为契合。自亚历山大公元前4世纪征服巴克特里亚起，巴克特里亚地区就开始使用希腊字母拼写的希腊语，成了这一地区文明的唯一语言和官方语言。巴克特里亚被北方游牧民征服后，其新的统治者——贵霜人，最初继续使用希腊语，但很快改用希腊字母拼写本地语言巴克特里亚语，如贵霜钱币使用一种有尖角的希腊字母刻字。

巴克特里亚之后的统治者是贵霜—萨珊王国（即Kushano-Sasanians 贵霜—萨珊人）、寄多罗人（Kidarites）、嚈哒人（Hephthalites）和突厥人（Turks）等。可见，希腊文化很早就渗透到这一地区，并成为其主要的文化特点。例如巴尔赫古城（图6-84）是古代巴克特里亚地区较早的中心城市，更是希腊—巴克特里亚王国的首都，在这里的考古发现中就出土了大量科林斯式柱头（图6-85）等希腊—巴克特里亚时期的建筑构件，1号墓银碗上的纹饰与柱头上的几乎相同。

也基于如此的原因，纽约大都会博物馆的2000.503号藏品出自巴克特里亚地区，恐怕也并非偶然。我们在中亚的其他地区也发现有这种希腊风格的图像（巴克特里亚的建筑）。

综合以上考量，我们认为A类银碗是来自萨珊波斯的器物，时代为

---

① Judith A. Lerner认为人物头部和胸部并非朝向正面或者侧面，而是偏向大约3/4位置，这种形式源自希腊风格，详见Judith A. Lerner, *Observations on the Typology and Style of Seals and Sealings from Bactria and Greater Gandhara*，CAC Ⅱ，pp.227-248。

图6-84　巴尔赫古城

资料来源：刘拓拍摄。

图6-85　巴尔赫城出土的科林斯式柱头

资料来源：清华大学艺术博物馆编：《器服物佩好无疆：东西文明交汇的阿富汗国家宝藏》，上海书画出版社2019年版，第32页。

3—4世纪；B类银碗来自贵霜—萨珊王国，即巴克特里亚地区，时代为5—6世纪。

继贵霜—萨珊人之后，嚈哒人统治了这一区域。嚈哒原居于阿尔泰山一带，活动在阿姆河和锡尔河流域的索格底亚那及巴克特里亚一带。5—6世纪时，嚈哒因柔然攻击而西迁，5世纪中叶灭贵霜而居于其地，进而控制粟特地区。周围有康居、粟特、大夏、吐火罗等地，控制着中国通往中亚各地的国际通道。因此嚈哒的同类器物上也可以找到类似风格器物。

六　伊和淖尔墓群所见北魏时期的文化交流与互动

历史记载嚈哒与北魏通好，且往来频繁，从5世纪中叶到6世纪中叶，有研究统计嚈哒派使臣向北魏朝贡近30次之多①。北魏漆棺画前档宴饮图墓主人饮酒时的坐姿，具有明显的中亚风格，墓主身着鲜卑装，脚掌相对，坐于榻上，右手执耳杯，小指翘起，左手握麈尾，表现出豁达闲适风格。漆棺画绘制于平城太和年间，彼时正值嚈哒强盛。孙机敏锐地注意到，俄罗斯艾尔米塔日博物馆的嚈哒银碗底部有两圈同心圆（图6-86），人物也与大同银碗（M107:16）非常接近，因此他推断大同的银碗应是嚈哒制品。

图6-86　俄罗斯艾尔米塔日博物馆藏嚈哒银碗

资料来源：孙机：《固原北魏漆棺画研究》，《文物》1989年第9期。

孙机注意到的这两点的确是人物银碗非常重要的特征，因为冠或帽常常代表了等级。但是，我们通过类型分析，认为忍冬纹纹样的变化及布局也是应该被着重考虑的因素。艾尔米塔什博物馆所藏银碗的忍冬纹纹样大大缩小，只剩下六个很小的叶子分布在碗的边缘做装饰，这可能是该类银碗发展到晚期的一个特征。因此，我们认为艾尔米塔日博物馆的那件嚈哒时期银碗，时代要比大同及伊和淖尔的略晚，但可能也是巴克特里亚地区的产品。

（七）人物铺首所见的文化交流

在伊和淖尔墓群的1号、2号、3号墓葬的棺板外侧，都发现有成组的铺首衔环（图6-87），铺首的位置和数量配置大体相同：头板3枚、两个侧板各5枚、尾板1枚（3号墓尾板上没有），1号、2号墓每座墓葬各出土铺首14枚，3号墓出土铺首13枚，每座墓葬的铺首衔环形制相同。

---

①　苏北海：《嚈哒在中亚的扩张》，《西北史地》1985年第3期。

伊和淖尔墓群的铺首数量众多，形制多样，蕴含的文化信息丰富，为北魏同时期所罕见，颇为引人注目。

1. 1号墓　　　　　　　2. 2号墓

图6-87　伊和淖尔墓群出土的铺首衔环

1. 北魏铺首的发现

铺首最早在殷商时期就出现在青铜器上[①]。战国时代开始使用于建筑大门之上，作为门环的底座。汉代时大量被使用于墓葬中，形成以铺首装饰葬具的汉晋传统丧葬文化。铺首的形状和甲骨文的鬼字形类似，因此，铺首的作用在于避邪，用以吓阻在宅院外徘徊的大小鬼怪。孙作云认为铺首源自方相氏所戴的鬼面，在《说铺首》中认为方相氏所戴的鬼面，在考古学、建筑学上的表现便是铺首，是方相魌头的另一种表现[②]。

铺首多发现在墓葬中的棺椁之上，绝大多数属于平城时代、平城地区，平城之外仅有伊和淖尔和固原两个地点，少有见于洛阳时代者。截至

---

① 辽宁省博物馆、朝阳地区博物馆：《辽宁喀左县北洞村发现殷代青铜器》，《考古》1973年第4期。

② 孙作云：《美术考古与民俗研究》，河南大学出版社2003年版，第541页。

六 伊和淖尔墓群所见北魏时期的文化交流与互动

2020年6月,见诸报道的北魏铺首共计111件[①],出自18座墓葬和1个窖藏中。111件铺首中,实用铺首80件(图6-88),浮雕铺首31件(图6-89)。实用铺首中,其形制主要有忍冬(27件)、一人双兽(26件)和二鸟回首(14件)三种,还有一些零星的形制。浮雕铺首,主要发现在大同南郊M238[②](5件)的木椁和雁北师院M5[③](26件)的石椁上,形制可分忍冬(17件)、山形(8件)、人物(2件)。

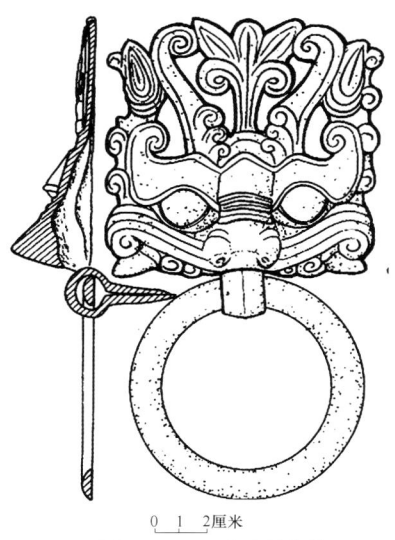

图6-88 实用铺首

资料来源:山西大学历史文化学院、山西省考古研究所、大同市博物馆:《大同南郊北魏墓群》,科学出版社2006年版,第248页。

图6-89 浮雕铺首

资料来源:大同市考古研究所:《大同雁北师院北魏墓群》,文物出版社2008年版,第106页。

北魏时期的铺首是高等级的象征,因此铺首出现的频率不高,并且基本上都是在各自墓地的高等级墓葬中出土。如,著名的大同南郊北魏

---

① 董耘:《北魏铺首研究》,中国人民大学,硕士学位论文,2020年。
② 山西大学历史文化学院、山西省考古研究所、大同市博物馆:《大同南郊北魏墓群》,科学出版社2006年版,第468页。
③ 大同市考古研究所:《大同雁北师院北魏墓群》,文物出版社2008年版,第106页。

167座墓葬中，仅有2座墓出有铺首，分别是长斜坡墓道土洞墓的M116[①]和M238[②]；大同雁北师院11座墓葬中也仅有2座墓出有铺首，分别是长斜坡墓道砖砌单室墓M2[③]和M5[④]；大同七里村墓群34座墓葬中仅有2座墓出有铺首，为长斜坡墓道土洞墓M25[⑤]和M32[⑥]；大同城南金属镁厂北魏墓群，10座墓葬中共有2座墓出有铺首；大同迎宾大道北魏墓群75座墓葬中，仅有1座出有铺首；大同湖东北魏墓群16座墓葬中，共有2座墓出有铺首；大同南郊仝家湾北魏墓群10座中，仅有2座出土有铺首；宁夏固原北魏墓M1，出土铺首衔环1件，由纪年铭文砖可知墓主是镇西将军、高平镇都大将冯始公[⑦]。

2.伊和淖尔1号墓人物铺首

相比平城和固原地区，伊和淖尔墓群出土的铺首，无论是出土墓葬的比例还是铺首的数量，都特别突出，5座墓葬中有3座出土有铺首，每座墓基本上都是14件，这显示出墓主人身份的显赫。伊和淖尔墓葬出土的铺首，整体上风格非常接近，尺寸相当，均是眼部凸起的首部加上圆环的组合。

2号墓和3号墓出土的铺首为两只相向而立的长尾鸟，兽额的双角间立一矮柱，鸟首做回首状，这与平城地区的同类铺首相近。

另一类是1号墓为代表的铺首，属于一人双兽题材。铺首中间的人头

---

① 山西大学历史文化学院、山西省考古研究所、大同市博物馆：《大同南郊北魏墓群》，科学出版社2006年版，第243—249页。
② 山西大学历史文化学院、山西省考古研究所、大同市博物馆：《大同南郊北魏墓群》，科学出版社2006年版，第323—325页。
③ 刘俊喜：《大同雁北师院北魏墓群》，文物出版社2008年版，第40—70页。
④ 刘俊喜：《大同雁北师院北魏墓群》，文物出版社2008年版，第71—162页。
⑤ 大同市考古研究所：《山西大同七里村北魏墓群发掘简报》，《文物》2006年第10期。
⑥ 大同市考古研究所：《山西大同七里村北魏墓群发掘简报》，《文物》2006年第10期。
⑦ 罗丰：《固原北魏漆棺画年代的再确定》，Culture and Cultural Diversity in Early Medieval China（4th-7th Century）International Workshop，Institut fur sinology Ludwig Maximilians-Universitat Munchen，January 11-14，2017.

六　伊和淖尔墓群所见北魏时期的文化交流与互动 ｜ 173

上有肉髻，两侧有飘带，上身赤裸，两臂平举微微上扬，每只手的四个手指紧握龙舌，大拇指抵住龙舌下方，两足蹲坐于龙尾之上；人物左右两侧的造型极富对称性。其中，双兽在人的左右，口中吐舌，龙首鹿身，身体反转呈回首状，四肢踏外壁，双尾相交卷在一起①。龙可能有厌胜之意，据《南齐书·魏虏传》记载，"胡俗尚水，又规画黑龙相盘绕，以为厌胜"②。

1号墓出土的铺首（图6-90），与固原北魏漆棺墓出土的铺首（图6-91），形制非常接近③。固原北魏漆棺墓于1981年由宁夏固原博物馆组织发掘，墓中出土1件铜铺首和衔环，铺首长11.2厘米，宽10.5厘米④。该件铺首也为一人双兽题材，铺首居中是一个胡人形象，双手叉腰，头戴帽子，双臂支撑着双龙的头及前爪，双腿站立于双龙尾部。人物两侧是两条对称的、弯曲的龙。有趣的是，这件铺首的衔环中间也有一个

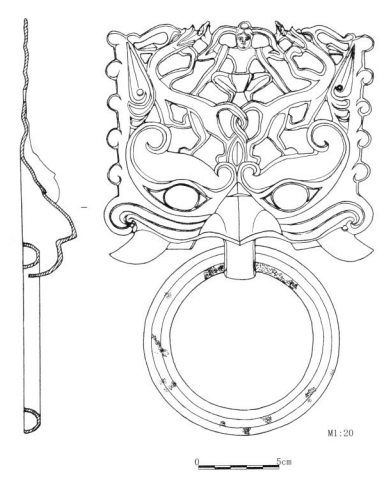

图6-90　伊和淖尔1号墓出土铺首

图6-91　固原北魏墓出土铺首

---

① 中国人民大学历史学院考古文博系、锡林郭勒盟文物保护管理站、正镶白旗文物管理所：《内蒙古正镶白旗伊和淖尔M1发掘简报》，《文物》2017年第1期。

② （南朝梁）萧子显：《南齐书·魏虏传》，中华书局1972年版，第986页。

③ 郭物：《一人双兽母题考》，余太山主编《欧亚学刊》第五辑，中华书局2004年版。

④ 固原县文物工作站：《宁夏固原北魏墓清理简报》，《文物》1984年第6期。

人物形象，与铺首上的人物姿势相同，所不同的是，人物形象不是胡人，而是头顶有高的发髻佛陀形象。这件衔环由两个相对的龙构成一个圆环，环的外侧对称分布两个低头吃食物的鹦鹉（长尾巴）。宁夏固原出土的铜铺首比伊和淖尔1号墓出土的鎏金铜铺首略小，有鎏金痕迹，是整体风格上最接近后者的一件铺首。而且，根据墓葬出土的铭文砖（图6-92），该墓的年代是太和十三年（公元489年），与伊和淖尔1号墓的时代基本相当。特别值得重视的是，这座墓砖的铭文中有"後人見者，用專（磚）作塔廟供鎮□"，"塔廟"（塔庙）一词应是与佛教有关。根据《魏书·释老志》记载："佛弟子收奉舍利，建宫宇，号为塔。塔亦胡言，犹宗庙也，

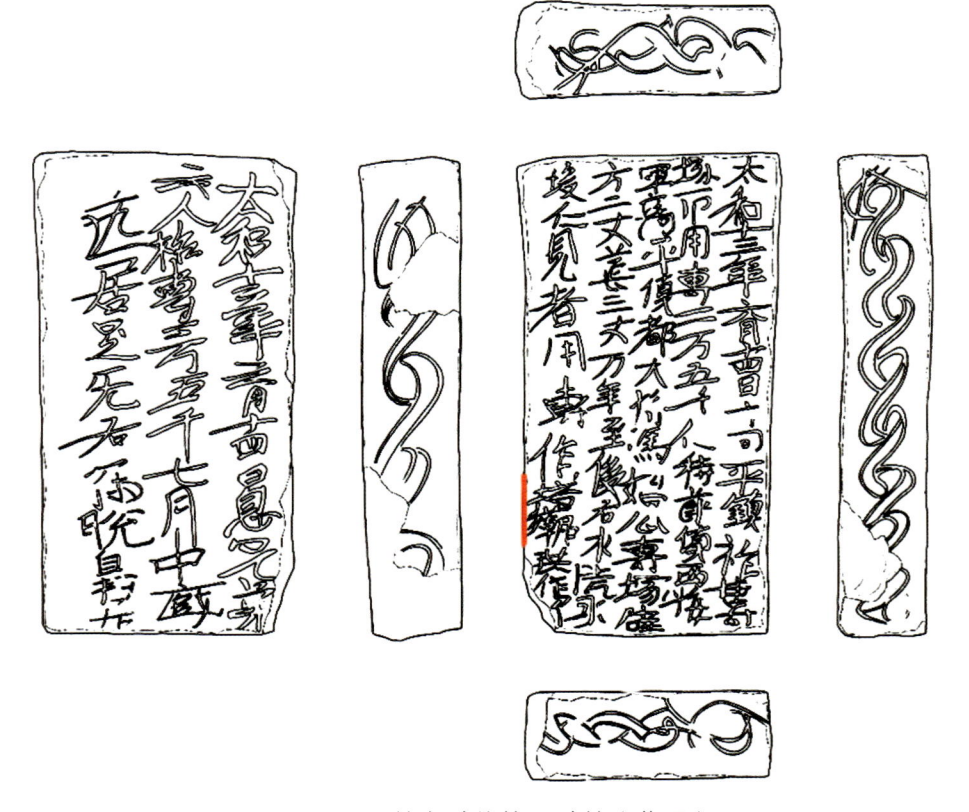

图6-92 铭文砖纹饰及砖铭（摹写）

资料来源：罗丰：《固原北魏漆棺画年代的再确定》，《4—7世纪中国北部的多样文化国际会议论文集》，德国慕尼黑大学，2017年。

故世称塔庙。"① 种种迹象表明，墓主人北魏使持节、镇西将军、高平镇督大将冯始公，很可能信奉佛教。

1号墓出土的铺首衔环，其一人双兽的形制无疑来自西亚两河流域及波斯等地的文化因素。但是值得重视的是，这种题材在伊和淖尔出现了显著的变化，这种变化集中体现在铺首中间的人物形象上，人物头顶有高高的发髻，面容祥和，应是佛教人物，我们认为这件铺首可能跟佛教的传播有密切关系。

3. 北魏佛教的传播

起源于古印度的佛教，自西汉传入中国后，经过很长时期的传播、发展与融合，成为中华文化的重要组成部分。其中鲜卑人创建的北魏王朝是佛教中国化的一个重要阶段，北魏在思想、意识、文化艺术以至风俗习惯等各个方面接受汉文化影响过程中，佛教文化是其中的一个重要方面。

北魏的佛教传播始自拓跋珪时期，据《魏书·释老志》记载："魏先建国于玄朔，风俗淳一，无为以自守，与西域殊绝，莫能往来。故浮图之教，未之得闻，或闻而未信也。"② 拓跋珪十六国末年转战河北时，开始诵读佛经。他后来派人给沙门僧朗送信，并馈赠礼物。天兴元年（398年），拓跋珪下诏曰："夫佛法之兴，其来远矣。济益之功，冥及存没，神踪遗规，信可依凭。其敕有司，于京城建饰容范，修整宫舍，令信向之徒，有所居止。"③ 沙门法果也想借机发展佛教，他把拓跋珪认定为当今如来，获得了拓跋珪的赞赏。

明元帝时，在"京邑四方，建立图像，仍令沙门敷导民俗"④，赋予佛教引导人们思想意识的功能，并将教徒纳入国家的行政系统，便于管理，设立"道人统，绾摄僧徒"⑤。宗教开始成为维护统治的工具。太武帝初年，也尊崇佛教。史载"凉州自张轨后，世信佛教。敦煌地接西域，道俗交得其旧式，村坞相属，多有塔寺。太延中，凉州平，徙其国人于京

---

① （北齐）魏收：《魏书》卷一一四，中华书局1974年版，第3028页。
② （北齐）魏收：《魏书》卷一一四，中华书局1974年版，第3030页。
③ （北齐）魏收：《魏书》卷一一四，中华书局1974年版，第3030页。
④ （北齐）魏收：《魏书》卷一一四，中华书局1974年版，第3031页。
⑤ （北齐）魏收：《魏书》卷一一四，中华书局1974年版，第3030页。

邑，沙门佛事皆俱东，象教弥增矣"①。根据当时的政策，佛教徒免役免租调，因此大批社会劳动力和服兵役者都信奉佛教，占用了大量的社会资源，因此太平真君七年（446年），太武帝发起大规模的灭佛运动。但是，灭佛运动并未持续太久，太武帝去世后，佛教很快就恢复并进一步壮大，其后在北魏社会中长期具有重要地位。太和年间（477—499年）时，仅平城就有佛寺近百处，僧侣两千多人。全国各地寺庙总计6478所，僧尼77000多人②。

不仅平城保存有云冈石窟这样宏伟的皇家寺窟，六镇也有很多佛像发现，在龙城三燕时期出现了莲花纹③，纵使远在六镇之外的伊和淖尔地区，也有着鲜明的印记，1号墓出土的铺首就是例证。

在位于从平城到六镇途中的托克托县故城出土北魏时期的化生童子瓦当（图6-93）④。双手提着像花绳一样的东西，从莲花中伸出半身，与大同金属镁厂北魏墓出土的化生童子瓦当相类（图6-94）⑤。1956年，托克托县故城出土太和八年（484年）铭金铜释迦如来坐像（图6-95）。该像通高28.5厘米，造像主体与台座部同时铸造，鎏金保存较好。铭文记载比丘僧安为七世父母、皇帝陛下、师僧、同学造像。主体造像如来身躯健硕，台座部有胡服男性供养人像，台座上的两头狮子尾巴长且交互缠绕于中间，下方有波状忍冬纹。

内蒙古自治区包头市固阳县白灵淖城圐圙遗址出土包括莲花纹瓦当和鸱尾、三角形莲花纹砖、浮雕神兽石柱础、石兽、塑像残片等36件佛教遗物（图6-96）⑥。固阳县白灵淖城圐圙遗址是学界公认的北魏六镇之怀

---

① （北齐）魏收：《魏书》卷一一四，中华书局1974年版，第3029页。

② 崔明德、张书艳：《略论北魏平城时期的宗教与民族关系》，《鲁东大学学报》（哲学社会科学版）2010年第11期。

③ 李新全：《三燕瓦当考》，《辽海文物学刊》1996年第1期。

④ 内蒙古自治区文物考古研究所、托克托县博物馆：《托克托县古城村古城遗址发掘报告》，内蒙古自治区文物考古研究所《内蒙古文物考古文集》第三辑，科学出版社2004年版，第218—261页。

⑤ 大同市博物馆：《大同北魏方山思远佛寺遗址发掘报告》，《文物》2007年第4期。

⑥ 内蒙古文物工作队、包头市文物管理所：《内蒙古白灵淖城圐圙北魏古城遗址调查与试掘》，《考古》1984年第2期。

六　伊和淖尔墓群所见北魏时期的文化交流与互动 | 177

图6-93　托克托县故城出土瓦当T7：1

资料来源：内蒙古文物考古研究所：《内蒙古文物考古文集》第三辑，科学出版社2004年版，第254页。

图6-94　大同金属镁厂北魏墓出土的化生童子

资料来源：李树云供图。

图6-95　金铜释迦如来坐像（内蒙古博物馆藏）

资料来源：孔群供图。

图6-96　固阳白灵淖城出土的佛像

资料来源：内蒙古文物工作队、包头市文物管理所：《内蒙古白灵淖城圐圙北魏古城遗址调查与试掘》，《考古》1984年第2期。

朔镇镇址，出土遗物证明这里曾经建有佛教寺院。

关于该遗址出土的佛像，日本学者石松日奈子认为①，这些佛像包括通肩禅定印的如来坐像、通肩衣的供养菩萨、佛和菩萨头部等，其形状和造型与建立在平城附近的方山思远寺址出土的塑像、被推定为龙城思燕佛图寺址的朝阳北塔遗址发现的塑像群（图6-97）②极为相似。从宏观的角度看，也接近于云冈石窟造像，可以理解为从西域传来的塑造技术及作品风格对这一时期中原样式的形成起到了很大的作用，其结果是对以平城为中心的北方交通路线及沿线产生了进一步的影响。

图6-97　朝阳北塔出土的佛像

资料来源：刘宁供图。

发现遗迹的包头市固阳县，属于

---

① ［日］石松日奈子：《北魏佛造像史研究》，筱原典生译，文物出版社2012年版，第239页。

② 辽宁省文物考古研究所、朝阳市北塔博物馆：《朝阳北塔——考古发掘与维修工程报告》，文物出版社2007年版，第43页。

六　伊和淖尔墓群所见北魏时期的文化交流与互动 | 179

北魏时期为守护北方而设置的军事据点"六镇"地区，皇帝屡次前来巡查，但这里在迁洛之后很快沦落为边境，成为后来导致北魏王朝灭亡的导火线。根据石松日奈子的研究，该地区建立佛教寺院的活跃时期，可能在迁都洛阳以前的490年前后。

4. 铺首与佛教的联系

1号墓出土的铺首的中间人物（图6-98），头顶有高高的发髻[①]，这种发髻与中国境内最早期佛教造像之一的后赵建武四年（338年）的铜造像发式相同（图6-99，美国旧金山亚洲艺术馆藏）属于水波式发型，是由犍陀罗佛像的水波状发髻演化而来，出现在汉地的时间主要集中在十六国时期至北魏初期。

图6-98　伊和淖尔1号墓出土铺首　　图6-99　建武四年佛像
资料来源：衣丽都供图。

东汉初年佛教传入中国，佛教题材开始进入中国人的视野。丧葬历来为古代中国重视，因此东汉至魏晋墓葬中，开始出现佛像类的装饰物，如山东沂南画像石墓、四川乐山麻浩崖墓等。将佛教元素的进入与墓葬丧葬礼俗结合起来研究，一直是学术界研究的取向。宿白先生的鲜卑三篇

---

① 内蒙古文物工作队、包头市文物管理所：《内蒙古白灵淖城圐圙北魏古城遗址调查与试掘》，《考古》1984年第2期。

之二《盛乐、平城一带的拓跋鲜卑——北魏遗迹——鲜卑遗迹辑录之二》中就明确指出，墓地与佛寺结合起来是方山永固陵北魏文明皇后冯氏墓园的布局特点①。徐苹芳先生也认为"宗教的影响逐渐渗入到陵墓制度中来，正是魏晋南北朝时期的一个特点"②。2021年5月，陕西省考古研究院在陕西省咸阳市渭城区北杜街道成任村东南发掘了一处东汉家族墓地，在编号3015号墓室内出土两尊金铜佛像，为东汉晚期遗物，是目前国内考古出土的时代最早的金铜佛像之一（图6-100）③，佛像的发型同属于早期发型的磨光肉髻。

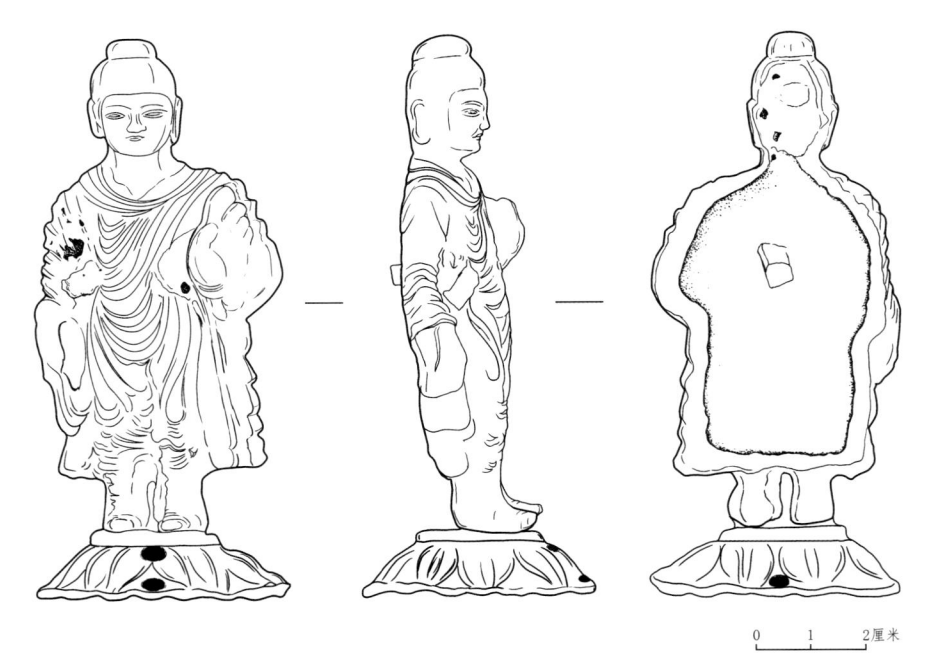

图6-100　陕西咸阳成任村M3015墓出土佛像（线图）

资料来源：陕西省考古研究院：《陕西咸阳成任墓地东汉家族墓发掘简报》，《考古与文物》2022年第1期。

席琳供图。

---

① 宿白：《盛乐、平城一带的拓跋鲜卑——北魏遗迹——鲜卑遗迹辑录之二》，《文物》1977年第11期。

② 徐苹芳：《秦汉魏晋南北朝时代的陵园和茔域》，《考古》1981年第6期。

③ 李明、赵占锐：《最新发布！咸阳考古发现中国最早金铜佛像——东汉晚期即出现独立的、体现宗教信仰意义的佛像》，《文博中国》2021年12月9日。

六 伊和淖尔墓群所见北魏时期的文化交流与互动

至南北朝时期，汉代以来的神仙思想逐步衰落，至北魏墓葬中，仙禽瑞兽等神仙类图像的名目和数量明显减少，生活题材，如家居、宴饮、车马出行、畋猎等图像开始流行并显著增加。定都平城后，由于皇帝和上层统治者大力推崇，佛教迎来在中国第一个发展高峰，地面寺院与石窟寺建造众多，佛事活动日趋规范化，平城成为当时北方佛教文化中心。佛教文化开始渗透到人们生活的方方面面。在大同南郊北魏墓葬中，发现了摩尼宝珠（图6-101）、莲花（图6-102）、护法神（图6-103）、力士（图6-104）、童子（图6-105）等佛教象征性图像，说明佛教与墓葬已发生了内在的联系①。

2015年大同富乔发电厂邢合姜石椁及墓志的发现②，为研究平城佛教和丧葬的互动提供了新的契机。该石椁正壁彩绘释迦、多宝二佛并坐，前壁彩绘七佛题材（图6-106、图6-107）。李梅田、张志忠③对该石椁进行了详细的介绍和论述，认为平城佛教与丧葬制度间存在互动，互动的思想基础是佛教净土观与传统生死观的交融，而平城的匠作体制也促进了佛教与丧葬空间的粉本互通。李裕群则认为这是目前仅见的佛教石椁壁画，制作虽然不是很精细，但由于石椁内四壁、顶部及椁门外两侧均绘有佛教壁画，是模拟了作为礼拜供养场所的佛殿或佛殿窟。④邢合姜石

---

① 林圣智：《墓葬、宗教与区域作坊——试论北魏墓葬中的佛教图像》，《美术史研究集刊》2008年第24期，中国台湾大学艺术史研究所印行。杨莹沁：《汉末魏晋南北朝时期墓葬中神仙与佛教混合图像分析》，《石窟寺研究》第三辑，中国古迹遗址保护协会石窟专业委员会，2012年。

② 张庆捷：《献给另一个世界的画作——北魏平城墓葬壁画》，上海博物馆编《壁上观——细读山西古代壁画》，北京大学出版社2017年版，第85页；山西省考古研究所（张庆捷）：《威风与奢华：北魏平城墓葬壁画》，《文汇报》2017年12月1日第W10版"文汇学人·专题"；张志忠：《大同北魏墓葬佛教图像浅议》，德国慕尼黑大学，"4—7世纪中国北部的多样文化"国际会议论文集，2017年；Shing Muller, Thomas O. Hollmann, and Sonja Filip, ("Early Medieval North China: Archaeological and Textual Evidence")《从考古与文献看中古早期的中国北方》，Otto Harrassowitz GmbH&Co.KG, Wiesbaden 2019, pp.57-80.

③ 李梅田、张志忠：《北魏邢合姜石椁壁画研究》，《美术观察》2020年第2期。

④ 李裕群：《佛殿的象征——山西大同全家湾北魏佛教壁画石椁》，《文物》2022年第1期。

图6-101　沙岭壁画墓甬道中央的摩尼宝珠（人物之间）

资料来源：张志忠供图；大同市考古研究所：《山西大同沙岭北魏壁画墓发掘简报》，《文物》2006年第10期。

图6-102　文瀛路壁画墓棺床前的莲花

资料来源：张志忠供图；大同市考古研究所：《山西大同文瀛路北魏壁画墓发掘简报》，《文物》2011年第12期。

六 伊和淖尔墓群所见北魏时期的文化交流与互动 | 183

图6-103 大同文瀛路壁画墓发现的护法神

资料来源：张志忠供图；大同市考古研究所：《山西大同文瀛路北魏壁画墓发掘简报》，《文物》2011年第12期。

图6-104 司马金龙墓石棺床上的力士

六 伊和淖尔墓群所见北魏时期的文化交流与互动 | 185

图6-105 司马金龙墓石雕柱础（各角分别有一个童子）

图6-106 邢合姜石椁北壁

资料来源：古顺芳供图。

椁壁画墓的时间是北魏皇兴三年（469年），墓葬的四壁和顶部出现了全景式佛教图像，与云冈石窟中期洞窟题材高度相似，说明当时佛教已经渗透到墓葬习俗之中，成为平城丧葬文化的特色之一。随着平城文化的辐射，在固原和锡林郭勒的太和年间墓葬中发现佛教因素也就顺理成章了。太和十三年的冯始公墓葬壁画中，在墓主人宴饮图下方左右两侧各有一个菩萨（图6-108），有头光，高髻，面部有胡须，戴耳环及项圈、臂钏等，天衣飞举，绕臂而下。另外，有研究者注意到北魏特有的梯形棺，很早就与佛教以及佛陀涅槃发生了联系，并且由于与佛教的关系导致了梯形棺的流行，并最终用作盛放圣物的舍利函。①

图6-108　固原冯始公墓漆棺前档绘画

资料来源：韩孔乐、罗丰：《固原北魏墓漆棺的发现》，《美术研究》1984年第2期。

5. 北魏的弥勒信仰

汤用彤先生言："北朝法雨之普及，人民崇福之热烈，可于造像一事

---

① ［美］丁爱博（Albert E. Dien）：《六朝文明》，李梅田译，社会科学文献出版社2021年版，第271页。

见之。……其宗旨自在求福田利益：或愿证菩提，希能成佛；或冀生安乐土，崇拜佛陀；或求生兜率，得见慈氏（弥勒）。或于事先预求饶益；或于时候还报前愿。或愿生者富贵；或愿出征平安；或愿病患除灾。"[1]北魏迁都平城后，由于上层统治者大力推崇，佛教迎来在中国第一个发展高峰期，地面寺院与石窟寺建造众多，佛事活动日趋规范化，平城逐渐成为当时北方佛教文化中心。北魏对佛教的尊崇达到了一个很高的程度，特别是对未来佛弥勒的信仰。据《弥勒上生经》《弥勒下生经》等经中言，弥勒原名阿逸多，是众菩萨之首，也叫阿逸大士，生于天竺大婆罗门贵族家庭，以其聪慧悟达闻名，与文殊菩萨并立，是释迦佛的右臂左膀。弥勒先于佛入灭，经过四千岁（相当于人间五十六亿七千万岁）后修炼成佛，开始传佛法。释迦生母死后往生于弥勒上生的兜率天，若教徒皈依弥勒，坚持修炼，死后也能往生于此天。

由于《弥勒上生经》《弥勒下生经》[2]等经的传播，弥勒信仰在南北朝时期达到顶峰，弥勒造像也广为建造。关于弥勒造像，学术界普遍认为交脚的佛菩萨造像多数为弥勒造像。交脚弥勒造像在中国北朝时期云冈、炳灵寺、麦积山、敦煌（图6-109）等石窟中皆出现众多，如云冈石窟第17窟主像是三世佛，当中的大像是菩萨装的未来佛弥勒交脚像[3]。

石窟中有的有明确铭文，自名是交脚弥勒，如龙门古阳洞11龛有"太和十九年（495年）十一月长乐王丘穆陵亮夫人尉迟氏为亡息牛橛造交脚弥勒像"。收藏文物中，有法国巴黎吉美博物馆藏，北魏永平二年（509年）高66厘米的比岳法口造交脚弥勒菩萨像。发愿文："永平二年岁次己丑四月廿五日，比丘法口法口法隆等……敬追弥勒像一躯……"[4]

佛教又称"象教"，因佛教为以象教人，"象"对于佛教的重要性不言而喻。伊和淖尔1号墓铺首上的人物高髻、交脚，有可能是弥勒的形象。把14件弥勒造像钉在前、后侧三面的棺板上，这突出反映了当时的佛教流行，以及墓主人对弥勒的信仰和崇信。前文提到的弥勒造像，在公元490年之前，一般为单身立像或坐像，无背项光，或莲瓣火焰纹形背光；

---

[1] 汤用彤：《汉魏两晋南北朝佛教史》，商务印书馆2015年版，第414页。
[2] 《佛说弥勒上生下生经》，业露华释译，东方出版社2016年版。
[3] 宿白：《云冈石窟分期试论》，《考古学报》1978年第1期。
[4] 项一峰：《中国早期弥勒信仰及其造像艺术》，《敦煌学辑刊》2002年第1期。

图6-109 敦煌莫高窟第268窟本尊塑像如来交脚像

资料来源：段文杰主编：《中国敦煌壁画全集1》敦煌北凉·北魏，第268窟西壁，天津人民美术出版社，2006年，35页。

六 伊和淖尔墓群所见北魏时期的文化交流与互动

佛的服饰都为圆领袈裟，戴有马士士帽，为犍陀罗艺术风格。490年以后，弥勒造像出现内着僧祇支腰束带，外著双领下垂，一端搭时样袈裟。此时已显现汉化风格，可能与北魏孝文帝推行汉化政策有关。

迁都洛阳前后的弥勒佛像题材，组合形式多样化，装饰性亦较强，出现了一佛二菩萨、一佛二胁侍菩萨等多种不同形式的题材组合造像。基座上亦出现菩萨、礼佛图等。弥勒造像如此多变的艺术组合方式，加上弥勒造像有佛立像、坐像、倚坐像、菩萨交脚等，所以弥勒像以丰富多彩的形式表现了出来。伊和淖尔1号墓铺首上的人物形象，高髻，微睁二目，蹲踞式，这种姿势佛像中比较少见，可能主要跟铺首整体设计相关。人物的胳膊及身后有飘带，显示可能着汉服。一人二兽这个题材，除了与西亚的最初母题相关外，也可能跟云冈模式的一佛二菩萨[1]、一佛二弟子[2]相关。

总之，佛教因素在北魏墓葬中不是孤立存在，而是多样化、有规模地出现。内容从一般的花纹到佛教人物形象，形式从单体的形象到系统化的墓室佛教题材布局（如邢合姜墓），佛教因素介入墓葬，既是传统丧礼让步的结果，也是对佛教本质的突破[3]。

6.1 号墓人物铺首的来源

伊和淖尔1号墓铺首上的人物像，可能受到了首都平城的影响。北魏早期，各路文化随着人口汇入平城地区，形成北魏墓葬文化的集聚期；约在献文帝即位（466年）后，北魏中期的墓葬文化确立了自身新特点，开始对周边地区输出影响[4]。固原和伊和淖尔墓群发现的铺首均属北魏铺首的中后期，应该是受到了平城影响的结果。特别是云冈模式形成后，云冈的佛教影响力显著提升，我们从邢合姜墓葬中发现的佛教壁画，能够看

---

[1] 宿白：《云冈实力的集聚和"云冈模式"的形成与发展》，《中国石窟·云冈石窟》，文物出版社1991年版，第76—78页。

[2] 宿白：《洛阳地区北朝石窟的初步考察》，《中国石窟·龙门石窟》，文物出版社1991年版，第225—239页；孟宪实：《论佛教造像中"一佛二弟子"模式的诞生》，《美术研究》2020年第5期。

[3] 李梅田、张志忠：《北魏邢合姜石椁壁画研究》，《美术观察》2020年第2期。

[4] 倪润安：《关陇与平城之间北魏墓葬文化的互动》，《史志学刊》2016年第2期。

到佛教思想对北魏文化、价值观念、墓葬习俗等方面影响的深刻程度。

除了铺首及佛教因素外，其他方面也能看到平城影响的因素。固原地处关陇地区，墓葬的年代是太和十三年（489年），墓葬形制为长斜坡墓道方形砖室，棺板漆画的表现方法、色调，以及忍冬花纹图案，和太和八年（484年）去世的司马金龙墓的漆棺画有许多相似之处[1]。伊和淖尔墓群位于锡林郭勒草原深处，北魏六镇的附近。1号墓出土的陶壶口部多呈喇叭形，和大同南郊北魏墓群中"第三段陶器群"特征接近，与雁北师院北魏墓群出土陶器也相似[2]。伊和淖尔墓群M2墓葬形制为长斜坡墓道长方形土洞墓，和大同南郊北魏墓群M175相近，陶器多饰以平城地区流行的纹饰，并且相同的器型组合也可见于大同田村北魏墓[3]。

另外，以龙城为中心的三燕地区，经由草原丝绸之路[4]与平城交往频繁，处在草原之路沿线的伊和淖尔地区也自然会受到重要的影响。前燕鲜卑慕容氏很早就接触到佛教，345年皇帝慕容皝在龙山建立龙翔佛寺[5]，这是东北地区第一座佛教建筑。后燕政权也推崇佛教，1976年，在朝鲜大安寺德兴里舞鹤山发现慕容镇墓，墓室壁画绘有佛事供养图，墓志中刻有"释迦文佛弟子慕容氏镇"等字样[6]。北燕的佛教在前燕、后燕基础上进一步发展，成为中国"北方佛法三宝兴隆之地"[7]和佛教重要来源之一。北燕大司马冯素弗头戴饰有佛、菩萨像的步摇冠，步摇的构件中有压印佛像纹金饰片（图6-110）[8]，表明冯素弗信奉佛法，可

---

[1] 固原县文物工作站：《宁夏固原北魏墓清理简报》，《文物》1984年第3期。

[2] 中国人民大学考古文博系：《内蒙古正镶白旗伊和淖尔M1发掘简报》，《文物》2017年第1期。

[3] 陈永志：《正镶白旗伊和淖尔墓群M2发掘简报》，《草原文物》2016年第1期。

[4] 相关讨论，详见徐苹芳《考古学上所见中国境内的丝绸之路》，《燕京学报》1995年新1期；刘宁《北燕、柔然与草原丝绸之路——从冯素弗墓出土的玻璃器谈起》，《北方民族考古》第二辑，科学出版社2015年版，第221—228、373页。

[5] （唐）房玄龄等：《晋书》卷一〇九，中华书局1974年版，第2826页。

[6] 孙进己等编：《东北古史资料丛编》第二卷，《幽州刺史慕容镇墓志》，辽沈书社1989年版。

[7] 汤用彤：《汉魏两晋南北朝佛教史》，中华书局1963年版。

[8] 辽宁省博物馆编：《北燕冯素弗墓》，文物出版社2015年版，第61—63页；彩板四五。

六 伊和淖尔墓群所见北魏时期的文化交流与互动 | 191

能是一名佛教信徒。太延二年（436年），北魏灭亡北燕，444年设立营州，太和年间的485年前后，冯太后在龙城建造思燕佛图，开凿营州万佛堂，这是东北地区最大规模的佛教建筑，影响范围较广。伊和淖尔1号墓铺首上的佛像很是巧妙、隐蔽，与冯素弗步摇冠中压印的佛像（图6-111）有异曲同工之妙，这不禁让人浮想联翩，让人很难相信两者没有关联。因此，伊和淖尔地区出现的佛教因素可能受到了三燕文化的影响。

此外，考虑到固原北魏墓铺首上两个人物中的一个是胡人形象，提醒我们要考虑胡人承担宗教传播者的角色。从靖边统万城八大梁北魏墓[①]中，可以发现粟特胡人皈依佛教的证据，这涉及北朝入华两大宗教——祆教和佛教间的关系，具有重要的学术价值。佛教、祆教在自西向东传播中

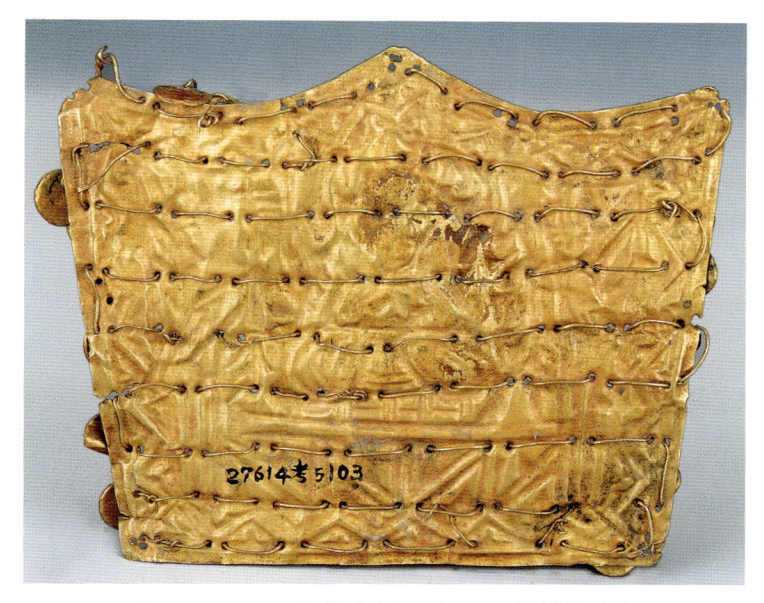

图6-110 冯素弗步摇冠中压印的佛像金饰版

资料来源：刘宁供图，辽宁省博物馆编著：《北燕冯素弗墓》，文物出版社2015年版，第61—63页、彩板四五。

---

① 邢福来、席琳、马瑞、曹宽宁、吕乃明、高小龙、赵西晨、宋俊荣、张明惠：《陕西靖边县统万城周边北朝仿木结构壁画墓发掘简报》，《考古与文物》2013年第3期。

图6-111　冯素弗步摇冠中压印的佛像（线图）

资料来源：张文治绘制。

逐渐深化，胡人主动承担了宗教传播者的角色。粟特人早先受贵霜王朝影响笃信佛教，康国僧人经常往来中原传教；后来贵霜势力衰弱，粟特人受萨珊波斯影响皈依火祆教，但仍遗留有少量佛教信众。此外，长期居于中国的粟特人受到佛教影响，也有转而崇佛的可能，同为火祆教信众的羯胡在石勒和佛图澄的共同影响下逐渐皈依佛教即是先例[1]。伊和淖尔墓地墓主人多佩带下颌托，而有学者认为下颌托是祆教文化遗物[2]，因此伊和淖尔铺首人物的来源又增加了新的要素。

范佳楠的研究很有启发性，她参照唐宋佛教塔基地宫中礼佛用具的组合形式，对南北朝墓葬中出现的铜礼佛用具进行了探讨，如长颈瓶（净瓶）、敞口盆、手炉、香宝子、多足盘、圆盒、灯和唾壶等。以这组铜容器随葬的墓主人，多在北魏至东魏、北齐期间，佛教传播中心——洛阳、晋阳和邺城，担任官职或长期居住。这些器具多为墓主生前的实用器，进

---

[1] 朱浒：《传承与分立：魏晋南北朝墓室壁画中所见胡人形象》，《形象史学研究》，人民出版社2015年版。

[2] 冯恩学：《下颌托——一个被忽视的祆教文化遗物》，《考古》2011年第2期。

入墓葬是佛教思想一定程度渗透到丧葬的结果，笃信佛教可以庇佑亡者[①]。伊和淖尔1号墓出土了多件细颈黄釉罐、三足铜盘、人物造型的铁灯。这些均是实用器，且似乎是成组出现，因此，可能也与礼佛用具有关。如鎏金人物银碗出土时就放在细颈陶壶的口沿上面，可能是敞口盆的功能。

丁爱博（Albert E.Dien）等研究者注意到，鲜卑特有的梯形棺与佛教的关联，认为该类型棺的式样很早就与佛教以及佛陀涅槃发生了联系，也正是这种与佛教的关系导致了梯形棺的流行，并最终用作盛放圣物的舍利函[②]。

我们对伊和淖尔墓葬出土的灯里面的残留物，进行了检测分析[③]，结果显示灯内残留物是羊油与蜂蜡的混合物，并且以羊油含量居多。对伊和淖尔人来说，羊油来源丰富，获取方便。但是，蜂蜡蜡烛资源稀缺，被认为是上层贵族使用的奢侈的商品，西汉时曾是南越王进贡中央的贡品，《西京杂记》中有"闽越王献高帝石蜜五斛，蜜烛二百枚"[④]的记载。北齐天保六年（555年）的《李清造报德像碑》，碑文有（李希宗）"宿殖善因，洞悟空假，役躯正竞，倾心大乘……扬于佛海，举烛重幽"的记载[⑤]。可见蜡烛是佛教法事的重要用品。

此外，伊和淖尔1号墓中还发现了不少鹦鹉的图像，也可能是跟佛教相关的因素。1号墓的金属下颌托上有两只对望的鹦鹉、鎏金三足铜盘口沿上站立六只。鹦鹉是一种慧鸟，能简单模仿学说人言，受到人们的喜欢和尊重。魏晋南北朝时期，鹦鹉被认为是一种吉祥之鸟。在印度的佛经故事中，鹦鹉是佛祖释迦牟尼的过去身，因此1号墓中出现8只鹦鹉图案，数量之多，并非偶然，可能有着相当的佛教色彩。北魏之后的鹦鹉，亦常常在佛教题材中出现。如在莫高窟第217窟北壁的经变图中，就绘有鹦鹉和仙鹤、孔雀等。内蒙古赤峰宝山辽墓2号墓的北壁诵经图，在

---

① 范佳楠：《南北朝墓葬所见铜礼佛用具》，《故宫博物院院刊》2017年第1期。

② ［美］丁爱博（Albert E. Dien）：《六朝文明》，李梅田译，社会科学文献出版社2021年版，第271页。

③ 韩化蕊、魏书亚、静永杰、王晓琨、李延祥：《THM-Py-GC/MS分析内蒙古伊和淖尔出土照明燃料分析》，《光谱学与光谱分析》2019年第12期。

④ （晋）葛洪辑，成林、程章灿译注：《西京杂记全译》，贵州人民出版社1993年版，第129页。

⑤ 范佳楠：《南北朝墓葬所见铜礼佛用具》，《故宫博物院院刊》2017年第1期。

一件金盏托的右侧立一只鹦鹉,羽毛洁白、钩喙点红。右上角竖框上题诗一首:"雪衣丹嘴陇山禽,每受宫闱指教深。不向人前出凡语,声声皆〔是〕念经音。"①诗歌里的陇山禽就是鹦鹉②。唐代韦皋在《西川鹦鹉舍利塔记》中记载:一只鹦鹉恪守六禁,非时不食,曾唱言:"阿弥陀佛"。该鹦鹉死后,竟得"舍利十余粒"③。可见鹦鹉被赋予了强烈的佛教启示意义,成为唐人修佛向道而获得解脱超拔的典型。

7. 余论

铺首是殷商传统的器物,自春秋开始被用于青铜器上,汉代大量见于画像石和棺椁上,直至晋代年间仍用于随葬器物和棺椁。平城时代作为一座民族融合的大熔炉,有继承自汉晋的文化传统,也有蓬勃新兴的佛教文化,与西域地区也保持着交往关系。与西域的关系,《北史》中有记载:"太延中,魏德益以远闻,西域龟兹、疏勒、乌孙、悦般、渴盘陁、鄯善、焉耆、车师、粟特诸国王遣使来献。……于是始遣行人王恩生、许纲等西使。……又遣散骑侍郎董琬、高明等多赍锦帛,出鄯善,招抚九国,厚赐之。"④

仅就铺首来看,北魏不但承袭汉晋铺首兽面双角独立内卷、额上装饰独立等特点,更有所创新。首先,创造性地将西亚、中亚草原传统上的一人双兽母体借来使用,并借助忍冬、人物等内容赋予其新的内涵;其次,将经凉州而来的佛教元素体现在铺首上,赋予铺首以佛像的功能,这让我们一方面看到北魏文化、艺术的百花齐放和勃勃生机,伊和淖尔1号墓铺首与固原铺首的高度一致性,也显示了锡林郭勒这条草原之路与传统丝绸之路的密切与通畅。此外,铺首人物衣着和身上的飘带,与

---

① 齐晓光、盖志勇、丛艳双:《内蒙古赤峰宝山辽壁画墓发掘简报》,《文物》1998年第1期。

② 古籍多有陇山产鹦鹉的记载,故鹦鹉也俗称陇客。李白的《初出金门寻王侍御不遇咏壁上鹦鹉》中,就有"落羽辞金殿,孤鸣托绣衣。能言终见弃,还向陇山飞"的诗句。

③ 徐松辑:《全唐文》卷四五三,韦皋《西川鹦鹉舍利塔记》,中华书局2002年版。

④ (唐)李延寿:《北史》,中华书局1974年版,第3206页。

司马金龙棺床上的力士相类①，下身均着犊鼻裤，帔帛绕两臂飘于身体两侧，使得铺首仙气飘飘，让人联想到佛教壁画中飞天的形象。而人物手抓龙舌，似乎蕴含着升天的道教思想，值得我们继续思考。总之，传承汉晋与多种外来文化因素，在伊和淖尔1号墓的这件铺首上实现了完美的融合。

---

① 山西省大同市博物馆、山西省文物工作委员会：《山西大同石家寨北魏司马金龙墓》，《文物》1972年第3期。

七
结　语

（一）锡林郭勒的"中间人"地位

欧亚草原的研究是一幅由种种联系和互相作用无穷无尽交织起来的画面。欧亚大陆的早期陆上传播交流通道主要有三条：喜马拉雅南麓通道、中亚—塔里木盆地的绿洲通道和北亚草原通道。近年来，北亚草原通道逐渐受到重视[①]。通过本文的梳理，反映出北亚的草原通道对中西交流具有极为重要的意义。早在1989年，刘观民就注意到了外贝加尔地区与中国东北的文化联系[②]。1997年，冯恩学提出"至少从富河文化阶段就开始了外贝加尔与辽西区文化的交流"。锡林郭勒金斯太洞穴发现的莫斯特文化因素，使中西方文化交流时间提前至4.7万年前。相信在不久的将来，随着考古发现与研究的不断发展，可能会出现更多更早的文化交流证据。

刘莉和陈星灿认为，"青铜冶金术、车和驯化的小麦、大麦、马、牛、绵羊、山羊都是从中亚来到中国的。中国与欧亚草原的交流也许通过了北方与西北方的多条不同路径发生，但直接的联系最有可能发生在北部边界，那里的人们充当了两个地区中间人的角色"[③]。

锡林郭勒属于这"中间人"的一部分。锡林郭勒处在狭义上的"中

[①] 龚缨晏：《远古时代的"草原通道"》，《浙江社会科学》1999年第5期。

[②] 刘观民：《苏联外贝加尔地区所出几件陶鬲的分析》，《中国原始文化论集》，文物出版社1989年版，第371—377页。

[③] Li Liu, Xingcan Chen, *The Archaeology of China: From the Late Paleolithic to the Early Bronze Age*, Cambridge University Press, 2012, p.395.

国北方长城地带",即古代中原农业居民与北方游牧人互相接触的地带①,这种接触地带也是生成新的社会体系的源泉②。王立新认为在夏家店下层文化阶段,存在"鄂尔多斯—辽西—外贝加尔"的文化传播带③。金斯太洞穴等一系列考古发现,表明锡林郭勒是这个传播带的重要组成部分,而且处在鄂尔多斯—辽西—外贝加尔三者之间文化交流的三岔口,因此是游牧人兴起前(春秋中期)的重要沟通通道,同时也是欧亚草原金属之路的必经之道。这一交流的通道自旧石器时代中期开始,一直未中断。

(二)锡林郭勒考古反映的文化交流模式

古代东北亚与世界文化联系的途径形成了一个网络,这一网络的基础和主干是以中原为中心向外辐射的交通体系④。中国交通体系的这一特点,在旧石器时代露出了端倪。金斯太洞穴下层开始虽有莫斯特文化因素出现,但是文化主体始终是华北小石器系统,金斯太上层的细石器技术与华北的下川⑤、峙峪⑥等有着很高的相似度,而来自山地阿尔泰地区的莫斯特文化因素,始终没有成为文化的主流。

关于新石器时代中原与北方的联系,苏秉琦写过一首著名的诗,"华山玫瑰燕山龙,大青山下斝与瓮。汾河湾旁磬和鼓,夏商周及晋文公。"⑦

---

① 林沄:《夏至战国中国北方长城地带游牧文化带的形成过程(论纲)》,《燕京学报》新14期,北京大学出版社2003年版。

② [日]宫本一夫:《从神话到历史:神话时代夏王朝》,吴菲译,广西师范大学出版社2014年版,第391页。

③ 王立新:《辽西区夏至战国时期文化格局与经济形态的演进》,《考古学报》2004年第3期。

④ 王小甫:《"黑貂之路"质疑——古代东北亚与世界文化联系之我见》,《历史研究》2001年第3期。

⑤ 王建、王向前、陈哲英:《下川文化——山西下川遗址调查报告》,《考古学报》1978年第3期。

⑥ 贾兰坡、盖培、尤玉桂:《山西峙峪旧石器时代遗址发掘报告》,《考古学报》1972年第1期。

⑦ 田广金、郭素新:《大青山下斝与瓮——读苏秉琦先生〈中国文明起源新探〉的启示》,《内蒙古文物考古》1997年第2期。

这首诗生动地再现了当时中国北方文化东西交流的特点。锡林郭勒的考古新发现,则让这种交流进一步在时间和空间上拓展,也验证了经过锡林郭勒的草原通道一直存在的历史事实。

一般说来,从文化交流的机制而言,高纬度地区易于向低纬度地区流动,逆向流动则十分困难①,显著的例子如金斯太洞穴发现的莫斯特文化因素,以及在乃仁陶力盖遗址发现的具有浓重外贝加尔因素的圜底釜。但到了新石器时代至游牧人兴起之前,与来自高纬度的蒙古、外贝加尔的影响相比,低纬度的辽西区、阴山山脉、燕山南麓的文化因素对锡林郭勒有着更强烈的影响,并一直存在,连绵不断。这也充分地显示出了中国传统文化的特点:连续性、包容性与韧性。

根据旧大陆西部各个古代文明之间的文化联系,安德烈·冈德·弗兰克提出世界体系形成于5000年前②。根据龙山—二里头文化阶段冶金术、麦类作物和食草家畜在中国的发现,孙驰认为欧亚的世界体系开始于青铜时代全球化时期③。韩建业认为东、西两大文化圈的交流主要发生在公元前4千纪中期以后,彩陶、金属器、农作物、家畜等的交流,推动了东、西方文明的形成和发展。④目前的考古发现显示,越来越多的莫斯特文化因素和丹尼索瓦人(夏河人)在东亚的发现,横跨欧亚的世界体系建立的时间可能比我们以往的判断要早得多,并且这种交流一直存在。正是这种连绵不断的文化联系,东西得以沟通,华夏得以促进,中华"超百万年的文化根系"得以持续更新并连续发展。

(三)锡林郭勒与草原丝绸之路

中华文明与外界的交流与联系,时代远、线路多,我们常常将这些

---

① 朱永刚:《文化变迁与边缘效应——西辽河流域北系区新石器时代文化的发现与研究》,《考古学报》2016年第1期。

② [德]安德烈·冈德·弗兰克、[英]巴里·K.吉尔斯主编:《世界体系:500年还是5000年?》,郝名玮译,社会科学文献出版社2004年版。

③ 张弛:《龙山—二里头——中国史前文化格局的改变与青铜时代全球化的形成》,《文物》2017年第6期。

④ 韩建业:《全新世亚欧大陆的三大文化圈》,《考古》2021年第11期。

承载着文化、贸易等的线路通称为丝绸之路。中国境内的丝绸之路，大体上可分四条①，即沙漠丝绸之路、草原丝绸之路、西南丝绸之路和海上丝绸之路。其中丝绸之路的主道是汉唐两京（西安和洛阳）经河西走廊至西域的路线，即沙漠丝绸之路。而在北方的草原地带，自古以来存在另外一条重要的交通路线，即草原之路。江上波夫也认为草原之路的兴起源于史前时代畜养动物的游牧部落的迁徙②。"他认为欧亚游牧原住民的细石器文化，早在史前时代就已经存在于草原路线沿线了，使用细小石刃的新石器文化、半农半牧的安德罗诺沃文化，还有畜牧成分大于农耕的卡拉苏克文化，都与草原路线的发展密切相关。

公元4世纪的十六国和北朝时期，随着鲜卑的崛起，草原上的东西交通日益重要，至公元5世纪的北魏时期，以平城（山西大同）为中心，西接伊吾（新疆哈密），东至辽东（辽宁辽阳），经朝鲜而至日本，逐渐发展和形成了一条贯通中国北方的东西国际交通路线。这条草原丝绸之路是连接西亚、中亚与东北亚的国际路线。平城和龙城（营州，今辽宁朝阳）是这条路线上的两颗明珠。这个时期的锡林郭勒，就是连接这两颗明珠的重要区域，伊和淖尔墓葬中发现的各种异宝就是明证。

平城时代是一座民族融合的大熔炉，有继承自汉晋的文化传统，也有蓬勃新兴的佛教文化，也和西域以及更远的地区保持着交往关系，"太延中，魏德益以远闻，西域龟兹、疏勒、乌孙、悦般、渴盘陀、鄯善、焉耆、车师、粟特诸国王遣使来献。……于是始遣行人王恩生、许纲等西使。……又遣散骑侍郎董琬、高明等多赍锦帛，出鄯善，招抚九国，厚赐之③"。鲜卑人自大兴安岭出发，一路向西、向南，进入锡林郭勒，打通阴山南北，进而广连西域，接触到各种文化，汇合佛教等各种思想，汲取中国传统和域外文化，并加以改变与吸收，方有北魏入主中原、百花齐放的局面，为盛唐文明的诞生打下坚实的基础。

草原丝绸之路是一条文化交流之路，从4.7万年前欧洲的莫斯特技术，到朱开沟文化的陶鬲，到青铜时代车辆的出现、岩画的开凿，再到萨珊

---

① 徐苹芳：《考古学上所见中国境内的丝绸之路》，《燕京学报》1995年新1期。
② ［日］奈良县立美术馆主编：《丝绸之路文明展——绿洲路线与草原路线》序言，1988年，第12—24页。
③ （唐）李延寿：《北史》，中华书局1974年版，第3206页。

波斯玻璃、金属下颌托、希腊神话人物、拜占庭金属器、印度佛教等技术和思想文化的传播，都沿着这条文化线路一一展开，精彩纷呈。

草原丝绸之路更是一条融合之路，各种文化因素在锡林郭勒这片广袤的草原上交流、驰骋，就像此起彼伏的北方民族一样，击长空、射大雕，在欧亚草原的舞台上碰撞、交流，最终走向融合，最终变成彼此的一部分，变成中华民族的一分子。"没有边疆何以中国？"[1]中国的历史的确是边疆民族不断融入发展的历史，特别是北方民族的南下和交融，才使中国不断发展壮大，由原来的华夏形成了现在的中华，才葆有了不断攀升的原动力，造就了今天的多元一体。

中国文明是一种超大型的文明形态，具有上万年的农业史，五千多年的文明史，连绵不绝，活跃至今。中国文明天然具有开放、兼容的特性，从最初的"满天星斗"般的点点繁星，逐渐向中心汇聚、闪亮，在融合吸收东西南北各方精华之后，最终形成中华文明耀眼的火光，那些经久不息的文明之火，不仅照亮了中华大地，更为世界文明送去光亮与温暖，中华民族也得以变得更为丰富、更有内涵。因此，从文明交流的角度上说，我们是与世界其他文明密不可分、休戚与共的人类命运共同体。比如在草原深处的锡林郭勒，1500年前的墓葬中，发现了代表着西方文明源头的希腊文明的神话人物形象，就表明欧亚大陆两端的东西方两大古老文明是多么紧密地联系在一起。

中国地处太平洋的西岸、欧亚大陆的东部，独特的地理位置造成我们往往更关注东西方向的文化交流，但从锡林郭勒一域的考古发现来看，锡林郭勒与东面的西辽河流域、西面的蒙古高原、南面的华北平原、北面的西伯利亚—贝加尔等地区都有着丰富且连续的物质和文化交流，这些实实在在的物质文化遗存提醒我们：文化交流总是多向互动，无问西东。

---

[1] 魏坚：《穹谷寥星——魏坚北方考古文选》，科学出版社2021年版，第318页。

参考文献

（汉）班固：《汉书》，中华书局1962年版。
（晋）陈寿：《三国志》，中华书局1959年版。
（晋）葛洪：《西京杂记》，贵州人民出版社1993年版。
（南朝宋）范晔：《后汉书》，中华书局1965年版。
（南朝梁）萧子显：《南齐书》，中华书局1972年版。
（北魏）郦道元撰，（清）王先谦校：《合校水经注》，中华书局2009年版。
（北魏）杨衒之撰，周祖谟校释：《洛阳伽蓝记校释》，中华书局1963年版。
（北齐）魏收：《魏书》，中华书局2017年版。
（唐）房玄龄等：《晋书》，中华书局1974年版。
（唐）李延寿：《北史》，中华书局1974年版。
（唐）令狐德棻：《周书》，中华书局1974年版。
（清）徐松：《全唐文》，中华书局2002年版。
《林沄学术文集》，中国大百科全书出版社1998年版。
北京钢铁学院《中国冶金简史》编写小组：《中国冶金简史》，科学出版社1978年版。
北京科技大学冶金与材料史研究所、北京科技大学科学技术与文明研究中心：《中国冶金史论文集》，科学出版社2006年版。
曹建恩：《游牧业起源的证据——以内蒙古中南部为中心》，《庆祝张忠培先生八十岁论文集》，科学出版社2014年版。
陈晓露主编：《芳林新叶——历史考古青年论集》第二辑，上海古籍出版社2019年版。
陈永志、吉平、张文平：《锡林郭勒文化遗产》，文物出版社2014年版。
出土文物展览工作组编：《文化大革命期间出土文物》第一辑，文物出版社1972年版。

大连大学中国古代社会与思想文化研究中心:《中国古代社会与思想文化研究论文集》,黑龙江人民出版社2006年版。

大同市考古研究所:《大同雁北师院北魏墓群》,文物出版社2008年版。

杜世铎主编:《北魏史》,北岳文艺出版社2017年版。

冯恩学:《俄国东西伯利亚与远东考古》,吉林大学出版社2002年版。

广州市文物管理委员会、中国社会科学院考古研究所、广东省博物馆:《西汉南越王墓》,文物出版社1991年版。

呼和浩特市人民政府、内蒙古自治区社会科学院等编:《内蒙古第四届草原文化研讨会论文集》,内蒙古教育出版社2008年版。

黄维、陈建立、王辉、吴小红:《马家塬墓地金属制品技术研究——兼论战国时期西北地区文化交流》,北京大学出版社2013年版。

吉林大学边疆考古研傲视群雄中心主办:《边疆考古研究》,科学出版社2009年版。

李凭:《北魏平城时代》,上海古籍出版社2014年版。

李容全等:《内蒙古高原湖泊与环境变迁》,北京师范大学出版社1990年版。

辽宁省博物馆编著:《北燕冯素弗墓》,文物出版社2015年版。

辽宁省文物考古研究所、朝阳市北塔博物馆:《朝阳北塔——考古发掘与维修工程报告》,文物出版社2007年版。

刘北成、郭小凌译:《历史研究》(修订插图本),上海人民出版社2000年版。

刘国祥主编:《东北文物考古论集》,科学出版社2004年版。

刘俊喜:《大同雁北师院北魏墓群》,文物出版社2008年版。

刘永华:《中国古代车与马具》,上海辞书出版社2002年版。

龙门文物保管所、北京大学考古系编:《中国石窟·云冈石窟》(一),文物出版社1991年版。

马永真、明锐、胡益华、塔拉主编:《论草原文化》第九辑,内蒙古教育出版社2012年版。

南京大学历史系考古专业、湖北省文物考古研究所、鄂州市博物馆编著,中国社会考古研究所编辑:《鄂城六朝墓》,科学出版社2007年版。

南京师范大学文博系编:《东亚古物》(A卷),文物出版社2004年版。

内蒙古文物工作队编：《内蒙古文物资料选辑·察右后旗三兰虎沟的古墓群》，内蒙古人民出版社1964年版。

内蒙古文物考古研究所：《内蒙古东部区考古学文化研究文集》，海洋出版社1991年版。

内蒙古文物考古研究所编，李逸友、魏坚主编：《内蒙古文物考古文集》第一辑，中国大百科全书出版社1994年版。

内蒙古自治区文化厅（文物局）、内蒙古自治区文物考古研究所编著：《内蒙古自治区长城资源调查报告——北魏长城卷》，文物出版社2014年版。

内蒙古自治区文物考古研究所编：《锡林郭勒文化遗产》，文物出版社2014年版。

宁夏固原博物馆编：《固原文物精品图集》（中册），黄河出版传媒集团、宁夏人民出版社2011年版。

宁夏文物考古研究所：《水洞沟——1980年发掘报告》，科学出版社2003年版。

齐东方：《唐代金银器研究》，中国社会科学出版社1999年版。

山西大学历史文化学院、山西省考古研究所、大同市博物馆：《大同南郊北魏墓群》，科学出版社2006年版。

上海博物馆编：《壁上观——细读山西古代壁画》，北京大学出版社2017年版。

石蕴琮、石应蕙、白征夫等编著：《内蒙古自治区地理》，内蒙古人民出版社1989年版。

苏秉琦：《中国文明起源新探》，辽宁人民出版社2009年版。

孙机：《载驰载驱——中国古代车马文化》，上海古籍出版社2016年版。

孙进己等编：《东北古史资料丛编》第二卷，《幽州刺史慕容镇墓志》，辽沈书社1989年版。

孙儒泳、王德华等主编：《动物生态学原理》（第四版），北京师范大学出版社2019年版。

孙作云：《美术考古与民俗研究》，河南大学出版社2003年版。

汤用彤：《汉魏两晋南北朝佛教史》，商务印书馆2015年版。

田昌五、石兴邦主编：《中国原始文化论集——纪念尹达八十延辰》，文物出版社1989年版。

王利民：《平城文物精粹——大同市博物馆藏精品录》，江苏凤凰美术出版社2016年版。

王明珂：《游牧者的抉择——面对汉帝国的北亚游牧部族》，广西师范大学出版社2014年版。

王晓琨、张文静：《岩石上的信仰——中国北方人面岩画》，社会科学文献出版社2018年版。

王晓琨、张文静：《阴山岩画研究》，中国社会科学出版社2012年版。

王晓琨等：《锡林郭勒岩画》，社会科学文献出版社2019年版。

魏坚：《穹谷寥星——魏坚北方考古文选》，科学出版社2021年版。

魏坚、谌璐琳：《北魏六镇城址的考古学观察》，《北魏六镇学术研讨会论文集》，内蒙古人民出版社2015年版。

魏坚主编：《内蒙古地区鲜卑墓葬的发现与研究》，科学出版社2004年版。

文物出版社编辑部编：《文物与考古论集》，文物出版社1986年版。

乌恩：《论古代战车及其相关问题》，《内蒙古文物考古文集》，中国大百科全书出版社1994年版。

乌恩：《论夏家店上层文化在欧亚大陆草原古代文化中的重要地位》，《边疆考古研究》，科学出版社2002年版。

吴汝康、吴新智、张森水主编：《中国远古人类》，科学出版社1989年版。

夏含夷：《中国马车的起源及其历史意义》，《古史异观》，上海古籍出版社2005年版。

新疆维吾尔自治区文物事业管理局等主编：《新疆文物古迹大观》，新疆美术摄影出版社1999年版。

徐馨、沈志达：《全新世环境》，贵州人民出版社1990年版。

杨建华：《春秋战国时期中国北方文化带的形成》，文物出版社2004年版。

杨建华、蒋刚：《公元前2千纪的晋陕高原与燕山南北》，科学出版社2008年版。

杨建华、潘玲、邵会秋：《欧亚草原东部的金属之路》，上海古籍出版社2016年版。

张荣祖：《中国动物地理》，科学出版社2015年版。

中国人民大学北方民族考古研究所、中国人民大学历史学院考古文博系编：《北方民族考古》第二辑，科学出版社2015年版。

中国人民大学北方民族考古研究所、中国人民大学历史学院考古文博系编：《北方民族考古》第三辑，科学出版社2016年版。

中国人民大学历史学院、中国人民大学北方民族考古研究所编：《中国·乌珠穆沁边疆考古国际学术研讨会论文集》，科学出版社2009年版。

中国社会科学院考古研究所：《殷墟妇好墓》，文物出版社1980年版。

中国社会科学院考古研究所编：《中国商文化国际学术讨论会论文集》，中国大百科全书出版社1998年版。

中国自然资源协会等编：《中国干旱半干旱地区自然资源研究》，科学出版社1988年版。

周昆叔、宋豫秦主编：《环境考古研究》第二辑，科学出版社2000年版。

周清澍主编：《内蒙古历史地理》，内蒙古人民出版社1993年版。

朱永刚、王立新、塔拉主编：《西拉木伦河流域先秦时期遗址调查与试掘》，科学出版社2010年版。

［德］安德烈·冈德·弗兰克、巴里·K.吉尔斯主编：《世界体系：500年还是5000年？》，郝名玮译，社会科学文献出版社2004年版。

［俄］库兹米娜著，［美］梅维恒英文编译：《丝绸之路史前史》，李春长译，科学出版社2015年版。

［美］丁爱博（Albert E. Dien）：《六朝文明》，李梅田译，社会科学文献出版社2021年版。

［蒙］D.策温道尔吉、D.巴雅尔、Ya.策仁达格娃、Ts.敖其尔呼雅格：《蒙古考古》，（蒙）D.莫洛尔俄译，潘玲、何雨濛、萨仁毕力格译，杨建华校，上海古籍出版社2019年版。

［蒙］D.策文道尔基、Ya.策仁达格瓦、B.贡沁苏仁、D.嘎日玛扎布：《吉布胡楞特海尔罕山岩画》，通格勒格、丹达尔、特日根巴彦尔译，社会科学文献出版社2020年版。

［日］宫本一夫：《从神话到历史：神话时代夏王朝》，吴菲译，广西师范大学出版社2014年版。

［日］石松日奈子：《北魏佛造像史研究》，筱原典生译，文物出版社2012年版。

［日］正仓院事务藏：《正仓院宝物》图版八二，朝日新闻社1965年版。

［英］麦金德：《历史的地理枢纽》，林尔蔚、陈江译，商务印书馆2010年版。

［英］汤因比：《历史研究》，曹未风等译，上海人民出版社1964年版。

《无产阶级文化大革命期间出土文物展览简介》，《文物》1972年第1期。

安丽萍、李正先、于景文、成述儒、王川、罗玉柱：《从细胞色素b基因序列探讨普氏野马与蒙古马的遗传多态性》，《甘肃农业大学学报》2006年第5期。

安英新：《新疆伊犁昭苏县古墓葬出土金银器等珍贵文物》，《文物》1999年第9期。

安志敏、郑乃武：《内蒙古宁城县南山根102号石椁墓》，《考古》1981年第4期。

巴林右旗博物馆：《巴林右旗古日古勒台新石器时代遗址调查简报》，《内蒙古文物考古》1992年第1、2期。

巴林右旗博物馆：《内蒙古巴林右旗那斯台遗址调查》，《考古》1987年第6期。

包曙光、王乐文、王禹夫：《中俄黑龙江流域考古学研究新进展》，《黑河学院学报》2019年第10期。

北京大学考古文博学院、郑州市文物考古研究院：《河南新密李家沟遗址发掘简报》，《考古》2011年第4期。

北京大学考古文博学院等：《北京市门头沟区东胡林史前遗址》，《考古》2006年第7期。

北京市文物工作队：《北京西郊西晋王俊妻华芳墓清理简报》，《文物》1965年第12期。

曹建恩、孙金松、胡晓农：《内蒙古和林格尔县新店子墓地发掘简报》，《考古》2009年第3期。

朝格巴图：《巴林右旗敖包恩格日遗址调查》，《内蒙古文物考古》1997年第2期。

陈宥成、曲彤丽：《试析华北地区距今1万年左右的社会复杂现象》，《中原文物》2012年第3期。

赤峰博物馆、翁牛特旗博物馆：《翁牛特旗解放营子乡新石器时代遗址调查报告》,《内蒙古文物考古》2005年第1期。

初师宾:《甘肃靖远新出东罗马鎏金银盘略考》,《文物》1990年第5期。

崔明德、张书艳:《略论北魏平城时期的宗教与民族关系》,《鲁东大学学报》(哲学社会科学版)2010年第11期。

大同市博物馆、马玉基:《大同市小站村花圪塔台北魏墓清理简报》,《文物》1983年第8期。

大同市考古研究所:《山西大同七里村北魏墓群发掘简报》,《文物》2006年第10期。

董玉祥、刘毅华:《内蒙古浑善达克沙地近五千年内沙漠化过程的研究》,《干旱区地理》1993年第2期。

豆海锋、王立新:《试析昌平张营遗址早期青铜时代遗存》,《北方文物》2010年第3期。

杜战伟、韩斐:《论兴隆洼文化的分期与年代》,《考古》2019年第3期。

范佳楠:《南北朝墓葬所见铜礼佛用具》,《故宫博物院院刊》2017年第1期。

冯恩学:《我国东北与贝加尔湖周围地区新石器时代文化交流的三个问题》,《辽海文物学刊》1997年第2期。

冯恩学:《下颌托——一个被忽视的祆教文化遗物》,《考古》2011年第2期。

伏修锋、干福熹:《中国古代釉砂和玻砂》,《硅酸盐学报》2006年第4期。

付承章:《再论大同南郊北魏遗址所出人物纹银碗——兼谈东信家居广场所出银戒指》,《中国国家博物馆馆刊》2019年第9期。

盖山林:《阿巴嘎旗丹仑土仑遗址调查》,《内蒙古文物考古》2005年第1期。

盖山林:《内蒙古察右后旗赵家房村发现匈奴墓群》,《考古》1977年第2期。

甘肃省博物馆、秦安县文化馆、大地湾发掘小组:《1980年秦安大地湾一期文化遗存发掘简报》,《考古与文物》1982年第2期。

高星:《更新世东亚人群连续演化的考古证据及相关问题论述》,《人类学学报》2014年第3期。

葛承雍:《从出土汉至唐文物看欧亚文化交流遗痕》,《故宫博物院院刊》

2015年第3期。

耿侃、张振春：《内蒙古达来诺尔地区全新世湖群地貌特征及其演化》，《北京师范大学学报》（自然科学版）1988年第4期。

龚缨晏：《车子的演进与传播——兼论中国古代马车的起源问题》，《浙江大学学报》（人文社会科学版）2003年第3期。

龚缨晏：《远古时代的"草原通道"》，《浙江社会科学》1999年第5期。

固原县文物工作站：《宁夏固原北魏墓清理简报》，《文物》1984年第6期。

郭大顺：《玉器的起源与渔猎文化》，《北方文物》1996年第4期。

郭静云：《古代亚洲的驯马、乘马与游战族群》，《中国社会科学》2012年第6期。

韩化蕊、魏书亚、静永杰、王晓琨、李延祥：《THM-Py-GC/MS分析内蒙古伊和淖尔出土照明燃料分析》，《光谱学与光谱分析》2019年第12期。

韩建业：《全新世亚欧大陆的三大文化圈》，《考古》2021年第11期。

河北省文物管理处、邯郸市文物保管所：《河北武安磁山遗址》，《考古学报》1981年第3期。

河北省文物考古研究所等：《1997年河北徐水南庄头遗址发掘报告》，《考古学报》2010年第3期。

侯亚梅：《水洞沟：东西方文化交流的风向标？——兼论华北小石器文化和"石器之路"的假说》，《第四纪研究》2005年第6期。

黄慰文、侯亚梅：《萨拉乌苏遗址的新材料：范家沟湾1980年出土的旧石器》，《人类学学报》2003年第4期。

吉学平：《云南富源大河旧石器遗址入选2006年度全国十大考古新发现》，《人类学学报》2007年第3期。

贾兰坡、盖培、尤玉桂：《山西峙峪旧石器时代遗址发掘报告》，《考古学报》1972年第1期。

贾兰坡、卫奇、李超荣：《许家窑旧石器时代文化遗址1976年发掘报告》，《古脊椎动物与古人类》1979年第4期。

姜仕勋、周兴启、马凤磊：《砚台山遗址（B2区）发掘简报》，《内蒙古文物考古》2009年第2期。

金学山：《内蒙古托克托县皮条沟发现三座鲜卑墓》，《考古》1991年第5期。

靳鹤龄、苏志珠、孙忠：《浑善达克沙地全新世中晚期地层化学元素特征及其气候变化》,《中国沙漠》2003年第4期。

井中伟:《锲策、钉齿镳与镝衔——公元前二千纪至前三世纪中西方御马器比较研究》,《考古学报》2013年第3期。

喀左县博物馆:《记辽宁喀左县后坟村发现的一组陶器》,《考古》1982年第1期。

克什克腾旗文化馆:《辽宁克什克腾旗天宝同发现商代铜甗》,《考古》1977年第5期。

黎瑶渤:《辽宁北票县西官营子北燕冯素弗墓》,《文物》1973年第4期。

李博、雍世鹏、曾泗弟、崔海亭:《生态分区的原则、方法与应用——内蒙古自治区生态分区图说明》,《植物生态学与地植物学学报》1990年第1期。

李飞:《试论贵州岩画的年代》,《华夏考古》2015年第1期。

李锋:《莫斯特石器组合与尼安德特人的演化》,《科学》2019年第3期。

李静杰:《中国出土古希腊罗马器物辨析》,《艺术设计研究》2019年第4期。

李龙吟、田明中、迟振卿、储国强、蔡红飚、罗竹琴:《内蒙古苏尼特左旗古人类遗存点的发现及意义》,《现代地质》1995年第2期。

李梅田、张志忠:《北魏邢合姜石椁壁画研究》,《美术观察》2020年第2期。

李明、赵占锐:《咸阳考古发现中国最早金铜佛像——东汉晚期即出现独立的、体现宗教信仰意义的佛像》,《文博中国》2021年12月9日。

李森、孙武、李孝泽、张勃:《浑善达克沙地全新世沉积特征与环境演变》,《中国沙漠》1995年第4期。

李水城、梅建军:《古代的交互作用:欧亚大陆的东部与西部述评》,《华夏考古》2004年第3期。

李逸友:《中国北方长城考述》,《内蒙古文物考古》2001年第1期。

李永宁、梁云、王建新、席琳、陈新儒、郭梦、任萌:《甘肃马鬃山区考古调查简报》,《考古与文物》2006年第5期。

李有骞、杨永才:《黑龙江饶河县小南山遗址2015年Ⅲ区发掘简报》,《考古》2019年第8期。

李占扬:《许昌灵井旧石器时代遗址2006年发掘报告》,《考古学报》2010年第1期。

栗静舒、张双权、高星、Henry T.Bunn:《许家窑遗址马科动物的死亡年龄》,《人类学学报》2017年第1期。

梁玉莲:《内蒙锡盟桑根达来3600年来的植被及环境演变》,《中国沙漠》1991年第2期。

林梅村:《中国境内出土带铭文的波斯和中亚银器》,《文物》1997年第9期。

林杉、敖红、程鹏、卫奇、张鹏、舒培仙、李兴文:《泥河湾盆地于家沟遗址AMS-~(14)C年代学研究及其考古学意义》,《地球环境学报》2018年第2期。

林圣龙:《中西方旧石器文化中的技术模式的比较》,《人类学学报》1996年第1期。

林圣智:《墓葬、宗教与区域作坊——试论北魏墓葬中的佛教图像》,《美术史研究集刊》2008年第24期(中国台湾大学艺术史研究所印行)。

林沄:《丝路开通以前新疆的交通路线》,《草原文物》2011年第1期。

林沄:《中国北方长城地带游牧文化带的形成过程》,《燕京学报》2003年新14期。

林沄:《中国东北系铜剑初论》,《考古学报》1980年第2期。

刘观民、徐光冀:《宁城南山根遗址发掘报告》,《考古学报》1975年第1期。

刘扬:《内蒙古鄂尔多斯乌兰木伦遗址石器工业中的西方文化元素》,《草原文物》2018年第2期。

刘云涛、王健、何绪军:《山东莒县浮来山西汉城阳国墓葬发掘简报》,《东南文化》2015年第4期。

刘志安、朝格巴图:《哈日巴沼遗址调查简报》,《内蒙古文物考古》2000年第2期。

陆思贤、陈棠栋:《达茂旗出土古代北方民族金龙等贵重文物》,《内蒙古社会科学》1983年第4期。

马丽亚·艾海提、金诚实、静永杰:《内蒙古北魏墓出土萨珊玻璃器及其相关问题》,《文博》2017年第4期。

马雍:《北魏封和突墓及其出土的波斯银盘》,《文物》1983年第8期。

马玉基:《大同市小站村花圪塔台北魏墓清理简报》,《文物》1983年第

8 期。

孟宪实：《论佛教造像中"一佛二弟子"模式的诞生》，《美术研究》2020年第 5 期。

米文平：《鲜卑石室的发展与初步研究》，《文物》1981 年第 2 期。

纳古善夫：《内蒙古苏尼特右旗吉日嘎郎图新石器时代遗存》，《考古》1982 年第 1 期。

南京博物院、盱眙县文广新局：《江苏盱眙县大云山西汉江都王陵一号墓》，《考古》2013 年第 10 期。

南京市博物馆：《南京象山 5 号、6 号、7 号墓清理简报》，《文物》1972 年第 11 期。

内蒙古文物工作队：《内蒙古扎赉诺尔古墓群发掘简报》，《考古》1961 年第 12 期。

内蒙古文物工作队：《内蒙古呼和浩特美岱村北魏墓》，《考古》1962 年第 2 期。

内蒙古文物考古研究所、锡林郭勒盟文物保护站、正镶白旗文物管理所：《正镶白旗伊和淖尔墓群 M2 发掘简报》，《草原文物》2016 年第 1 期。

内蒙古自治区博物馆：《和林格尔县另皮窑村北魏墓出土的金器》，《内蒙古文物考古》1984 年总第 3 期。

内蒙古自治区文物工作队：《内蒙古陈巴尔虎旗完工古墓清理简报》，《考古》1965 年第 6 期。

内蒙古自治区文物考古研究所：《2015 年内蒙古自治区文物考古研究所考古发现综述》，《草原文物》2016 年第 1 期。

内蒙古自治区文物考古研究所：《2018 年内蒙古自治区文物考古研究所考古发现综述》，《草原文物》2019 年第 1 期。

倪润安：《关陇与平城之间北魏墓葬文化的互动》，《史志学刊》2016 年第 2 期。

宁夏回族自治区博物馆、宁夏固原博物馆：《宁夏固原北周李贤夫妇墓发掘简报》，《文物》1985 年第 11 期。

齐晓光、盖志勇、丛艳双：《内蒙古赤峰宝山辽壁画墓发掘简报》，《文物》1998 年第 1 期。

乔梁：《中国境外发现的鬲形陶器》，《文物》2002 年第 1 期。

任进成、李锋、王晓敏、陈福友、高星:《河北阳原县板井子旧石器时代遗址2015年发掘简报》,《考古》2018年第11期。

任萌、王建新:《岩画研究的考古学方法》,《文物》2013年第3期。

山西省大同市博物馆、山西省文物工作委员会:《山西大同石家寨北魏司马金龙墓》,《文物》1972年第3期。

山西省考古研究所、大同市博物馆:《大同南郊北魏墓群发掘简报》,《文物》1992年第8期。

陕西省考古研究院、榆林市文物保护研究所、榆林市考古勘探工作队、靖边县文物管理办公室、靖边县统万城文物管理所:《陕西靖边县统万城周边北朝仿木结构壁画墓发掘简报》,《考古与文物》2013年第3期。

邵会秋、吴雅彤:《早期游牧文化起源问题探析》,《北方文物》2020年第1期。

邵会秋、杨建华:《从夏家店上层文化青铜器看草原金属之路》,《考古》2015年第10期。

沈阳市文物管理办公室、沈阳故宫博物馆:《沈阳新乐遗址第二次发掘报告》,《考古学报》1985年第2期。

施雅风、孔昭宸、王苏民等:《中国全新世大暖期鼎盛阶段的气候与环境》,《中国科学》B辑1993年第8期。

石渡美江:《甘肃省靖远出土镏金银盘的图像和年代》,刘志华译,《丝绸之路》2003年第S2期。

柿子滩考古队:《山西吉县柿子滩遗址第九地点发掘简报》,《考古》2010年第10期。

苏北海:《嚈哒在中亚的扩张》,《西北史地》1985年第3期。

苏秉琦:《华人·龙的传人·中国人——考古寻根记》,《新华文摘》1987年第11期。

宿白:《盛乐、平城一带的拓跋鲜卑——北魏遗迹——鲜卑遗迹辑录之二》,《文物》1977年第11期。

宿白:《云冈石窟分期试论》,《考古学报》1978年第1期。

孙机:《从胸式系驾法到鞍套式系驾法——我国古代车制略说》,《考古》1980年第5期。

孙机:《固原北魏漆棺画研究》,《文物》1989年第9期。

孙继民：《克什克腾旗岩画述略》，《内蒙古文物考古》1994年第1期。

塔拉、张文平、王晓琨：《查干诺尔新石器时代遗址调查简报》，《内蒙古文物考古》2000年第2期。

汤惠生：《青海动物岩画和吐蕃本教崇拜及仪轨》，《文艺理论研究》1991年第1期。

汤惠生：《岩画断代技术手段的检讨——兼论青海岩画的微腐蚀断代》，《南京师范大学学报》（社会科学版）2002年第4期。

陶正刚、刘永生、海金乐：《山西灵石旌介村商墓》，《文物》1986年第11期。

特日根巴彦尔：《欧亚草原中东部地区车辆岩画的分布特点及内容分析》，《草原文物》2012年第2期。

田广金：《内蒙古朱开沟遗址》，《考古学报》1988年第3期。

田广金、郭素新：《大青山下斝与瓮——读苏秉琦先生〈中国文明起源新探〉的启示》，《内蒙古文物考古》1997年第2期。

田广林：《内蒙古赤峰市阴河中下游古代岩画的调查》，《考古》2004年第12期。

田立坤：《辽西地区先秦时期马具与马车》，《考古》2017年第10期。

田立坤、李智：《朝阳发现的三燕文化遗物及相关问题》，《文物》1994年第11期。

仝涛、李林辉、黄珊：《西藏阿里地区噶尔县故如甲木墓地2012年发掘报告》，《考古学报》2014年第4期。

王成：《扎赉诺尔圈河古墓清理简报》，《北方文物》1987年第3期。

王春雪：《旧石器时代东西方文化的碰撞与融合——以内蒙古金斯太遗址为例》，《草原文物》2011年第2期。

王建、王向前、陈哲英：《下川文化——山西下川遗址调查报告》，《考古学报》1978年第3期。

王建新：《新疆巴里坤东黑沟（石人子沟）遗址考古工作的主要收获》，《西北大学学报》（哲学社会科学版）2008年第5期。

王建新、何军锋：《穷科克岩画的分类及分期研究》，《考古与文物》2006年第5期。

王建新、席琳：《东天山地区早期游牧文化聚落考古研究》，《考古》2009

年第1期。

王立新：《辽西区夏至战国时期文化格局与经济形态的演进》，《考古学报》2004年第3期。

王立新、李延祥、曹建恩、付琳：《内蒙古克什克腾旗喜鹊沟遗址发掘简报》，《考古》2014年第9期。

王立新、李延祥、曹建恩、付琳、赵俊杰、陈建立、吴小红：《论克什克腾旗喜鹊沟铜矿遗址及相关问题》，《考古》2015年第4期。

王明珂：《鄂尔多斯及其邻近地区专化游牧业的起源》，《历史语言研究所集刊》1994年第65本第2分本。

王鹏：《周原遗址青铜轮牙马车与东西文化交流》，《考古》2019年第2期。

王小甫：《"黑貂之路"质疑——古代东北亚与世界文化联系之我见》，《历史研究》2001年第3期。

王晓琨、魏坚、陈全家、汤卓炜、王春雪：《内蒙古金斯太洞穴遗址发掘简报》，《人类学学报》2010年第1期。

王雁卿：《云冈石窟的忍冬纹装饰》，《敦煌研究》2008年第4期。

王雁卿、刘贵斌、高峰：《北魏陶器的装饰纹样》，《文物世界》2003年第3期。

王永刚、崔风光、李延丽：《陕西甘泉县出土晚商青铜器》，《考古与文物》2007年第3期。

王运辅：《啮齿类的动物考古学研究探索》，《南方文物》2016年第2期。

文少卿、俞雪儿、田亚岐等：《古基因组学在古代家马研究中的应用》，《第四纪研究》2020年第2期。

吴文祥、刘东生：《4000aB.P.前后降温事件与中华文明的诞生》，《第四纪研究》2001年第5期。

吴新智：《古人类学研究进展》，《世界科技研究与发展》2000年第5期。

夏鼐：《北魏封和突墓出土萨珊银盘考》，《文物》1983年第8期。

项一峰：《中国早期弥勒信仰及其造像艺术》，《敦煌学辑刊》2002年第1期。

谢高文、赵旭阳、武海：《陕西塔儿坡战国秦墓新发现金饰品见证中西文化交流》，文博中国公众号，2021年11月23日。

谢欣芮、李延祥、静永杰、王晓琨：《内蒙古正镶白旗伊和淖尔M1出土部分金属器的初步研究》,《草原文物》2020年第2期。

新疆文物考古研究所、北京大学考古文博学院:《新疆吉木乃县通天洞遗址》,《考古》2018年第7期。

兴和县文物普查组:《兴和县叭沟村鲜卑墓葬》,《内蒙古文物考古》1992年第1、2期(合刊)。

徐苹芳:《考古学上所见中国境内的丝绸之路》,《燕京学报》1995年新1期。

徐苹芳:《秦汉魏晋南北朝时代的陵园和茔域》,《考古》1981年第6期。

杨泓:《战车与车战二论》,《故宫博物院院刊》,2000年第3期。

杨建光:《归来兮野马》,《野生动物》2000年第4期。

杨建华:《欧亚草原经济类型的发展阶段及其与中国长城地带的比较——读〈欧亚草原东西方的古代交往〉》,《考古》2004年第11期。

杨莹沁:《汉末魏晋南北朝时期墓葬中神仙与佛教混合图像分析》,《石窟寺研究》第三辑,中国古迹遗址保护协会石窟专业委员会,2012年。

尤玉柱:《黑驼山下猎马人》,《化石》1977年第3期。

郁金城:《从北京转年遗址的发现看我国华北地区新石器时代早期文化的特征》,《北京文物与考古》2002年第5期。

袁靖:《中国古代家养动物的动物考古学研究》,《第四纪研究》2010年第2期。

云翔:《试论石刃骨器》,《考古》1988年第9期。

翟德芳:《商周时期马车起源初探》,《华夏考古》1988年第1期。

张长寿、张孝光:《井叔墓地所见西周轮舆》,《考古学报》1994年第2期。

张弛:《〈北福地——易水流域史前遗址〉评介》,《文物》2008年第6期。

张弛:《龙山—二里头——中国史前文化格局的改变与青铜时代全球化的形成》,《文物》2017年第6期。

张东:《编年与阐释——二里头文化年代学研究的时间观》,《文物》2013年第6期。

张东菊:《揭开丹尼索瓦人的面纱》,《世界科学》2019年第6期。

张东菊、申旭科、成婷、夏欢、刘武、高星、陈发虎:《青藏高原史前人类活动研究新进展》,《科学通报》2020年第6期。

张福康、程朱海、张志刚:《中国古琉璃的研究》,《硅酸盐学报》1983年第 1 期。
张景明：《鲜卑金银器及相关问题》，《内蒙古文物考古》2002 年第 7 期。
张明、付巧妹：《史前古人类之间的基因交流及对当今现代人的影响》，《人类学学报》2018 年第 2 期。
张松柏：《赤峰市白岔河两岸的人物岩画》，《内蒙古文物考古》1998 年第 2 期。
张文静：《中国北方地带岩画分布的特征分析》，《中原文物》2012 年第 6 期。
张文静：《中国岩画的区域分布及特点比较》，《内蒙古社会科学》2013 年第 3 期。
张文平、苗润华：《长城资源调查对于北魏长城及六镇镇戍遗址的新认识》，《阴山学刊》2014 年第 6 期。
张文山、刘金峰、田全伦：《赤峰南山顶部黄土古地磁事件及其区域地质表现》，《河北地质学院学报》1994 年第 3 期。
张忠培：《20 世纪后半期中国新石器时代考古的历程》，《文物季刊》1999 年第 3 期。
赵越云、樊志民：《中国北方地区的家马引入与本土化历程》，《历史研究》2017 年第 6 期。
赵志军：《仰韶文化时期农耕生产的发展和农业社会的建立：鱼化寨遗址浮选结果的分析》，《江汉考古》2017 年第 6 期。
赵志军：《中国农业起源概述》，《遗产与保护研究》2019 年第 1 期。
郑若葵：《论中国古代马车的渊源》，《华夏考古》1995 年第 3 期。
中国解剖学会编：《中国解剖学会 2019 年年会论文文摘汇编》，2019 年。
中国人民大学历史学院考古文博系、锡林郭勒盟文物保护管理站、正镶白旗文物管理所：《内蒙古正镶白旗伊和淖尔 M1 发掘简报》，《文物》2017 年第 1 期。
中国社会科学院考古研究所河南一队：《1979 年裴李岗遗址发掘报告》，《考古学报》1984 年第 1 期。
朱浒：《传承与分立：魏晋南北朝墓室壁画中所见胡人形象》，《形象史学研究》2014 年第 00 期。
朱永刚：《文化变迁与边缘效应——西辽河流域北系区新石器时代文化的发现与研究》，《考古学报》2016 年第 1 期。

［加］Gary W. Crawford、陈雪香、栾丰实等：《山东济南长清月庄遗址植物遗存的初步分析》，《江汉考古》2013年第2期。

［美］卡尔·齐默：《人类走出非洲的时间比原来认为的要早》，夏冰译，《世界科学》2020年第3期。

［日］关矢晃：《近年俄罗斯阿尔泰地区的考古学状况——1992—1994年旧石器时代、新石器时代的发掘收获》，朱延平译，《华夏考古》1997年第4期。

［日］江上波夫：《内蒙古百灵庙砂凹地の古坟》，《アシア文化史研究·论考篇》，东京大学东洋文化研究所，1967年。

［日］江上波夫：《丝绸之路文明展——绿洲路线与草原路线》序言，奈良县立美术馆主编发行，1988年。

陈永志、宋国栋、庄永兴：《考古发掘见证古代草原丝绸之路》，《中国文物报》2015年6月12日第22版。

陈永志、宋国栋、庄永兴：《内蒙古正镶白旗伊和淖尔墓群再次发现北魏贵族墓》，《中国文物报》2015年3月13日第8版。

郭明建、王刚、邱振威：《河北康保兴隆遗址发现旧石器末期至新石器早中期遗存》，《中国文物报》2019年10月11日第8版。

胡晓农：《一座8400年前的原始村落》，《内蒙古日报》（汉文版）2017年6月2日第11版。

吕鹏、罗运兵、袁靖：《建设具有中国特色、中国风格、中国气派的动物考古学学科体系》，《中国文物报》2019年12月6日。

魏坚、王晓琨：《锡林郭勒发现一万年前人类居住遗址》，《中国文物报》2000年9月17日第1版。

张庆捷：《威风与奢华：北魏平城墓葬壁画》，《文汇报》2017年12月1日第W10版"文汇学人·专题"。

赵战护：《草原新石器时代的新探索：冀蒙交界坝上地区新石器时代遗址考古发掘现场论证会纪要》，《中国文物报》2019年12月6日第6版。

庄永兴、柏嘎力：《内蒙古发现的北魏完整贵族墓漆棺进行开棺保护》，《中国文物报》2014年3月26日第1版。

罗丰：《固原北魏漆棺画年代的再确定》，Culture and Cultural Diversity in Early Medieval China（4th-7th Century）International Workshop，Institut fur sinology Ludwig Maximilians-Universitat Munchen，January 11-14，2017.

Bow ling A.T., Ryder O.A., "Genetic Studies of Blood Markers in Przew Alski's Horses", *Hered*, 1987, pp.78.

Chen Fahu, Welker Frido, Shen Chuan-Chou, Bailey Shara E., Bergmann Inga, Davis Simon, Xia Huan, Wang Hui, Fischer Roman, Freidline Sarah E, Yu Tsai-Luen, Skinner Matthew M, Stelzer Stefanie, Dong Guangrong, Fu Qiaomei, Dong Guang hui, Wang Jian, Zhang Dongju, Hublin Jean-Jacques, "Alate Middle Pleistocene Denisovan mandible from the Tibetan Plateau", *Nature*, 2019, pp. 569, 409-412.

Chen Yongzhi, Song Guodong, Mayan, "The Results of the Excavation of the Yihe-Nur Cemetery in Zhengxiangbai Banner（2012—2014）", *The Silk Road*, 2016, pp.42-57.

Colin Renfrew, "Pastoralism and Interaction: Some Introductory Questions", Edited by Katie Boy le, Colin Renfrew & Marsha Levine, *Ancient interactions: East and West in Eurasia*, McDonald Institute for Archaeological Research, University of Cambridge, 2002, pp.1-10.

Derevianko, A.P., *The Upper Paleolithic in Africa and Eurasia and the Origin of Anatomically Modern Humans*, Institute of Archaeology and Ethnography SBRAS Press, Novosibirsk, 2011.

Derevianko, A.P., Rybin, E.P., "The Earliest Representations of Symbolic Behavior by Paleolithic humans in the Altai Mountains", Archaeol, Ethnol, Anthropol, Eurasia, 3, 2003, pp.27-50.

Douka K., Slon V., Jacobs Z., et al. "Age Estimates for Hominin Fossils and the Onset of the Upper Palaeolithic at Denisova Cave", *Nature*, 2019, pp.565, 640–644.

F. X. Gan, Robert H. Brill and S.Y.Tian（ed.）, *Ancient Glass Research along the Silk Road*, Singapore: World Scientific Puhlishing Co.Pte.Ltd., 2009, pp.109-147.

Fei Peng, Huimin Wang, Xing Gao, "Blade Production of Shuidonggou Locality 1 (Northwest China): A Technological Perspective", *Quaternary International*, Vol.347, 2014, pp.12-20.

Feng Li, Steven L. Kuhn, Fuyou Chen, Yinghua Wang, John Southon, Fei Peng, Mingchao Shan, Chunxue Wang, Junyi Ge, Xiaomin Wang, Tala Yun, Xing Gao, "The Easternmost Middle Paleolithic (Mousterian) from Jinsitai Cave, North", *Journal of Human Evolution*, Vol.114, 2018, pp.76-84.

Ferrier, R.W., *The Arts of Persia (M)*, Yale University Press, New Heven&London, 1989, p.64.

Hu Yue, Marwick Ben, Zhang Jia-Fu, Rui Xue, Hou Ya-Mei, Yue Jian-Ping, Chen Wen-Rong, Huang Wei-Wen, Li Bo, "Late Middle Pleistocene Levallois Stone-tool Technology in Southwest China", *Nature*, 2018.

Judith A. Lerner, *Animal Headdresses on the Sealings of the Bactrian Documents*, "Exegisti monumenta: Festschrift in Honour of Nicholas Sims-Williams, 2009, p.217.

Judith A. Lerner, *Observations on the Typology and Style of Seals and Sealings from Bactria and Greater Gandhara*, CAC II, pp.227-248.

Li Liu, Xingcan Chen, *The Archaeology of China: From the Late Paleolithic to the Early Bronze Age*, Cambridge University Press, 2012, p.395.

M. Aubert1, A. Brumm, M. Ramli, T. Sutikna, E. W. Saptomo, B. Hakim, M. J. Morwood, G. D. van den Bergh, L. Kinsley, A. Dosseto, "Pleistocene Cave Art from Sulawesi, Indonesia", *Nature*, 2014.

Mellars, P., "Neanderthals and the Modern Human Colonization of Europe", *Nature* 432, 2004, pp. 461-465.

Oakley K., *Frameworks for Dating Fossil Man*, Aldine Publishing Company, Chicago, 1964, p.142.

Prudence O. Harper & Pieter Meyers, "Silver Vessels of the Sasanian Period", *Royal Imagery*, Vol.1, New York: The Metropolitan Museum of Art, 1981, pp.24-25.

Rasmus Nielsen, Joshua M. Akey, Mattias Jakobsson, Jonathan K. Pritchard, Sarah Tishkoff, Eske Willerslev, "Tracing the Peopling of the World Through

Genomics", *Nature Publishing Group*, 2017, p. 541（7637）.

Shing Muller, Thomas O. Hollmann, and Sonja Filip, "Early Medieval North China Archaeological and Textual Evidence"（《从考古与文献看中古早期的中国北方》）, Otto Harrassowitz Gmb H & Co.KG, *Wiesbaden*, 2019, pp.57-80.

Thomas, C., Jean-Christophe, A., Jean-Denis, V., "On the Origin of the House Mouse Synanthropy and Dispersal in the Near East and Europe: Zooarchaeological Review and Perspectives", *Evolution of the House Mouse*, 2012, pp. 65-93.

V.G.Lukonin, Parthian and Sassanid Administration, *Cambridge History of Iran*, Ⅲ, Chapter 18（in press）, 1967, p.231.

Vera Warmuth, Anders Eriksson, Mim Ann Bower, Graeme Barker, Elizabeth Barrett, Bryan Kent Hanks, Shuicheng Li, David Lomitashvili, Maria Ochir-Goryaeva, Grigory V. Sizonov, Vasiliy Soyonov and Andrea Manica, "Reconstructing the Origin and Spread of Horse Domestication in the Eurasian Steppe, *Proceedings of the National Academy of Sciences of the United States of America*, Vol. 109, No. 21（May 22, 2012）, p. 8202-8206, Published by: National Academy of Sciences.

Vilà, C., Leonard, J.A., Gotherstrom, A., Marklund, S., Sandberg, K., Liden, K., Wayne, R.K., Ellegren, H., "Widespread Origins of Domestic Horse Lineages", *Science* New York, N.Y., 2001, p.291（5503）; Mitochondrial DNA and the origins of the domes — tic horse. Proceedings of the National Academy of Sciences of the United States of America, 99（16）, 10905–10. doi: 10.1073/pnas.152330099.

Zhou, Xinying, Jianjun Yu, Robert Nicholas Spengler, Hui Shen, Keliang Zhao, Junyi Ge, Yige Bao, Junchi Liu, Qingjiang Yang, Guanhan Chen, Peter Weiming Jia and Xiaoqiang Li, "5, 200-year-old Cereal Grains from the Eastern Altai Mountains Redate the Trans-Eurasian Crop Exchange", *Nature Plants*, 2020, p.6.

Епимахов, А. В., Относительная и абсолютная хронология синташтинских памятников в свете радиокарбонных датировок,

Проблемы истории, филологии, культуры, XVII, Москва-Магнитогорск-Новосибирск, 2007.

Епимахов, А.В., Чечушков, И.В., Евразийские колесницы: конструктивные особенности и возможности функционирования, Археология Южного Урала. Степь (проблемы культурогенеза), Челябинск: Рифей, 2006; Чечушков И. В., Колесничный комплекс эпохи поздней бронзы степной и лесостепной Евразии: от Днепра до Иртыша, Диссертация на соискание ученой степени кандидата исторических наук, Екатеринбург, 2013.

后　记

　　从1997年第一次拜访锡林郭勒算起，我在这片辽阔草原的考古经历断断续续度过了20多年。看着眼前这本刚刚完成的反映锡林郭勒文化交流的专论，有点难以想象，但一切似乎在冥冥中都有安排。

　　本书的写作，源于几次有趣的写作和投稿以及自己这些年在锡林郭勒的工作经历。2019年6月，我和刘洪元等联合出版了《锡林郭勒岩画》，这是第一本全面系统公布锡林郭勒岩画材料的调查报告，信息量很大。不久后，我的妻子张文静女士完成了对这批岩画的类型学研究初稿（刊载于《南方文物》2021年第6期），她请我提提建议。我对其中的人面岩画和车辆岩画，提出了一些反映文化交流和年代推断的想法。由于字数不少，她建议我单独写一篇文章，专门讨论锡林郭勒岩画反映的文化交流和年代。于是我重新构思写作，于2019年国庆节前后完成了约1.5万字的文稿，先后投稿给两家考古期刊，但都没有被收录。

　　转眼到了2020年庚子鼠年春节，新冠肺炎疫情突然暴发并随后在全球肆虐，成为人类史上百年不遇的灾难。时至今日，这场疫情还未完全结束。疫情，在多大程度上改变了我们的生活，尚未可知。可见的是，疫情迫使人们停下了匆匆的脚步。隔离、网课、居家办公成了我和周围很多人的生活常态。口罩、酒精、消毒液等防疫用品成了生活的必需品。记得在疫情刚开始的时候，弟弟从深圳寄来的一箱当时非常紧俏的口罩，成了我们一家人出门必备。由于学校改成线上教学，儿子泰河、妻子文静加上我都要居家上网课，这使得原本就不宽敞的房间更显拥挤。我租住的是一处始建于1970年前后的老房子，进门后是一个长方形的小过道，过道左右并排四个房间，两边是两个大的卧室，两个卧室之间是厨房和卫生间，面积不大，但3米多的层高，加上一家人平时的乐乐呵呵，三口之家住起来倒也自在舒适。于是，家里三个人每人一台电脑，各自占据一个屋子，在各自的"领地"里忙碌。我的领地主要在厨房（当然不是为了能抢着做饭)。原因是我习惯早起读书写作,又怕打扰家人休息,所以在装修厨房的时候,少做一个柜子,留出一个可以坐人的位置。虽然空间狭小,但把门一关,就成了一处隔音效果不错的工作学习空间。尽管厨房里的蔬菜、水果、调料等时常散发出杂陈五味,进出也略有不便,但是能安静地读书、舒服地打字,感觉还是很享受的。眼看稿件不能变成铅字,野外的考古发掘和实习也不能开展,我索性接着锡林郭勒文化交流的话题,继续搜集资料、延伸讨论。

我首先对锡林郭勒的环境状况进行梳理,特别是孢粉及地质剖面分析,得出古代锡林郭勒的环境变迁信息。接着按照时代的顺序,依次对相关考古材料进行讨论。首先是处在旧石器时代晚期的金斯太洞穴下层堆积。因为我全程参加了2000年以及2001年金斯太洞穴的发掘,硕士学位论文讨论的主题也是金斯太人的生业对策问题,所以对这批材料比较熟悉。这两年,锡林郭勒的新石器时代材料引起学界的关注,主要是镶黄旗乃仁陶力盖遗址的发现和发掘。这个遗址的文化性质属于裕民文化,遗迹遗物丰富,保存状况良好,是锡林郭勒地区目前唯一的一处距今8000年左右的史前遗址,对于探讨锡林郭勒文明的起步以及农牧分野等问题,都具有非常重要的价值。锡林郭勒的青铜时代的考古材料,最重要的还是我们在金斯太洞穴上层发现小铜泡、坩埚及陶鬲残片,此外大量的动物、狩猎等题材岩画,也应是青铜时代的作品。

2020年6月前后,我将上述的内容,形成了一篇3.5万字的草稿,讨论游牧人兴起前的东西文化交流,投稿后依然没有回音。

两次投稿无果,心中难免有山重水复之感。但在资料爬梳的过程中,我却欣喜地发现:文化交流与互动在锡林郭勒从早到晚的考古遗存中都大量存在。真是柳暗花明又一村!心里觉得很有必要把它们系统地整理出来,一方面希望引起学界的重视,以便有更多的人参与、推进锡林郭勒考古的研究;另一方面也是对倾注过自己多年心血的地区作一个阶段性总结。于是,我决定正式开始这本专论的写作。

岩画年代判断和游牧人兴起前的长文,构成了本书的前半部分。本书后半部分内容主要围绕伊和淖尔北魏墓葬,特别是1号墓出土的器物所见的文化交流进行讨论。法国年鉴学派代表人物布罗代尔说,"没有一种文明可以毫不流动存留下来,所有文明都通过贸易和外来者的激励作用得到丰富"，这在入选了"新世纪百大考古新发现"的北魏墓葬中得到了绝佳的印证。我曾以1号墓的研究报告为题，申报并完成了国家社科基金项目，2017年的简报在《文物》月刊发表的同时，我还发表了一篇关于人物银碗反映的文化交流的讨论。近年针对这批墓葬，又发现了不少新的材料，涌现出了不少新成果，我将这些材料和讨论一并吸纳、补充，梳理成文。同时将构思许久的有关人物铺首的文章，写成一节。关于1号墓铺首的人物是佛像的观点，2019年我曾在"北魏平城的身份塑造和传统聚合"国际学术研讨会上首次提出，得到不少学者的指教，这次将文字整理出来，接受学界的检阅。另外，在宋馨、谢欣芮、马丽亚·艾海提等学者的基础上，我还简要探讨了下颌托、金属器、玻璃器等器物反映的文化交流问题。

随着写作的深入，我曾设想将锡林郭勒多伦辽代贵妃墓以及元上都发现的遗迹、遗物反映的文化交流现象，再深入地做些阐述。特别是入选世界文化遗产的元上都遗址，作为草原都城遗址，它展示了文化融合的特点，见证了北亚地区游牧文明和农耕文明之间的碰撞及相互交融。不过，考虑到"前人之述备矣"，便不再赘述。

以上，就是本书框架及内容的形成过程。有了在锡林郭勒多年的工作经历和研究基础，加上疫情期间的集中思考与写作，这本专论虽然稚嫩，却也属新鲜的习作，期待学界和读者的批评和指正。

斗转星移，中国现代考古学已经走过百年历程。这一百年的研究表明，中华文明是土生土长的文明体系，有着超百万年的文化根系，上万年的文明起步[①]，最终形成以中原王朝为中心的多元一体格局，兼容并蓄是中华文明最突出的特质[②]，不断吸收外来的先进文化因素。文化的交流与互动是促进文明形成的重要动力之一。各地区文明对中华文明均做出了自己的突出贡献。我们对锡林郭勒区域的考古个案分析，也充分证明了这一点。从出现欧洲旧石器莫斯特文化的刮削器，到兴隆洼文化的石铲、裕民文化的房址、仰韶文化的彩陶等，这些先进的文化因素，与锡林郭勒地方文化充分融合，构成了独具特色的史前文化阶段。从西亚传

[①] 苏秉琦先生于1992年5月为中国历史博物馆建馆80年题词，参见郭大顺、高炜《苏秉琦年谱》，宿白主编《苏秉琦先生纪念集》，科学出版社2000年版。

[②] 2022年4月20日王巍在中国人民大学的演讲。

入的冶金术对中华文明而言是一件大事，青铜工具、礼器的蓬勃发展，形成了中华文明具有自身特色的青铜时代，金斯太上层发现的坩埚证明冶炼技术的存在，锡林郭勒大量的动物、狩猎等题材岩画作品也应该是金属工具的杰作。堪称草原上的万国博览会的伊和淖尔墓群，出土了金下颌托、鎏金人物银碗、玻璃器、佛像铺首等，反映了魏晋时期欧亚草原多种文明的交流盛况，这也为中华文明走向盛唐奠定了坚实的基础。考古学围绕遗迹和遗物展开研究，最终目的是透物见人，揭示社会的发展、演变，复原人类物质文化生活。这大概就是本书的写作意义吧！

有人说每一次预谋已久的绽放，都需要一个时间漫长而痛苦的蛰伏，本书的写作主要是近两年疫情期间完成的，但准备的过程却经历很长的时间。

我在锡林郭勒的考古工作，截至目前大致可分为两个阶段。第一个阶段是1997—2003年，当时我任职于内蒙古文物考古研究所。1997年秋，我参加塔拉副所长、国家博物馆航空考古中心杨林主任领导的内蒙古东南部大遗址的航空摄影工作，有幸第一次到访锡林郭勒；2000—2001年，我跟随魏坚副所长连续两年发掘东乌旗金斯太洞穴遗址；2002年，为了配合元上都申报世界文化遗产，我参加了元上都皇城东墙和明德门的发掘工作。机缘巧合下，我在锡林郭勒参加的上述几项都是特别重要的考古项目。1997年的航空摄影考古工作，是中国最早的航空考古之一，之后出版的《内蒙古东南部航空摄影考古报告》，学界多有好评；元上都考古发掘工作，对元上都2012年的申遗成功，发挥了至关重要的作用。连续两年发掘的金斯太洞穴，时间跨度从旧石器晚期一直到青铜时代，是内蒙古高原最重要的史前遗址之一，本书前半部分的内容，主要就是围绕金斯太的考古发现展开的。

第二个阶段是从2012年至今。从2008年8月开始，我任教于中国人民大学历史学院，自此直接到锡林郭勒的考古机会逐步减少了，但依然关注锡林郭勒的考古学进展。2012年春天，我了解到锡林郭勒境内一座被盗古墓，即伊和淖尔1号墓的材料，进而与主管单位达成了联合整理出土资料的意向。于是，暑假期间，我和相关绘图、摄影人员赴锡林浩特进行资料整理。7月初，先把儿子泰河送到巴盟临河二姐家照看，17日一早，我和妻子文静从北京出发，起程前往600公里外的锡林浩特。当时我还没有驾照，全程由妻子驾驶。我们的丰田威驰小轿车经八达岭高速、京张高速，一路向北，一路爬升，终于在华灯初上的时候赶到锡林浩特，十几个小时的驾车，她累得胳膊都抬不起来。大致同时，吉林大学图书馆的张凤岐老师，带着全套的摄影器材，独自驾车从长春出发，驱车1000公里，赶到锡林郭勒；内蒙古文物考古研究所的李力老师从呼和浩特坐了10小时的长途汽车赶往锡林浩特；中国人民大学艺术学院的金文娟同学乘坐航班从北京赶到了锡林浩特。李力老师是我的老同事，绘图经验丰富，功力老到，经过她的精心打磨，一幅幅线图异彩纷呈。金文娟本身是油画专业学生，选修过我的公选课考古课程，对考古有着浓厚的兴趣，经过李力老师的指导，很快就对器物绘图有了自己的理解，那张铁灯的手绘线图尤其精彩。文静则主要画了陶器的线图，虽是初学，但对细节和结构的把握，得到了李老师的肯定。张凤岐老师是一位摄影发烧友，在吉林大学主讲艺术及新闻摄影，我读硕士期间选修过他的摄影课，那次是张老师掌镜，我给他打下手，逐一拍摄1号墓的每件出土器物。回想起当年的整理，恍如昨日，历历在目，心情依然是感谢与感动！巧合的是，当年锡林浩特配合无间的整理工作，几位成员从东南西北各个方向，汇集到锡林浩特，这与本书的研究主题竟然高度相似，冥冥之中，似乎暗含着古今互动。

  本书的完成，得益于自己对锡林郭勒考古的长期关注，更得益于锡林郭勒近年不断开拓的考古工作。正是层出不穷的考古新发现，构成了我们深入研究的基础。在此，特别感谢那些为锡林郭勒考古做出杰出贡献的人们。

  感谢给我提供支持与帮助的师友们。感谢魏坚、塔拉、陈永志、曹建恩、张文平、宋国栋、那义忠、那玮、陈文虎、张清秀、杨春文、王庆华、王灯良、陈爱旺、徐小凤、李树国、德力格尔、刘洪元、赛佳、王洪江、艾军、庄永兴、刘兴旺、静永杰、柏嘎力、呼和、苏伊拉图、苏宁、吴克林、韩淑清、刘雪峰、程启清、胡晓农、李树国、郝晓菲、汤卓炜、陈全家、滕铭予、赵明星、盛之翰、王春雪、罗鹏、马艳、李延祥、罗丰、张志忠、李树云、古顺芳、曹臣明、王雁卿、衣丽都、刘宁、席琳、孔群、刘建国、于建军、成崇德、赵前、张文治、任远方、舒泥、严梦阳、付承章、董耘、赵肖霞、叶灿阳等师友（名单很长，但肯定会有疏漏）；感谢彭文、李多、王灿、郭振东等同学，他们认真地核对、纠错、补充材料，使本书减少了不少错误；感谢李全国、赵鑫、张之航等在查阅地质资料时提供的帮助。感谢"考古学理论与方法""田野考古技术交流"两个微信群里考古同仁的帮助，让我不仅找到了需要的各种资料，还结识了不少新朋友，实在是很好的写作经历。感谢中国人民大学科学研究基金的资助（12XNI011）；感谢马明、郭鹏等编辑高效的工作，使得本书能够顺利出版。

特别感谢我的家人们一直以来给予我的支持和鼓励，家是最温暖的港湾，正是她（他）们的无私的关心与爱护，才使我在求学、任教的道路上越走越远。

光阴荏苒，第一次到锡林郭勒的时候，我刚刚二十四岁，那些留在锡林郭勒的，是最好的青春年华。虽然二十多年过去了，但青春的记忆依然历历在目，刻入脑海。记得发掘金斯太洞穴期间，每当晚上忙完工作后，我常常在驻地旁边的一条斜坡上，奋力奔跑，以缓解一天的劳乏。远处的高山，耳边的风，水银般的月光，照在我的脸上，也照在我身后的两条狗的身上（工地上两条狗，见我在前面跑，它们也跟着跑）；修复元上都皇城东墙的那段时间，我每天踩着元上都古城里金黄的芨芨草堆，一路奔跑上下工，两脚在历史与现实间不停地切换。

今年4月25日，五四青年节前夕，习近平总书记到中国人民大学调研，勉励年轻的学子们在青春的赛道上奋力奔跑，争取跑出当代青年的最好成绩。我想总书记不仅是对年轻"00后"期望，也是对"90后""80后"，还有包括我在内的广大"70后"提出的要求。面对人生，我们每一个人都要奋力奔跑，跑出我们自己的最好成绩。

但行前路，无问西东！

王晓琨
2022年5月10日
北京厢红旗住所